追随信仰 卓越人生

宋金波　何仲明　陈　侠◎主编

ZHUISUI XINYANG
ZHUOYUE RENSHENG

新华出版社

图书在版编目（CIP）数据

追随信仰　卓越人生 / 宋金波, 何仲明, 陈侠主编.
-- 北京 : 新华出版社, 2022.9
ISBN 978-7-5166-6401-8

Ⅰ. ①追… Ⅱ. ①宋… ②何… ③陈… Ⅲ. ①中国共 产主义青年团－基本知识 Ⅳ. ①D29

中国版本图书馆CIP数据核字（2022）第157310号

追随信仰　卓越人生
主　　编：宋金波　何仲明　陈　侠

责任编辑：李　宇　　**封面设计：**刘宝龙

出版发行：新华出版社
地　　址：北京石景山区京原路8号　　**邮　　编：**100040
网　　址：http://www.xinhuapub.com
经　　销：新华书店、新华出版社天猫旗舰店、京东旗舰店及各大网店
购书热线：010－63077122　　**中国新闻书店购书热线：**010－63072012

照　　排：六合方圆
印　　刷：三河市君旺印务有限公司

成品尺寸：170mm×240mm　1/16
印　　张：22　　**字　　数：**300千字
版　　次：2023年4月第一版　　**印　　次：**2023年4月第一次印刷

书　　号：ISBN　978-7-5166-6401-8
定　　价：80.00元

“追随信仰　卓越人生”思政团课编写组

主　编　宋金波　何仲明　陈　侠

副主编　李　昱　曲妍洁　彭保华

编　委　李忠新　高庆儒　盖新吉　杨　滨　赵百杰　张冬生
常楚然　陈　琳　杜银芳　法文俊　冯　叶　管玉丽
寇　禹　李菲菲　李慧娟　刘晓晨　鹿洪东　孙锡泽
王涵奕　王艳茹　武文慧　席玲玲　谢荣荣　谢芸芸
杨亚姣　张　迪　赵甲奕　赵　衍　赵艳艳　郑佳兴
周文洁　朱宁宁　祁　帅（排名不分先后）

前 言

中共中央办公厅印发的《共青团中央改革方案》强调，共青团是党的助手和后备军，是党和政府联系青年的桥梁和纽带。推进共青团改革，是全面从严治党的一部分，是焕发共青团生机活力的重要举措。党的十八大以来，以习近平同志为核心的党中央高度重视青少年和共青团工作，对共青团改革作出战略谋划和部署。

习近平曾指出："要坚持学而信、学而思、学而行，把学习成果转化为不可撼动的理想信念，转化为正确的世界观、人生观、价值观，用理想之光照亮奋斗之路，用信仰之力开创美好未来。"2021年《新时代中学团课教育指导大纲》印发。《大纲》注重新时代中学团课课程体系建设，提升了团课教育的系统化、科学化、规范化水平。在现实教育教学活动中，中学尤其是高中学段，几乎没有专职团课教师。能上团课的团委书记或委员大部分为兼职教师，且当今高中教师基本承担"教学+行政+生活"的多重任务，专业研究高中团课建设的精力达不到，思政理论专业素养相对薄弱。如何能让各中学团组织顺利开展有丰富理论、形式多样的团课，成为了大部分高中亟待解决的问题。

基于此，我们在《新时代中学团课教育指导大纲》的指导下，成立了编写组专班，发挥“党建＋团建”的优势，充分调动青年教师的力量，大力开发适合学生心理状态的高中团课的课程内容，探索实施路径，丰富实践载体，建立适合高中学生特点的课程体系，保障并提升团课的思想引领作用。

本书以培养中国特色社会主义合格建设者和可靠接班人为根本任务，秉持为党育人、为国育才的思政课程理念，以团中央发布的《新时代中学团课教育指导大纲》为引领，面向四个群体进行编写。第一，面向全体高中学生，进行党团通识性的认知教育，主要围绕共青团的性质、作用，用生动活泼的素材向广大学生展现共青团的先进性，达成认知和认同的教育目标。第二，面向入团积极分子，立足为党培养青年后备力量这一目标，用“小切口”分析“大格局”，多用“小故事”阐释“大道理”，用典型素材做到信念教育入情入理、入脑入心，达到拥护和热爱中国共产党的教育目标。第三，面向共青团员，以富有吸引力和感染力的课程内容，使学生树立以人民为中心的发展思想，厚植共青团员的爱党爱国情怀，把个人梦想融入实现中国梦的伟大实践。让信仰之光穿越时空，接过信仰的火炬，为做好中国共产党的后备军和接班人而努力奋斗。第四，面向优秀团干部，开展学生践行教育，培养学生思想引领和行动带动的能力，强化奋斗意识和奉献精神。通过四个部分的课程，使学生达成理想信念、政治认同、家国情怀、道德品行、责任担当的团课核心素养目标。

根据四个受众群体，本书共分四个章节。每个章节的内容包括两个部分，第一部分为思政团课推荐使用素材及其分析，第二部分为本课指导教案范例。

本书具有“436”的体系特点，即面向4个对象群体层次（全体高中青年学生、入团积极分子、共青团员和优秀团干部），形成3个课程维度（思想认知－价值认同－奉献践行），实现6个培养目标（认知－认同－拥护－热爱－担当－奉献）。

本书很多课程已在中学一线探索实践了多年，凝结了编者们的大量心血。希望此书可以成为各中学开发校本团课的素材和参考用书，在开放、互助、探究的分享交流中，不断为党培养中国特色社会主义合格建设者和可靠接班人。

心中有信仰，脚下有力量。

党委书记：宋金波

2021年10月1日

目 录

CONTENTS

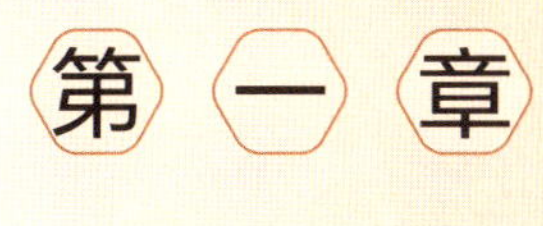

走近信仰　走进共青团

信仰是人的精神支柱，有信仰就会心无旁骛，勇往直前。青年人朝气蓬勃，正处于人生的黄金期，每个青年必须胸怀大志，坚定信仰，牢记使命，用青春拥抱时代，用生命点燃未来。本章节主要面向全体高中学生，进行党团通识性的认知教育，主要围绕共青团的性质、作用，用生动活泼的素材资料向广大青年展现共青团的先进性，达成认知和认同的教育目标。

第一节 与信仰对话 为青春领航

一、主题分析

本课的主题为“与信仰对话，为青春领航”。习近平总书记在庆祝中国共产党成立 100 周年大会上的重要讲话中提出“未来属于青年，希望寄予青年”。新时代的中国青年要想实现中华民族伟大复兴的重任，就需要树立正确的理想信念，让马克思主义的信仰之光指引青年学生前进的方向。

本课通过归纳总结国内外最新的马克思主义理论成果，讲述为信仰而战的一个个鲜活的人物，使学生实现对于马克思主义理论的初认识、再体验；通过学习先进模范，学生能够树立共产主义理想信念，不断探索实践。

信仰是大海航行的灯塔，信念是破浪前进的引擎，信心是迎风蓄力的风帆。当代青年应该在信仰、信念、信心激发的磅礴之力下，不断迸发，为充分涌流的“黄金时代”做出贡献。习近平同志指出，理想信念是我们精神上的“钙”。没有理想信念，理想信念不坚定，精神上就会“缺钙”，就会得“软骨病”。[1] 邓小平同志曾指出，“对马克思主义的信仰，是中国革命胜利的一种精神动力”。从井冈山精神到长征精神，从大庆铁人精神到载人航天精神，崇高信仰、远大理想发挥着巨大激励和鞭策作用，让我们穿越 90 多年艰辛历程，一起写下让世界瞩目的“中国震撼”。

[1] 《习近平在十八届中央政治局第一次集体学习时的讲话》，中国政府网（http://www.gov.cn/ldhd/2012-11/19/content_2269332.htm）。

二、核心素养

理想信念、政治认同、道德品行、责任担当

三、典型素材

素材一：回望信仰初心，归来仍是《少年》[1]

1. 典型素材概述

建党百年主题 MV-《少年》

2021 年，是中国共产党成立 100 周年。全国两会期间，人民日报新媒体推出建党百年主题 MV《少年》，以轻快的说唱、振奋人心的画面、热情洋溢的歌词，唱出了奋斗百年，“我还是从前那个少年，初心从未有改变，百年只不过是考验，美好生活目标不断实现”的自豪，共邀我们一起出发，见证更多奇迹实现。

以下是歌词节选：

1921 壮丽篇章开启　自强不息，一定能够创造奇迹

每次受挫都是一次收获　勇往直前是我的选择

昨日的成长都是印记　所有的成绩都值得被铭记

未来在即　梦想一定可期　乘风破浪我们在一起

我还是从前那个少年　初心从未有改变

百年只不过是考验　美好生活目标不断实现

这个世纪少年使命永远放心间　面前再多艰险不退却

Say never never give up, like a fire

探月问天，5G 领跑全球　科技创新与时俱进绝不放手

2021 新的征程开启　不忘初心我们在一起

过去的成绩都是底气　新时代一起打赢新的战役

---

[1]　建党百年主题 MV《少年》，人民网（http://tv.people.com.cn/n1/2021/0310/c61600-32047792.html）。

未来已来，更加值得期待 砥砺前行，我们要一起

征途漫漫，唯有奋斗 Come on

征途漫漫，唯有奋斗 Come on

2. 思政教育点

“我还是从前那个少年，初心从未有改变，百年只不过是考验，美好生活目标不断实现。”人民日报新媒体推出的建党百年主题 MV《少年》，彰显的是一个党生存发展的红色基因，带我们回顾了中国共产党带领全国各族人民战胜各种艰难险阻、从胜利走向胜利的伟大历程。今年是中国共产党建党 100 周年，我们更应继续传承红色基因，传递向上向善的力量，赓续民族复兴的伟大力量，让“少年”健康成长。中华民族自鸦片战争以来积贫积弱的历史已经被我们改写，在新时期，中国正以前所未有的速度向世界证明，我们的经济同样可以像革命一样焕然一新，作为新时代的少年，我确信党会带领全国各族人民，以长远战略为计，以远大目标为航，在今后的百年谱写更加辉煌的篇章，最终实现中华民族的伟大复兴。历史是一面明镜，可以映照现实，折射未来。第一个 100 年可以说是已经完美收官，向着第二个 100 年飞奔，让我们从中领悟英雄们的精神，坚定后辈们的理念与信仰。

素材二：信仰的开端，马克思与共产主义伟大理想

1. 典型素材概述

17 岁的马克思在中学完成了他的德语毕业论文《青年在选择职业时的考虑》。在文中他曾写道：“在选择职业时，我们应该遵循的主要指针是人类的幸福和我们自身的完美。不应认为，这两种利益是敌对的、互相冲突的，一种利益必须消灭另一种的。人类的天性本身就是这样的：人们只有为同时代人的完美、为他们的幸福而工作，才能使自己也过得完美。如果一个人只为自己劳动，他也许能够成为著名的学者、大哲人、卓越诗人，然而他永远不能成为完美无疵的伟大人物。历史承认那些为共同目标劳动因而自己变得高尚的人是伟大人物，经验认为那些为大多数人带来幸福的

人是最幸福的人。宗教本身也教诲我们，人人敬仰的理想人物，就曾为人类牺牲了自己——有谁敢否定这类教诲呢？如果我们选择了最能为人类幸福而劳动的职业，那么，重担就不能把我们压倒，因为这是为人类而献身。那时，我们所感到的就不是可怜的、有限的、自私的乐趣，我们的幸福将属于千百万人，我们的事业是默默的，但它将永恒地存在，并发挥作用。面对我们的骨灰，高尚的人们将洒下热泪。”

2. 思政教育点

思政教育点 1：17 岁的马克思中学毕业就已经树立了自己坚定的人生信仰。在论文中他写道：“如果我们选择了最能为人类而工作的职业，那么，重担就不能把我们压倒，因为这是为大家作出的牺牲；那时我们所享受的就不是可怜的、有限的、自私的乐趣，我们的幸福将属于千百万人，我们的事业将悄然无声地存在下去，但是它会永远发挥作用，而面对我们的骨灰，高尚的人们将洒下热泪。”马克思一生颠沛流离、贫病交加，但马克思的一生是幸福的一生，因为他从事了人类职业中最幸福的工作——为人类而工作。恩格斯曾说，“马克思首先是一个革命家”，“斗争是他的生命要素。很少有人像他那样满腔热情、坚韧不拔和卓有成效地进行斗争”。马克思毕生的使命就是为人民解放而奋斗。为了改变人民受剥削、受压迫的命运，他满腔热情、百折不挠地推动各国工人运动发展。从这我们可以得出，人生目标与信仰，不仅在于“确定”，更在于去“追求”信仰，并为之“战斗”。

思政教育点 2：马克思认为，“在无产阶级和资产阶级的斗争所经历的各个发展阶段上，共产党人始终代表整个运动的利益”，“他们没有任何同整个无产阶级的利益不同的利益”，而是要“为绝大多数人谋利益”，为建设共产主义社会而奋斗。共产党要“在全世界面前树立起可供人们用来衡量党的运动水平的里程碑”。始终同人民在一起，为人民利益而奋斗，是马克思主义政党同其他政党的根本区别。通过马克思理论阐述的呈现，让学生明确共产主义的精神本质。

素材三：信仰在中国的觉醒，红船精神与山东支部创始人王尽美

1. 典型素材概述

2005年6月21日，浙江省委书记习近平在《光明日报》发表署名文章《弘扬“红船精神”，走在时代前列》，首次公开提出“红船精神”的概念，并对“红船精神”的内涵进行了概括和论述，认为“开天辟地、敢为人先的首创精神，坚定理想、百折不挠的奋斗精神，立党为公、忠诚为民的奉献精神，是中国革命精神之源，也是‘红船精神’的深刻内涵”，同时提出“我们要高举‘三个代表’重要思想伟大旗帜，始终保持党的先进性，就必须永远铭记我们党的‘母亲船’，重温红船的历史沧桑，在继承和弘扬‘红船精神’中永葆党的先进性，进一步激发为中国特色社会主义事业奋斗的信念和力量”。这对我们进一步研究“红船精神”和弘扬“红船精神”具有十分重要的启迪意义。

《红船》 作者：魏铭

王尽美是红船故事中的重要参与者，他是中国共产党第一次全国代表大会的济南小组代表之一、中国共产党创始人之一、山东党组织最早的组织者和领导者，在党的创建和早期革命活动中，做出了卓越贡献 。1936年，

毛泽东同志在延安同美国记者斯诺谈话时曾经说道："王尽美和邓恩铭是山东支部的创始人。"

2. 思政教育点

思政教育点 1：一条小船，诞生一个大党，"红船精神"伴随中国革命的光辉历程，共同构成党在前进道路上战胜各种困难和风险、不断夺取新胜利的强大精神力量和宝贵精神财富，蕴含着极其丰富和博大精深的内涵。"红船精神"的核心内涵孕育的中国共产党是一个勇于创新、富于进取精神的马克思主义政党。党的全部历史，在一定意义上可以说是在创新中发展、在发展中创新的光辉历史。因此，坚持和弘扬创新精神，对于当前我们推动社会主义现代化建设伟大工程和加强党的先进性建设伟大工程具有十分重要的现实意义。

思政教育点 2：长期夜以继日的工作与艰难困苦的生活，夺去了王尽美的健康，他患上了严重的肺结核病。1925 年春节前夕，他因劳累过度吐血晕倒，不得不入院治疗。时值工人运动风起云涌，他毅然出院，抱病赴青岛投入战斗，与邓恩铭等一起组织领导胶济铁路全线、四方机厂工人大罢工，并成立了胶济铁路总工会。4 月，他领导了青岛日商纱厂工人同盟大罢工，迫使日本资本家签订了 9 项复工条件。同年 6 月，王尽美肺疾复发。弥留之际，他请青岛党组织负责人笔录了他的遗嘱："全体同志要好好工作，为无产阶级和全人类的解放和共产主义的彻底实现而奋斗到底。"8 月 19 日，王尽美在青岛逝世，年仅 27 岁。王尽美不仅是一名义无反顾的共产主义战士，同时也是一位激情澎湃的理想主义诗人。他将自己的青春才华与自己所追寻的事业紧密地结合在了一起。作为生活工作在王尽美烈士故乡的青年人，要继承王尽美同志的红色基因，追随他的足迹，在光明的道路上奋力前行。

素材四：追求信仰的曲折探索，五四运动

1. 典型素材概述

五四运动，是 1919 年 5 月 4 日发生在北京的一场以青年学生为主，广大群众、市民、工商人士等阶层共同参与的，通过示威游行、请愿、罢工、暴力对抗政府等多种形式进行的爱国运动，是中国人民彻底的反对帝国主

义、封建主义的爱国运动。起因：第一次世界大战期间，欧洲列强无暇东顾，日本乘机加强对中国的侵略，严重损害了中国的主权。中国人民的反日情绪日渐增长。1919 年 1 月，英、美、法、日、意等战胜国在巴黎召开对德和会，决定由日本继承德国在中国山东的特权。中国是参加对德宣战的战胜国之一，但北洋军阀政府却准备接受这个决定。这次和会上中国外交的失败，引发了伟大的五四运动。

2. 思政教育点

著名教育学家、思想家杜威曾对五四学生运动评价道："试想一下，在任何国度里让十四五岁的孩子们去领导国家走向崛起，这都显然是不可能的，而他们在中国实现了。他们充分调动起商人和社会其他阶层的有识之士参与其中，整个民族都因学生运动而沸腾了，这简直是一件太不可思议的事情……社会各界都因学生的鼓动来寻找救赎国家的方法，是这些年轻的男孩女孩的力量，迫使总统在《凡尔赛和约》中拒绝签字，维护了国家的利益，这真是一个伟大的国家。"胜利来之不易，需要后继有人。培养教育好接班人，是关系中华民族伟大复兴的战略工程，是关系中国特色社会主义事业兴旺发达的希望工程，是关系千家万户切身利益的民心工程，是社会主义精神文明建设的基础工程。有针对性地用红色资源中的宝贵精神财富教育青年学生，引领他们树立正确的世界观、人生观、价值观，使他们不忘本、不变质，更加珍惜来之不易的美好生活，用自己的辛勤劳动，肩负起振兴中华民族的历史使命，使"红船精神"代代相传，就显得更为重要了。新时代，我们的青春虽然没有如此悲壮、伟大，不需要用血泪与生命去铸就爱国情怀，但每个人的青春仍是大有可为的。

素材五：共产主义信仰的现代化，当代中学生应该追什么样的"明星"？

1. 典型素材概述

视频《中华有座山，名叫钟南山》。在 2021 年抗击疫情阻击战中，涌现了一批令人敬佩的人士。在关乎选择、担当和道义的时刻，总有一些人和群体站在时代的前列，用不同的方式抵御困难，他们是我们应当学习的榜样。

钟南山，曾号召“把重病人都送到我这里来”的院士，2020 年以 84 岁高龄再次挂帅出征。2003 年，是让举国“谈非典色变”的一年，钟南山院士被任命为广东省非典医疗救护专家指导小组组长，在疫情最严重的广东地区挺身而出，忘记了当时的自己年近古稀，他不顾生命危险，夜以继日，连续工作 38 小时。16 年后的今天，时代变迁，不变的是钟南山仍坚守在抗击疫情的第一线，他带领团队探索建立符合中国国情的呼吸道重大传染病防控体系，在全国人民中鼓舞士气，告诉我们“没有打不胜的战役”。

中国工程院院士、军事科学院军事医学研究院女院士陈薇少将，巾帼英雄不让须眉，在阻击非典、抗击埃博拉等硬战中作出重要贡献，在今年新冠状病毒肺炎疫情中再次冲锋向前。疫情初期，她带领团队进驻被疫情笼罩的湖北武汉，连夜完成设备的试运行，快速筛查疑似病例，竭尽全力推动疫苗研制，研发出核酸全自动提取技术，加快了确诊速度，有力推进了疫情防疫工作。

与病毒赛跑，每天只睡 3 个小时！她是奋斗在一线的七旬老人——李兰娟院士。17 年前，她曾果断出手，一夜隔离 1000 多人，创造 SARS“零严重后遗症”、无医务人员感染、无二代病人的奇迹。2020 年 2 月 1 日，李兰娟院士再次披上战袍，率医疗队紧急来到武汉，驻扎该院指挥战疫。是她，第一个建议对武汉封城，挽救了整个中国免遭病毒涂炭。王高华说，李兰娟院士多次亲自为医疗队进行指导，提高了大家对新冠肺炎医疗救治工作的信心。20 日，73 岁的李院士还进入了“红区”——抗疫医院中重症隔离病房的别称，探视 8 位新冠肺炎危重症患者病情。到 25 日，李兰娟院士已经连续工作 24 天。

2. 思政教育点

岁月流转，不少人以为“00 后”学生的偶像不过些是略有才华的歌手、演员，其实“偶像”一词的内核也在不断改写着，这些精进专业、用自己力量为中华做出卓绝贡献的人才是我们心中永远要追的“星”。我们对偶像的崇拜也在从“仰望”向“共生”转变，在面对这些民族脊梁般的国民偶像来说，我们作为共青团员，将不仅仅是仰望赞叹，而是要用他们的精神引导我们的日常生活，让我们逐渐成为偶像那样为国奉献的人。

习近平总书记指出：“一个民族、一个国家，必须知道自己是谁，是从哪里来的，要到哪里去，想明白了、想对了，就要坚定不移朝着目标前进。”[1]作为青年团员，共产党的后备军，涵养和坚定马克思主义信仰的一个重要方面，就是要坚守我们的民族信仰，坚持社会主义先进文化，坚定对中华优秀传统文化的高度自信，以历史敬意和深厚情感，主动并善于从中汲取思想精华，传承优秀基因，挖掘和弘扬其中的文化精神、时代价值，正心诚意、格物致知、慎独慎行，让优秀传统文化基因持续内化为强大精神支柱和信仰根基，真正成为马克思主义信仰的忠实守望者和终身践行者，始终用高洁的德行、高远的志向和高尚的情怀，守住一生的信仰信念。

素材六：团歌《光荣啊，中国共青团》

1. 典型素材概述

《光荣啊，中国共青团》是中国共产主义青年团的团歌。

作词：胡宏伟

作曲：雷雨声

我们是五月的花海

用青春拥抱时代

我们是初升的太阳

用生命点燃未来

“五四”的火炬

唤起了民族的觉醒

壮丽的事业

激励着我们继往开来

光荣啊，中国共青团

[1] 《习近平在北京大学师生座谈会上的讲话》，新华社北京5月4日电。

光荣啊，中国共青团

母亲用共产主义为我们命名

我们开创新的世界

2. 思政教育点

“青年一代有理想、有本领、有担当，国家就有前途、民族就有希望。”共产主义青年团是广大青年在实践中学习中国特色社会主义和共产主义的学校，在引领青少年思想进步的过程中起到了不可或缺的作用，也为党培育出了大批新生力量和工作骨干。而通过学唱团歌，“我们是五月的花海，用春春拥抱时代。我是初升的太阳，用生命点燃未来”。短短两句话同样也告诉了学生，何为团员的身份，何为团员的义务，彻底点燃了同学们的热情。通过《光荣啊，中国共青团》的学习，能够加强团员意识教育，激励年轻人的战斗精神，加强团员意识教育，增强团组织的凝聚力和战斗力。

信仰是大海航行的灯塔，信念是破浪前进的引擎，信心是迎风蓄力的风帆。当代中学生应该在信仰、信念、信心激发的磅礴之力下不断迸发，为充分涌流的“黄金时代”做出贡献。最后用鲁迅先生的一段话送给学生，希望彼此共勉：

“愿中国青年都摆脱冷气，只是向上走，不必听自暴自弃者流的话，能做事的做事，能发声的发声，有一分热，发一分光；就令萤火一般，也可以在黑暗里发一点光，不必等候炬火。此后如竟没有炬火，我们便是唯一的光。”

四、大咖点睛

与信仰对话，为青春领航。通过本节课的学习，引领同学们树立信仰，敢于追梦，勤于追梦，明确共青团是中国共产党的助手和后备军，明确自己的政治底色是红色。本课讲述了值得同学们学习的目标和前进的动力，有了正确信仰的引领，就会有出彩的青春。人有信仰，国有信仰，化为无坚不摧的中国力量。愿新时代的你们共同托起民族梦想的希望。

——山东师范大学干部教育培训学院院长、党校副校长　孙春晖信仰来自我们内心深处，它犹如漫漫长夜的一盏明灯，不断散发出耀眼的光芒，指引我们朝着期待的前方走去，到达理想的彼岸。青少年承担着民族复兴，推动社会进步的主要任务。本节课围绕“与信仰对话”开展，通过讲述多位英模的故事，引导学生树立正确的信仰，在探索中学习，用行动奏响青春之歌。

——男中音歌唱家、声乐教育家、山东师范大学音乐学院教授 魏凡俭

教案范例

与信仰对话 为青春领航

学习目标

1. 通过回顾共青团发展历史，学生能够树立正确的信仰，继而号召新时代青年要加强马克思主义理论学习；

2. 通过归纳总结国内外最新的马克思主义理论成果，讲述为信仰而战的一个个鲜活的人物，学生可以实现对于马克思主义理论的再认识；

3. 通过学习先进模范事迹，学生能够树立共产主义理想信念，勇于探索实践。

教学重难点

如何使学生能够坚守共产主义理想信念，使其树立正确的信仰。

教法设计

案例分析法、自主探究法、多媒体教学法、情景教学法、小组合作讨论法

教学过程

一、导入

歌曲 MV 导入：播放建党百年主题 MV《少年》，2021 年，是中国共

产党成立 100 周年。奋斗百年，“我还是从前那个少年，初心从未有改变，百年只不过是考验，美好生活目标不断实现”。全国两会期间，人民日报新媒体推出建党百年主题 MV《少年》，一起出发，见证更多奇迹实现。鼓励学生努力积极开创新的世界，使之早日成为国家的栋梁，激发了学生的情绪，增强了讲课的感染力，加强了意识教育，增强团组织的凝聚力和战斗力。

二、知团史晓初心，以赤子之心重温道路

教师带领学生通过一张张旧照片重温中国共产主义青年团的历史，学生们通过图片可以更加深刻地了解中国青年运动及共青团组织的发展奋斗史。在回顾团史的过程中，学生能够更加深刻地感受到中国共青团是一个光荣的组织，体会到作为一名团员的无比自豪感，从而树立起团员的模范和榜样意识。在学习团史团章的过程中，激励广大团员青年发扬艰苦奋斗、锐意进取的光荣传统，使团员青年进一步坚定了建设中国特色社会主义的政治信念，也对中国共产主义青年团的性质、地位和宗旨有了更完整的掌握。

教师：共青团性质：中国共产主义青年团是中国共产党领导的先进青年的群团组织，是广大青年在实践中学习中国特色社会主义和共产主义的学校，是中国共产党的助手和后备军。共青团的地位：1. 共青团是中国共产党的助手和后备军；2. 共青团是政府的帮手和国家政权的重要社会支柱；3. 共青团是经济建设和社会发展的生力军、突击队；4. 共青团是全国青年的领导核心。

学生完整地掌握了共青团的性质和地位之后，其早日加入共青团的强烈愿望被激发。

三、明使命树信仰，以坚定信念启明当下

探究活动：学生们在课间讨论自己想要加入共青团的目的和决心，教师进一步引出团课的主题，“作为一名共青团员，你的信仰和初心是什么？”

课前教师给学生留下了一个话剧表演的任务，学生通过话剧的方式演绎学生入团的动机，通过演员的姿态、动作、对话、独白等表演，直接作用于学生的视觉和听觉，增加学生的课堂参与度。学生通过角色对话向观众展现故事情节，通过口语化对白，容易让学生理解表演情节，更能感染学生。

老师再介绍马克思的爷爷和爸爸都是律师，律师在当时是非常体面的职业，有着较高的社会地位和收入。比起一般的律师，马克思的爸爸担任了律师协会的会长，收入颇丰。仅就家庭“经济传承”而言，他就是名副其实的“富二代”，马克思完全可以“拼爹”甚至是“拼爷爷”。对于这种出身地位的人来说，不搞出点大事情，那是不合适的。家族事业的成就使得爸爸希望马克思能子承父业。这跟现在，绝大多数父母的想法一致：都希望孩子能有一个体面的工作和一份稳定的收入。少年的马克思虽然并未激烈反对父亲的这一观点，但却对自己未来的人生，尤其是职业的选择有着自己的主见。

1830 年，12 岁的马克思进入特里尔中学读书，到 1835 年 9 月 24 日毕业，17 岁的马克思在中学完成了他的德语毕业论文《青年在选择职业时的考虑》。他曾说过“如果一个人只为自己劳动，他也许能够成为著名的学者、大哲人、卓越诗人，然而他永远不能成为完美无疵的伟大人物。”马克思认为，“在无产阶级和资产阶级的斗争所经历的各个发展阶段上，共产党人始终代表整个运动的利益”，“他们没有任何同整个无产阶级的利益不同的利益”，而是要“为绝大多数人谋利益”，为建设共产主义社会而奋斗。共产党要“在全世界面前树立起可供人们用来衡量党的运动水平的里程碑”。始终同人民在一起，为人民利益而奋斗，是马克思主义政党同其他政党的根本区别。

通过呈现马克思的理论阐述，让学生明确共产主义的精神本质。

教师：在明确了共青团的信仰和初心后，既然共青团是中国共产党的助手和后备军，那么大家知道中国共产党的初心和使命是什么吗？中国共产党人的初心和使命，就是为中国人民谋幸福，为中华民族谋复兴。这个初心和使命是激励中国共产党人不断前进的根本动力。

四、学模范践于行，以青春之志启航扬帆

教师与学生通过视频和文字材料一起学习榜样和模范，体会信仰的力量。

探究活动一：

共产党人穿越百年时空不变的初心便是为中国人民谋幸福，为中华民族谋复兴。长期夜以继日的工作与艰难困苦的生活，夺去了王尽美的健康，他患上了严重的肺结核病。1925年春节前夕，他因劳累过度吐血晕倒，不得不入院治疗。时值工人运动风起云涌，他毅然出院，抱病赴青岛投入战斗，与邓恩铭等一起组织领导胶济铁路全线、四方机厂工人大罢工，并成立了胶济铁路总工会。4月，他领导了青岛日商纱厂工人同盟大罢工，迫使日本资本家签订了9项复工条件。同年6月，王尽美肺疾复发。弥留之际，他请青岛党组织负责人笔录了他的遗嘱："全体同志要好好工作，为无产阶级和全人类的解放和共产主义的彻底实现而奋斗到底。"8月19日，王尽美在青岛逝世，年仅27岁。王尽美不仅是一名义无反顾的共产主义战士，同时也是一位激情澎湃的理想主义诗人。他将自己的青春才华与自己所追寻的事业紧密地结合在了一起。

王尽美的信仰是什么？

学生感悟理解。

教师：他笃信一个尽善尽美的理论，为尽善尽美的信仰展开奋斗，他心中一定有一个美好的愿景，或者说初心。他希望在他和他的战友们的努力下，要成就一番事业，这个事业就是要使我们国家发生翻天覆地的变化，要让人民群众当家做主，过上好日子，逐步实现马克思倡导的伟大的共产主义。百年过去了，我们党前赴后继，无数人为了这个初心，为了使命不惜牺牲自己宝贵的生命。目前这个伟大目标正在逐步实现中，这是对这些先烈在天之灵的最好慰藉。

探究活动二：

讨论：共产主义信仰现代化，作为当代中学生我们应该追怎样的"明星"？

学生感悟理解后各抒己见。

教师：在2020年抗击疫情阻击战中，涌现了一批令人敬佩的人士。在关乎选择、担当和道义的时刻，总有一些人和群体站在时代的前列，用不同的方式抵御困难，他们是我们应当学习的榜样。

探究活动三：

同学们，在明确了各位英雄、榜样们的信仰的力量之后，作为一名共青团员，在日常生活中，如何坚定我们的信仰？

学生感悟理解后各抒己见。

教师总结：同学们，在生活中，我们应该高举中国特色社会主义伟大旗帜，以习近平新时代中国特色社会主义思想为指导，坚定不移地贯彻党在社会主义初级阶段的基本路线；努力成为有理想、有道德、有文化、有纪律的青年，为党输送新鲜血液，团结带领广大青年，自力更生；坚守我们的民族信仰，坚持社会主义先进文化，坚定对中华优秀传统文化的高度自信，以历史敬意和深厚情感，主动并善于从中汲取思想精华，真正成为马克思主义信仰的忠实守望者和终身践行者，始终用高洁的德行、高远的志向和高尚的情怀，守住一生的信仰信念。

亲友寄语：谈自己的信仰，并给同学们提出新的要求和期望。

教师总结：信仰是大海航行的灯塔，信念是破浪前进的引擎，信心是迎风蓄力的风帆。当代青年应该在信仰、信念、信心激发的磅礴之力下，不断进发，为充分涌流的“黄金时代”做出贡献。习近平同志指出，理想信念是我们精神上的“钙”。没有理想信念，理想信念不坚定，精神上就会“缺钙”，就会得“软骨病”。邓小平同志曾指出，“对马克思主义的信仰，是中国革命胜利的一种精神动力”。从井冈山精神到长征精神，从大庆铁人精神到载人航天精神，崇高信仰、远大理想发挥着巨大激励和鞭策作用，让我们穿越 90 多年艰辛历程，一起写下让世界瞩目的“中国震撼”。

五、结语

最后，请同学们全体起立，一起合唱团歌。通过合唱团歌，能够加强团员意识教育，使全体团员体会到作为一名共青团员应有的责任与担当，激励全体团员坚定信仰，以国家富强、人民幸福为己任，胸怀理想、志存高远，投身中国特色社会主义伟大实践，并为之终生奋斗。

第二节　我信仰的共青团

一、主题分析

“我信仰的共青团”这一主题重点阐述共青团的成立过程，通过一个个具体的故事和事例体现共青团的性质，让同学们了解共青团组织青年、引导青年、维护青年、服务青年的基本职能，从而不断增强学生的光荣感、责任感和使命感，激励学生树立远大的志向，努力培养自己成才，将来更好地服务社会，报效祖国。

二、核心素养

理想信念、政治认同、责任担当

三、典型素材

素材一：视频《渔阳里——青年团从这里出发》[1]

1. 典型素材概述

该素材介绍了中国第一个社会主义青年团成立的过程。1919 年，在巴黎和会中，中国政府的外交失败，直接引发了中国民众的强烈不满，从而引发了五四运动。五四运动以青年学生为主，广大群众、市民、工商人士等阶层共同参与，是一场中国人民彻底的反对帝国主义、封建主义的爱国运动。五四运动标志着中国青年新的觉醒，由“五四”开始的青年运动的实践，这是青年团体产生的重要条件。1920 年 8 月 22 日，俞秀松等八位青年成立

---

[1]　《渔阳里——青年团从这里出发》，中国青年网（http://v.youth.cn/dsp/202110/t20211014_13261039.htm）。

了中国第一个社会主义青年团，并创办外国语学社和中俄通讯社，从此，青年团踏上了曲折而光辉的征途。

2. 思政教育点

思政教育点 1：“渔阳豪侠地，击鼓吹笙竽”，这句古诗总使人油然而生慷慨悲歌的豪迈之意，而 19 世纪 20 年代的上海渔阳里，亦是风起云涌、群英汇集之地。在这片街区内，中国先进知识分子完成了精英集聚、理论宣传、阶级动员、人才培养、组织创建、筹建成立大会等几项工作，他们成立了中国历史上第一个社会主义青年团，“渔阳里”也成为共产党孕育初心之地、红色征程原点。通过观看视频，学生能够清晰地了解中国第一个社会主义青年团成立的时间、地点、最初成员，青年团成立的意义以及对中国革命产生的重要作用。在视频中，学生将看到青春力量汇聚的洪流，看到中国美好的未来，中国青年，始终是实现中华民族伟大复兴的先锋力量!

思政教育点 2：青年团成立时仅有 8 名成员，经过 101 年的发展，全国已有 8000 多万共青团员，可以引导学生思考这千万倍的增长背后的原因。同时，这也充分显示出共青团强大的组织能力。

思政教育点 3：青年兴则国家兴，青年强则国家强。青年团的成立过程也充分表明了团组织的性质，中国共产主义青年团是中国共产党领导的先进青年的群团组织，是广大青年在实践中学习中国特色社会主义和共产主义的学校，是中国共产党的助手和后备军。青年工作，抓住的是当下，传承的是根脉，面向的是未来，攸关着党和国家的前途命运。

素材二：山东省济南第三中学演讲比赛

1. 典型素材概述

正值中国共产党建党 100 周年，为传承红色基因，唱响红色旋律，济南三中开展了系列德育主题活动，展现新时代青少年昂扬向上的精神风貌。为进一步加强爱国主义和民族精神教育，厚植爱党爱国爱人民的情感，培养有担当民族复兴大任的时代新人，10 月 19 日至 20 日，在济南三中团委的组织和引领下，教育管理部联合高一高二学部开展了“学习新思想，永远跟党走”主题演讲比赛。

采自山东省济南第三中学微信公众号

2. 思政教育点

思政教育点：中国共产主义青年团是中国共产党领导的先进性与群众性相结合的青年组织，是中国共产党的助手和后备军。团结、教育和引导青年在建设社会主义实践中建功立业是共青团的主要职能之一。共青团在引导青少年形成爱党爱国、自信乐观、积极向上的精神风貌和良好品格方面有重要的引领作用。学校举办这次家国情怀主题教育演讲活动是共青团委结合学校实际开展的教育实践，活动中同学们深情表达了不忘初心，勇于担当，砥砺前行，传播正能量的决心。这次活动增进了全体学生对伟大祖国、伟大党的热爱，对于培养学生树立正确的世界观、人生观，培养学生良好的生活、学习习惯起到了重要的引领作用。

素材三：视频《“豫”你在一起》[1]

1. 典型素材概述

2021 年 7 月 17 日以来，河南出现历史罕见的极端强降雨天气，大部分地区降暴雨或大暴雨，超过 10 个国家级气象观测站日雨量突破有气象记录以来历史极值，多地道路、地铁等被淹，人员被困。哪里有需要，哪里就有青年身影！共青团河南省委当即发布“尽锐出战、青春冲锋”集结令，动员广大团员青年全力以赴，冲向防汛救灾第一线。一声令下，青春集结。全省各级共青团组建 1400 余支青年突击队，主动承担急难险重任务，在抗洪抢险一线，筑起一道道“青春堤坝”。

2. 思政教育点

思政教育点 1：中国共产主义青年团带领青年在经济建设中发挥生力军和突击队作用，能够充分调动和发挥青年的积极性和创造性。汛期来临，团河南省委、省青年志愿者协会第一时间发布《河南防汛救灾青年志愿服务工作指引》，发动广大团员青年主动向党、团组织报到，动员广大青年，做先锋、冲在前，积极投身抗洪救灾，广泛参与灾后重建，与全省人民一道，重建美好家园。在各级共青团组织引领下，河南青年书写了不凡答卷。

思政教育点 2：团章中关于团员的义务有这样的表述：团员应当“为保护国家财产和人民群众的安全挺身而出，英勇斗争。”党旗所指就是团旗所向。面对危难，广大团员在党中央、团中央的引导下冲锋在前，为抗洪抢险做出了突出贡献。

思政教育点 3：团员是青年中的优秀分子，加入共青团，不单单是称谓上的变化，更多的是一份责任与担当。同学们一旦加入共青团，就要时时刻刻以团员标准要求自己，吃苦在前，享乐在后，时时刻刻把人民和国家的利益放在第一位，时刻准备为国家和人民利益挺身而出。

---

[1] 《“豫”你在一起》，共青团中央《阳光总在风雨后，我们“豫”你在一起！》，中青在线（http://news.cyol.com/app/2020-12/08/content_18877794.htm）。

素材四：关于希望工程“大眼睛女孩”的报道和习近平总书记寄语希望工程[1]

1. 典型素材概述

1991年4月，7岁的苏明娟是安徽省金寨县三合中心小学的一年级学生，当时在北京市崇文区文化馆工作的摄影师解海龙走进大别山采访拍摄希望工程专题，跑了十几个村庄，抓拍到了正在上课的苏明娟，一双特别能代表贫困山区孩子“渴望读书的大眼睛”摄入了他的镜头。这幅画面为一个手握铅笔、两只直视前方对求知充满渴望的大眼睛小女孩、题为“大眼睛”的照片发表后，很快被国内外各大媒体争相转载，该作品很快成为中国希望工程的宣传标志，苏明娟也随之成为希望工程的形象大使。

2019年11月，在全国希望工程实施30周年之际，习近平总书记寄语希望工程，在党的领导下，希望工程实施30年来，聚焦助学育人目标，植根尊师重教传统，创新社会动员机制，架起了爱心互助和传递的桥梁，帮助数以百万计的贫困家庭青少年圆了上学梦、成长为奋斗在祖国建设各条战线上的栋梁之材。希望工程在助力脱贫攻坚、促进教育发展、服务青少年成长、引领社会风尚等方面发挥了重要作用。让青少年健康成长，是国家和民族的未来所系。进入新时代，共青团要把希望工程这项事业办得更好，努力为青少年提供新助力、播种新希望。全党全社会要继续关注和支持希望工程，让广大青少年都能充分感受到党的关怀和社会主义大家庭的温暖，努力成长为社会主义建设者和接班人。[2]

2. 思政教育点

思政教育点1：希望工程是由团中央、中国青少年发展基金会于1989

---

[1] 希望工程大眼睛女孩和习近平总书记寄语希望工程，中国青少年发展基金会网（https://www.cydf.org.cn/#/care）。

[2] 选自2019年11月20日《习近平寄语希望工程》，中华人民共和国人民政府网，http://www.gov.cn/xinwen/2019-11/20/content_5453928.htm。

年发起的以救助贫困地区失学少年儿童为目的的一项公益事业。其宗旨是建设希望小学，资助贫困地区失学儿童重返校园，改善农村办学条件。通过对这张照片的讲解，同学们能够深刻感受到在团中央服务青少年的职能和使命。团中央、中国青少年发展基金会发起的希望工程改变了一大批失学儿童的命运，改善了贫困地区的办学条件，唤起了全社会的重教意识，促进了基础教育的发展；弘扬了扶贫济困、助人为乐的优良传统，推动了社会主义精神文明建设。

思政教育点 2：习近平总书记深情寄语希望工程，充分肯定了希望工程实施 30 年来发挥的重要作用、展现的社会价值，深刻指明了希望工程在新时代的发展方向，明确提出了共青团要在新时代把希望工程这项事业办得更好的重要要求。

思政教育点 3：团章中不仅规定了团员应该履行的义务，同时也明确说明了团员应该享有的权利。共青团在组织青年、引导青年的同时，也不忘服务青年这一重要职责，在青少年整个成长过程中扮演着极其重要的角色。

素材五：漫画“打击校园贷”

《打击“校园贷”》 作者：刘欣悦

1. 典型素材概述

2016 年 3 月，12355 青少年服务台接到在校学生陷入校园贷款纠纷的求助持续增多，引起共青团中央高度关注。在安排律师进行线上答复的同时，积极协调当地团组织和 12355 专家团队，先后介入河北、江西、四川、天津、湖南相关个案，为当事人提供法律支持。在此基础上，推动职能部门加强专项整治，有效遏制了“校园贷”乱象蔓延。目前，全国 269 个 12355 青少年服务台和 6 个区域中心，4324 个基层人民法院、人民检察院、公安机关、司法行政机关、民政部门、文化执法部门的“青少年维权岗”，为未成年人权益个案转介、处置提供了坚强支撑。

2. 思政教育点

思政教育点 1：共青团始终把维护青少年的合法权益放在重要位置，保障青少年的健康茁壮成长。对于危害青少年合法利益的行为，共青团高度重视，重拳出击。

思政教育点 2：本插画旨在教育学生树立正确的人生观，世界观和价值观，自觉抵制盲目攀比、过度消费的思想，如若遇到贷款平台威胁恐吓等，及时保留相关证据，及时告知老师、学校及公安机关。

素材六：视频《青春》[1]

1. 典型素材概述

1916 年的春天，李大钊先生 27 岁，正是“青春”的年纪，在那个水深火热的时代，他由季节上的春天想到了人生命中的春天，想到了政治上的春天，渴望中国能够摆脱腐朽衰颓的局面而重新找回国家的春天。于是李大钊提笔写下了《青春》一文，“以青春之我，创建青春之家庭，青春之国家，青春之民族，青春之人类，青春之地球，青春之宇宙。”视频以李大钊先生所著《青春》一文为背景，展现了几代中国热血青年为国为民不懈奋斗的光辉历程。

---

[1] 视频《青春》，CCTV 节目官网（https://tv.cctv.com/2021/02/02/VIDAJNNHiuXByYkLTOs0zo2k210202.shtml）。

2. 思政教育点

思政教育点 1：青少年是共产主义接班人，担负着报效祖国和人民的神圣使命。通过学习本视频，广大青少年要深刻理解青年一代的使命，以革命先烈为榜样，不忘初心，牢记使命。

思政教育点 2：同是十七八岁的年纪，有的人已经为捍卫祖国和人民的利益而牺牲。本视频旨在引领青少年珍惜眼前和谐安宁的校园时光，努力学习科学文化知识,练就过硬本领,为实现中华民族伟大历史复兴打下坚实基础。

四、大咖点睛

清末思想改革家梁启超曾写："少年强则国强，少年独立则国独立，少年自由则国自由，少年进步则国进步"。青年是五月的花海，代表着激情与奔放，青年是早晨八九点钟的太阳，预示着活力与希望。共青团是青年的团，共青团的发展离不开广大青年的热血奋斗，反过来广大青年的进步离不开共青团的教育与指导。该课例以共青团的性质和社会职能为主线，内容充实，思路清晰，运用视频、歌曲、漫画文件等丰富的教学手段，通过一系列生动鲜活的故事和事例，充分调动了学生的积极性，让学生在不知不觉中掌握了共青团的相关知识，潜移默化地增强了学生的光荣感、责任感和使命感，吸引学生向团组织靠拢，达到了本课题的学习目标。

——吉林省教育学院语教育与跨文化比较研究教授　何颖

教案范例

我信仰的共青团

教学目标

1. 学习中国第一个社会主义青年团成立的时间、地点、最初成员以及共青团的成立过程，感受先辈们曲折而光辉的征途；

2. 学习共青团的性质，体会团员的部分权利和义务；

3. 明确共青团引领教育青年、组织青年、服务青年和维护青年的社会职能，增强学生的光荣感、责任感和使命感。

教学重难点

学生深刻理解共青团的性质，掌握共青团引导、组织、服务和维护青年的社会职能。

教学设计

多媒体教学法、研讨法

教学过程

一、导入

教师：欢迎各位同学来到今天的课堂，在一百多年前，诞生了这样一个团体，他从五四运动中走来，以青春之力高举马克思主义旗帜，激励一代代热血青年锐意进取、开拓创新，为国家独立与发展不懈奋斗。没错，他就是我们今天课程的主角——中国共产主义青年团，也就是我们常说的共青团。想必大家对于他的名字并不陌生，今天就让我们走进共青团，详细的认识一下这个大家神往的团体。

二、共青团的成立和性质

教师：首先请同学们看一个短片。（放视频——《渔阳里——青年团从这里出发》）“渔阳豪侠地，击鼓吹笙竽”，这句古诗总使人油然而生慷慨悲歌的豪迈之意，而19世纪20年代的上海渔阳里，亦是风起云涌、群英汇集之地。在这片街区内，中国先进知识分子完成了精英集聚、理论宣传、阶级动员、人才培养、组织创建、筹建成立大会等几项工作，他们成立了中国历史上第一个社会主义青年团，“渔阳里”也成为共产党孕育初心之地、红色征程原点。

探究活动一：

通过观看视频，哪位同学能举手回答共青团成立的时间，地点，最初成立人员和成立过程？

学生作答。

探究活动二：

同学们通过视频了解到，青年团成立时仅有8名成员，经过101年的发展，现在全国已有8000多万共青团员，这千万倍团员数量的增长背后的原因是什么呢？

学生作答。

教师：青年兴则国家兴，青年强则国家强。青年团的成立过程也充分表明了团组织的性质，中国共产主义青年团是中国共产党领导的先进青年的群团组织，是广大青年在实践中学习中国特色社会主义和共产主义的学校，是中国共产党的助手和后备军。青年工作，抓住的是当下，传承的是根脉，面向的是未来，攸关着党和国家的前途命运。

三、了解共青团的社会职能

探究活动一：

播放校园演讲比赛视频。

教师：大家请看这个视频，是否看到了你的身影？今年学校团委举办的“学习新思想，永远跟党走”主题演讲比赛，想必大家都踊跃参加了吧？请同学们思考并小组研讨，为什么学校团委要为大家举办这样一场活动？

学生代表踊跃发言。

教师总结：同学们回答得都很正确！中国共产主义青年团是中国共产党领导的先进性与群众性相结合的青年组织，是中国共产党的助手和后备军。团结、教育和引导青年在建设社会主义实践中建功立业是共青团的主要职能之一。学校举办这一活动的目的，正是为了引导大家形成爱党爱国、自信乐观、积极向上的精神风貌和良好品格。

探究活动二：

播放视频《“豫”你在一起》。

教师：2021 年 7 月 17 日以来，河南出现历史罕见的极端强降雨天气，大部地区降暴雨或大暴雨，超过 10 个国家级气象观测站日雨量突破有气象记录以来历史极值，多地道路、地铁等被淹，人员被困。哪里有需要，哪里就有青年身影！下面请欣赏视频歌曲，用心体会共青团的力量。

教师：同学们，请你们总结一下，你从视频中学到了什么？

学生各抒己见。

教师：同学们的答案都很棒！中国共产主义青年团带领青年在经济建设中发挥生力军和突击队作用，能够充分调动和发挥青年的积极性和创造性。汛期来临，共青团发动广大团员青年主动向党、团组织报到，动员广大青年，做先锋、冲在前，积极投身抗洪救灾，广泛参与灾后重建，与全省人民一道，重建美好家园。在各级共青团组织引领下，河南青年书写了不凡答卷。同学们，我们的团章中关于团员的义务有这样的表述：团员应当“为保护国家财产和人民群众的安全挺身而出，英勇斗争。”党旗所指就是团旗所向。面对危难，广大团员在党中央、团中央的引导下冲锋在前，为抗洪抢险做出了突出贡献，这充分体现了新时代团员积极履行团员义务的决心和勇气。团员是青年中的优秀分子，加入共青团，不单单是称谓上的变化，更多的是一份责任与担当。所以，同学们一旦加入共青团，就要时时刻刻以团员标准要求自己，吃苦在前，享乐在后，时时刻刻把人民和国家的利益放在第一位，时刻准备为国家和人民利益挺身而出。

探究活动三：

呈现希望工程宣传标识和习近平总书记寄语。

教师：大家请看这两张照片，图一是希望工程的宣传标识——大眼睛女孩苏明娟，图二是习近平总书记在希望工程成立 30 年之际的寄语，同学们，你们了解希望工程吗？你们认识图片中的女孩吗？

学生思考并作答。

教师：希望工程是由团中央、中国青少年发展基金会于 1989 年发起的以救助贫困地区失学少年儿童为目的的一项公益事业。其宗旨是建设希望小学，资助贫困地区失学儿童重返校园，改善农村办学条件。通过同学们对第一张照片的了解，我们能够深刻感受到在团中央服务青少年的职能和使命。图二中，习近平总书记深情寄语希望工程，充分肯定了希望工程实施 30 年来发挥的重要作用、展现的社会价值，深刻指明了希望工程在新时代的发展方向，明确提出了共青团要在新时代把希望工程这项事业办得更好的重要要求。同学们，团章中不仅规定了团员应该履行的义务，同时也明确说明了团员应该享有的权利。共青团在组织青年、引导青年的同时，也不忘服务青年这一重要职责，团中央领导下的希望工程，相信会惠及更多的青少年，让大家在党的阳光下，在团的保护下茁壮成长！

探究活动四：

呈现校园贷网络漫画。

教师：大家来看一幅漫画，2016 年 3 月，12355 青少年服务台接到在校学生陷入校园贷款纠纷的求助持续增多，这引起共青团中央高度关注。那么，大家小组讨论一下，面对校园贷，共青团能帮我们做什么呢？

学生讨论并作答。

教师：共青团始终把维护青少年的合法权益放在重要位置，保障青少年的健康茁壮成长。对于危害青少年合法利益的行为，共青团高度重视，重拳出击。面对校园贷，共青团在安排律师进行线上答复的同时，积极协调当地团组织和 12355 专家团队，先后介入许多省份相关个案，为青少年提供法律支持。同学们要注意，我们虽有共青团这个强大的支撑，虽有共青团的保护，但是也不能掉以轻心，要自觉抵制盲目攀比、过度消费，如若真的遇到贷款平台威胁恐吓等，及时保留相关证据，及时告知老师、学校及公安机关。

探究活动五：

欣赏歌曲视频《青春》。

教师：李大钊曾写过《青春》一文，“以青春之我，创建青春之家庭，青春之国家，青春之民族，青春之人类，青春之地球，青春之宇宙。”请同学们欣赏歌曲视频《青春》，去感受几代中国热血青年为国为民不懈奋斗的光辉历程。（视频播放完毕）看完视频，同学们有什么样的感想？请仔细思考并作答。

学生发言谈感想。

四、结束语

同学们，我们是共产主义的接班人，担负着报效祖国和人民的神圣使命。我们一定要深刻理解青年一代的使命，以革命先烈为榜样，向团组织靠拢，不忘初心，牢记使命。我们要珍惜眼前和谐安宁的校园时光，努力学习科学文化知识，练就过硬本领，为中华之崛起而读书，为实现中华民族伟大历史复兴而努力奋斗！

第三节　奉献社会，信仰之灯长明

一、主题分析

该主题需要引导青少年把个人成长与社会责任结合起来，培养乐于奉献的精神，培养青少年为他人、为国家、为社会的责任感和公益心。深刻领会中国各行各业劳动人民的奉献精神，领悟青少年为什么需要奉献，以及思考如何去奉献。

该主题从雷锋精神入手，走进雷锋生平与日常所为，让学生感悟一言一行间给社会带来的影响，然后讲述雷锋精神的延续——2010 年“十大感动中国人物”之一的郭明义事迹，进而将目光聚焦到学生自身身上，了解青年志愿者组织的服务精神，反思自己能为社会奉献什么，最后解读习近平总书记对青年志愿者的寄语，让学生了解国家对于自身寄予的殷切希望，点燃学生奉献的热血。

二、核心素养

道德品行、责任担当

三、典型素材

素材一：视频素材：电影《长津湖》片段

1. 典型素材概述

《长津湖》电影剧照，长津湖发起总攻胜利之后，美军准备撤退，撤退之前派遣战斗机轰炸美军基地，先行的飞机将标识弹抛在了基地，此时，基地上是沉浸在战斗胜利的喜悦中还未缓过神来的中国士兵，标识弹冒出阵阵浓烟，引得发动机轰鸣的若干战斗机朝着基地飞来。剧中雷睢生快速分析战况，采取了对战况最有益的决定，他毅然将滚烫的标识弹抱到了一辆军用汽车上，开始飞速驶离基地。战斗机追随着浓烟而去，特写镜头雷公的脸已经被火热的汽车灼伤，但是他的目光虽有恐惧，却没有迟疑，依然坚定地向前方驶去，最后汽车被一枚炮弹炸翻，压在了雷公身上，雷公英勇殉义。

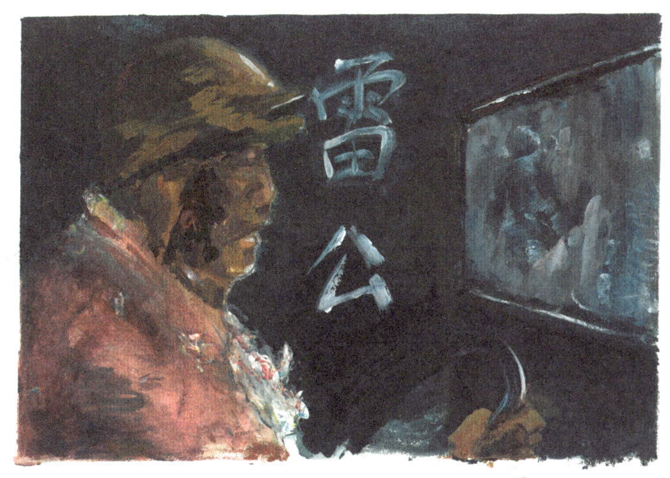

《雷公》作者：邵怡霖、韩天琦

2. 思政教育点

思政教育点 1：奉献是为了身边的人。在抱起标识弹的那一刻，雷公看了一眼身边的战友们，心里什么也没有想，就冲了出去，死亡在那个战火连天的时代已然是司空见惯，除了害怕、麻木、对生命的珍惜，考虑更多的，是身边的战友，奉献出自己的一点力量，最大可能地减小敌人对身边战友的伤害。奉献从来不是一个空洞的词汇，而是源于对身边人的关爱。正如剧中毛主席说的那样，“这场战役，我们不打，就得留给我们的后代去打。”

思政教育点 2：比生命更重要的，是对他人的爱。同雷公一样的千百万士兵，为了下一代活在一个没有硝烟的世界，为了千千万万百姓从此不必面对颠沛流离与骨肉分离，义无反顾地奉献出了一个人可以奉献的最珍贵的礼物——生命。正是因为有了先辈无私的奉献，今天的我们才能够享受这弥足珍贵的和平。在大局面前，总要有人挺身而出，支撑起即将倾坍的世界，奉献出自己的所有，以此点燃人们心中即将泯灭的希望之光。在那个外忧内患的年代，正因为那些冒死捍卫祖国河山的先辈们，中华民族才会永不绝望；而今天的青少年们只要胸怀理想、勇于奉献，中华民族就永远充满着复兴的希望和力量。

素材二：文档材料《雷锋日记》[1]

1. 典型素材概述

《雷锋日记》记录了雷锋同志的日常所为，以及当日的感想，表达了身为一名中国人民解放军的自豪感以及为社会做贡献的决心与成就感。

2. 思政教育点

思政教育点 1：奉献他人，成就自我。奉献，是普通人不普通的勋章。雷锋精神最核心的是奉献精神，雷锋同志只是 20 世纪艰苦时代的一名普通的解放军战士，但是他的名字却变成了一种精神象征，变成了值得世世代代铭记于心，努力看齐的标杆，这都是因为他长年累月地做好事、行善事。阅读《雷锋日记》，给出其中一些典型的摘抄，可以从雷锋同志质朴的行文之中感受到他那火热的信念和奉献精神。他在用自己所拥有的为数不多的东西，用自己的身体，用自己每一天的行动，诠释着什么叫作助人为乐，什么叫作奉献。

思政教育点 2：水滴善行，汇聚成爱的江河。“勿以善小而不为”，同雷锋同志一样，每一个学生，每一个人在某种程度上都是平凡的，但是平凡的人，也拥有着巨大的能量。青少年学生是祖国的希望，是国家的未来，是社会明天的脊梁与中流砥柱，这个世界的走向取决于这一代青少年的境界。这一代青少年虽然成长过程中衣食无忧，但是决不应该将自己看作世界的中心，以为别人都要为自己服务，向世界与他人不断索取。那样的人生，即便物质再充沛，精神也是空虚的，境界也是狭隘的。青少年应该向雷锋同志学习，心怀善意，心里装满对这个世界的热爱，装着对他人的关心，尽自己的

---

[1] 《雷锋日记》，北京，北京教育出版社，2021：128 页。

一份力量，伸出自己的援手，做一些力所能及的事，尽心尽力地帮助身边的人。通过阅读《雷锋日记》中典型案例，领悟雷锋精神，青少年应该懂得，有奉献的人生，才是丰满而崇高的人生；一个知道为他人服务的人，哪怕平凡而渺小，也可以成为冬日的暖阳，发光发热，照亮与温暖这个世界，甚至感动身边的人，形成巨大的影响力，带动身边的人共同为世界做出一点一滴的奉献，最终汇聚成爱的海洋，创建一个更加美好而和谐的社会。

素材三：郭明义新闻

无偿献血达到自身总血量的10倍，他在追求什么？

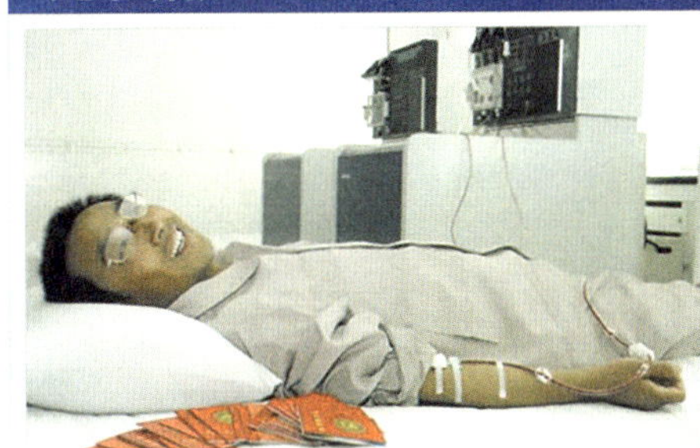

2009年春节前的一天，在鞍山市一家医院里，一名临产孕妇患了严重的溶血症，母子有生命危险，急需要有人来捐献血小板，鞍山市中心血站的工作人员第一个打通了郭明义的电话。因为临产孕妇急需大量的血小板，郭明义主动要求血站给他抽取1600毫升的血液，从中提取了两个单位的血小板，而这已经是一个人单次献血的最高限额了。

从1990年至今的20年时间里，郭明义无偿献血的量累计达到了6万毫升，相当于自身总血量的10倍。

◆ 郭明义：很好，我的血液一旦在他们身上流淌的过程中，这难道不高兴吗?

◆ 郭明义：我不是年轻小伙，但是我也不老，我55岁才能终止献血，我还可以献呢。

1. 典型素材概述

这是一则2010年取自中国网络电视台的新闻，那一年，郭明义同志半生的善举传遍了中国大江南北。他自知道献血可以帮助他人的那天起，就尽其所能地开始献血，燃烧着自己的血液，拯救一条条处于危险之中的生命。不仅如此，他的善举也如一颗石子投入水面，产生了一圈圈善意的波纹。他的行为感动了身边的人，跟着他一起献爱心，甚至成立了鞍山市第一支“无偿献血志愿者服务队”，郭明义被推选为队长。他的善举还有几十年如一日地为希望工程捐赠，支持着一个个求学的少年追寻梦想。即便自己只有一箪食，一瓢饮，但还是倾其所有地帮助着处于需要中的人们。

2. 思政教育点

思政教育点1：精神的丰满来自对世界的关爱。“他总看别人，还需要什么；他总问自己，还能多做些什么。他舍出的每一枚硬币，每一滴血都滚烫火热。他越平凡，越发不凡，越简单，越彰显简单的伟大。”（2010年“感

动中国”十大人物颁奖词）

奉献是现代社会赖以和谐发展的根基，孟子讲“爱人者，人恒爱之”。奉献对于郭明义而言是一种精神，是内心的一种信仰，对于每一个共青团员以及普通学生而言，是必须具有的美好品质。通过奉献，一个平凡的人可以获得内心的平和，可以感悟自己的人生价值与活着的意义，进而得到一种精神满足。

思政教育点 2：事了拂衣去，深藏功与名。郭明义同志是发自内心的为他人服务，从不求回报，也不计得失，至于那些回报与名声，都是顺理成章。奉献从来不应该有功名心，奉献绝不是为了求得他人的认可或者社会的奖励，而虚伪地作秀，而是发自内心地给予他人一点自己能够提供的帮助。郭明义同志从不追寻物质上的享受，而是感受帮助他人带来的精神满足。学生应该在日常生活中将奉献精神付诸实践，一点一滴间，感受自己精神境界的提高与精神世界的拓展。

素材四：视频《黄文秀》[1]

1. 典型素材概述

黄文秀同志是北京师范大学的一名硕士，能力出众，本可以选择留在北京继续发展甚至出国留学，但是她不忘初心，感恩当时资助过她的众多善心人士，于是决心回馈社会，回到了故乡广西百色。她曾对自己的老师说：“我是从贫困大山里走出来的孩子，得到过党和政府的资助和培养，希望将来能为祖国和家乡贡献自己的一份力量。”虽然可以选择外面的繁华人生，但是她选择了基层扶贫事业，考取了选调生，踏踏实实地在这片生她养她的土地上耕耘，帮助更多的人脱离贫困，走向更加美好灿烂的人生。

2. 思政教育点

思政教育点 1：奉献是一种精神的传承。奉献精神古已有之，大禹治水，

---

[1] 《黄文秀》，央视网（http://news.cctv.com/2021/06/18/ARTIB9i60IJkkOXqSDzelzik210618.shtml）。

三过家门而不入是奉献；邓稼先、钱学森、郭永怀等老一辈科学家放弃优越的国外生活回到罗布泊研究两弹一星是奉献；雷锋做祖国建设的螺丝钉也是奉献。雷锋精神是为共产主义而奋斗的无私奉献的精神；忠于党和人民、舍己为公、大公无私的奉献精神；立足本职、在平凡的工作中创造出不平凡业绩的“螺丝钉精神”；苦干实干、不计报酬、争做贡献的艰苦奋斗精神。每个人做好自己的本职工作，就是最大的奉献。

《时代楷模黄文秀》　作者：孙宁娅

思政教育点 2：奉献是一种心甘情愿的选择，更是一种信仰。黄文秀同志研究生毕业后，放弃大城市的工作机会，毅然回到家乡，在脱贫攻坚第一线倾情投入、奉献自我，用美好青春诠释了共产党人的初心使命，谱写了新时代的青春之歌。有一种深情表白，叫作“清澈的爱，只为中国”——“00 后”戍边烈士陈祥榕曾写下的一句话，令无数人为之泪目。清澈的爱，如此纯粹，又如此炽热；如此柔软，又如此坚韧！这份深沉的爱，是无数雷锋无怨无悔的奉献，是年轻扶贫干部日复一日的坚守，是戍边战士寸土不让的守护，岁月静好，只因有人负重前行；山河无恙，只因英雄铁肩担当。“我站立的地方就是中国！”青春之热血，永远为祖国而奔腾；矢志报国的你，就是民族的希望。奉献是一个人发自内心的选择，更是决心奉献社会的坚定信仰。黄文秀同志舍小己，为大家，这种为人民服务的共产党人精神是每一个青少年学习的明灯。

素材五：视频《我想成为这样的新时代青年》[1]

1. 典型素材概述

2021 年 7 月，共青团中央中国光华科技基金会联动各大高校开展“一起云支教”暑期特别行动——“一起云研学”大学生党员携手乡村少先队员系列活动：号召百名高校大学生党员成为志愿者，以线上研学的形式，为乡村孩子们打造一次特殊的假期阅读旅行，“以书为桥，让爱不再山高水长”，用新时代青年的朝气和力量，助力乡村教育振兴。

2. 思政教育点

思政教育点：志愿者的星星之火，可以燎原。一批乐于贡献、甘心吃苦的志愿者在爱心的召唤下，聚集在了一起，走出自己的一方小世界，走向了更为广阔的天地。他们利用自身的优势，将知识转化为力量，去带动更多的孩子，用书本点亮生命的光。他们据守“效劳公民，播洒温暖，贡献自己，无怨无悔”的原则。他们遵循“先天下之忧而忧，后天下之乐而乐”的主旨。他们虽然仅仅是星星之火，却已然形成了燎原之势。他们没有过多的言语，仅仅默默地贡献，他们用行动诠释作为新时代青年所具有的优异品德。在人生旅途中，他们坚信，哪怕自己只是一束微光，也大可以照亮所及之处。每一个今天在教室埋头苦读的高中生，都是明天祖国建设的中坚力量，都可以将自己所学，转化为促使社会进步的动力，视频中的大学生们，是学生学习的榜样，也是学生未来成长的方向，不管从事何种行业，在哪个岗位上，都应该心怀奉献精神，为把我国建设成富强民主文明和谐美丽的社会主义现代化强国而添砖加瓦。

四、大咖点睛

本课在素材的选择上体现了不同时代奉献的具体表现，代表性极强，

---

[1] 《我想成为这样的新时代青年》，中国共青团网（http://qnzz.youth.cn/vod/202107/t20210709_13083487.htm）。

深刻剖析了每个人物行为背后体现的精神价值，从普通的平凡人入手，阐释奉献的意义，与学生的距离瞬间拉近，能够引发学生的共鸣与思考。

——四川外国语大学翻译学院辅导员 张信

课题的教案设计结构完整，环环相扣，从学生活动入手，一下将学生拉至日常生活中可能出现的道德两难困境，在学生深刻思考之后，再阐明奉献对于生命与他人的价值，由浅入深，将主题升华至奉献对于社会的价值。在分析过黄文秀同志的事迹之后，又带领学生思考奉献对于个人价值的意义，回到学生本身，形成闭环，值得学习与借鉴。

——四川外国语大学副教授、英语语言文学专业及翻译专业硕士生导师 高伟

教案范例

奉献社会，信仰之灯长明

教学目标

1. 深刻理解什么叫作奉献，学习奉献人物的事迹、精神。

2. 学生能理解“奉献、友爱、 互助、进步”的志愿服务精神。学习习近平总书记对学雷锋和志愿服务的关心寄语。

3. 明白我们为什么要发扬奉献精神。

4. 思考团员如何发扬奉献精神，提出切实可行的行动方案。

教学重难点

如何发扬奉献精神，避免奉献口号化、形式化。

教法设计

情景演示法、讲授法、案例探究法、小组讨论法等。

教学过程

一、课前准备

让几名志愿者学生就“路边晕倒的老人”情景进行话剧排练。

二、导入

生活小剧场。明确本节课要学习的内容。

教师:同学们,今天我们要学习的主题是“我奉献,我快乐”,也就是奉献,使我快乐。如果要讲奉献的意义是什么,我们是不是得先了解奉献的意义啊。为了让同学们能够更加直观地思考这个问题,我们先来观看一个生活小剧场,这是生活中非常常见的场景,也是近些年饱受争议的社会热点话题。希望大家在观看过程中,思考一下奉献的意义。好,下面有请几位同学出场。

大家掌声欢迎。

教师:通过观察场景中各位同学的表现,你对奉献有了什么新的看法?

老师总结学生发言的主要观点,并进行升华(没错,奉献,有时只需要你在保护好自己的情况下,帮助一下身在困境的人,有时,对我们而言,不过举手之劳,但对于他人,可能就意味着一条生命。奉献,不是多么触不可及的高大词汇,可能只是我们身边的一件小事而已)。

三、了解奉献人物事迹,深入解读奉献精神

(1)活动一:了解雷锋生平,初步思考奉献的价值。

教师:我们来学习几位奉献的榜样,看能不能给你一点启发。提到奉献的榜样,大家首先会想到谁?

学生回答。

教师:没错,我也是首先想到雷锋。

板书:雷锋的故事。

教师:那么,为什么雷锋会成为奉献精神的代名词呢?有没有同学知道一些雷锋的事迹,跟大家一起分享一下。

学生分享雷锋事迹。

每当一个学生分享一个故事,立马总结分析雷锋奉献体现的对象,包括:

朋友、战友、陌生人等，以及奉献的什么，包括：金钱、行为等。将奉献细化到日常生活一言一行中。

教师：同学们都对雷锋有些大概的了解，那么今天让我们走进雷锋生平，通过《雷锋日记》，一窥雷锋是一个怎样的人。

讲解 PPT 上《雷锋日记》节选。

教师：大家已经了解了很多雷锋的所作所为，那么平时自己有没有一些奉献的经历呢？现在，大家畅所欲言，与同学分享自己的经历以及内心的感受。之后请每组派一位代表发言。

学生讨论与发言。

总结学生发言。

（2）活动二：了解郭明义事迹。

教师：雷锋虽然英年早逝，但是他的精神却存活了下来，激励了一代又一代的平凡人，无怨无悔地践行着奉献精神。下面我们学习一下雷锋精神的践行者，平民英雄郭守义同志的奉献事迹。提到郭守义同志，我首先想到的，就是他的献血事迹，大家知道一个人的血量有多少吗？一个体重 75 公斤的成年人，全身血液大约是 6200 毫升。

截止到 2010 年上半年，郭明义已累计献血 6 万毫升，平均每次献血 1000 毫升，每年献血 3 次（随时板书相关数据）。

询问：这是一个人血量的多少倍？

学生回答。

教师：2010 年“感动中国”十大人物颁奖词这样说郭明义同志：“他总看别人，还需要什么；他总问自己，还能多做些什么。他舍出的每一枚硬币，每一滴血都滚烫火热。他越平凡，越发不凡，越简单，越彰显简单的伟大。”

郭明义同志是发自内心地为他人服务，从不求回报，也不计得失，至于那些回报与名声，都是顺理成章。奉献从来不应该有功名心，奉献绝不是为了求得他人的认可或者社会的奖励而伪装地作秀，而是发自内心地给予他人一点自己能够提供的帮助。郭明义同志从不追寻物质上的享受，而是感受帮助他人带来的精神满足。我们作为高中生也应该在日常生活中将奉献精神付诸实践，一点一滴间，感受自己精神境界的提高与精神世界的拓展。

（3）活动三：介绍黄文秀生平。

教师：今天，依旧有人践行着无私奉献的雷锋精神，下面让我们一起观看《黄文秀》，走进大学生黄文秀的生平。

黄文秀同志研究生毕业后，放弃大城市的工作机会，毅然回到家乡，在脱贫攻坚第一线倾情投入、奉献自我，用美好青春诠释了共产党人的初心使命，谱写了新时代的青春之歌。这份深沉的爱，是无数雷锋无怨无悔的奉献，是年轻扶贫干部日复一日的坚守，岁月静好，只因有人负重前行；山河无恙，只因英雄铁肩担当。青春之热血，永远为祖国而奔腾；矢志报国的你，就是民族的希望。

四、放眼未来

教师：我们已经学习了榜样的奉献事迹，知道了应该如何做出奉献。其实我们每个人，都可以在日常点滴中奉献出自己的一点微光，比如，2021年7月，共青团中央中国光华科技基金会联动各大高校开展“一起云支教”暑期特别行动，大学生党员携手乡村少先队员系列活动：号召百名高校大学生党员成为志愿者，以线上研学的形式，为乡村孩子们打造一次特殊的假期阅读旅行，“以书为桥，让爱不再山高水长”，用新时代青年的朝气和力量，助力乡村教育振兴。每一个今天在教室埋头苦读的高中生，都是祖国明天的中坚力量，都可以将自己所学，转化为促使社会进步的火力，视频中的大学生们，是学生学习的榜样，也是自己未来成长的方向，不管从事何种行业，在哪个岗位上，都应该心怀奉献精神，为把我国建设成富强民主文明和谐美丽的社会主义现代化强国而添砖加瓦。

五、我是辩论家

引导学生对“奉献是否遥不可及”展开讨论，进行辨析，使之明确把奉献看成并非是一种遥不可及的事。使学生懂得，奉献社会可以从平时一件件微不足道的小事中体现，是每个人都可以做到的。奉献社会是实现自身价值的主要途径，在学习工作中兢兢业业、敬业奉献才能得到他人和社会的认可。

学生进行辩论，结合日常生活回答老师提出的问题，懂得奉献社会的意义，认识到奉献就体现在一些小事之中。

认真倾听各小组代表的发言，做适当补充；评出最佳小组。

在学生讨论、交流的基础上，归纳总结：奉献社会，能充分实现自我价值，有助于营造互助友爱、安定和谐的社会风气。我们要充满爱心，践行道德，平日里积极参与志愿者、希望工程、扶危济困等活动（用 PPT 出示）。

六、总结归纳

在学生归纳基础上，进一步强调服务群众、奉献社会的意义和基本要求，要求学生在今后的学习和工作、生活中增强服务意识、奉献意识。用 PPT 出示本节课所学的主要教育点。

第四节　青年，你为什么入团？

一、主题分析

入团，是每一位有志青年的理想追求，但在为什么入团这一问题上，还有许多青年的态度不明确，有着不同的想法，或者是还不清楚自己为什么要入团。通过本章节的学习，可以加深对共青团的认识，让青少年明白共青团是党有力的后备军。入队、入团、入党是有志青年政治上追求进步的阶梯式三部曲。引导青少年思考为什么要入团，这个问题是青少年对自我的一次内在审视。审视自己的入团动机，正确的动机是正确行动的前提。动机正确才能在入团以后发挥一个团员应有的作用，经受住团组织的考验。从而保证团的先进性和纯洁性，增强团组织的战斗力。这是一个人入团前，从思想到行动上审视自己是否与团组织保持一致性的重要一课。

二、核心素养

理想信念、责任担当

三、典型素材

素材一：

1. 典型素材概述

中国共产主义青年团是中国共产党领导的先进青年的群团组织，是广大青年在实践中学习中国特色社会主义和共产主义的学校，是中国共产党的助手和后备军。

年龄在十四周岁以上，二十八周岁以下的中国青年，承认团的章程，愿意参加团的一个组织并在其中积极工作、执行团的决议和按期交纳团费的，可以申请加入中国共产主义青年团。

要求入团的青年要向支部委员会提出申请，填写入团志愿书，经支部大会讨论通过和上级委员会批准，才能成为团员。

发展团员，必须把政治标准放在首位，严格履行下列手续：(一)申请入团的青年应有两名团员作介绍人。(二)介绍人应负责地向被介绍人说明团章，向团的组织说明被介绍人的思想、表现和经历。(三)要求入团的青年要向支部委员会提出申请，填写入团志愿书，经支部大会讨论通过和上级委员会批准，才能成为团员。

入团誓词：我志愿加入中国共产主义青年团，坚决拥护中国共产党的领导，遵守团的章程，执行团的决议，履行团员义务，严守团的纪律，勤奋学习，积极工作，吃苦在前，享受在后，为共产主义事业而奋斗。

入队誓词：我是中国少年先锋队队员。我在队旗下宣誓：我热爱中国共产党，热爱祖国，热爱人民，好好学习，好好锻炼，准备着：为共产主义事业贡献力量！

入党誓词：我志愿加入中国共产党，拥护党的纲领，遵守党的章程，履行党员义务，执行党的决定，严守党的纪律，保守党的秘密，对党忠诚，积极工作，为共产主义奋斗终身，随时准备为党和人民牺牲一切，永不叛党。

2. 思政教育点

通过《中国共产主义青年团章程》我们可以知道，共青团是中国共产党的助手和后备军，是中国青少年最先进的组织。通过对比入队、入团、入党誓词的内容，可以总结出少先队是预备队，共青团是突击队，共产党是先锋队这一特殊的政治关系。入队、入团、入党，则是有志青年政治上追求进步的阶梯式三部曲。真正有理想有抱负的青少年应该争取加入到青少年自己的先进组织中来。

入团是自愿的，但也不是人人都能入的，首先要满足年龄条件和政治条件，并且思想态度端正，日常表现优秀，要经过老师和同学的同意才能入团。所以入团不仅要符合条件，还需要自身足够优秀，才能加入到中国共青团这个大家庭中来。

入团是光荣的，是一个进步的青年知识分子热爱国家热爱人民的重要表现，是为了给自己更加严格的要求和更高的追求，只有作为一个团员，所做的事情才有规可循，可以有一定的约束。

素材二：习近平总书记讲话金句

1. 典型素材概述

“广大青年要肩负历史使命，坚定前进信心，立大志、明大德、成大才、担大任，努力成为堪当民族复兴重任的时代新人，让青春在为祖国、为民族、为人民、为人类的不懈奋斗中绽放绚丽之花。”

“历史和现实都告诉我们，青年一代有理想、有担当，国家就有前途，民族就有希望，实现我们的发展目标就有源源不断的强大力量。”

“广大青年要培养奋斗精神，做到理想坚定，信念执着，不怕困难，勇于开拓，顽强拼搏，永不气馁。幸福都是奋斗出来的，奋斗本身就是一种幸福。”

“为实现中华民族伟大复兴的中国梦而奋斗，是我们人生难得的际遇。每个青年都应该珍惜这个伟大时代，做新时代的奋斗者。”

“共青团要紧跟党走在时代前列、走在青年前列，紧紧围绕党和国家工作大局找准工作切入点、结合点、着力点，充分发挥广大青年生力军作用，团结带领广大青年在实现中华民族伟大复兴的征途中续写新的光荣。”

“实现中国梦，需要依靠青年，也能成就青年。要深入研究当代青年成长的新特点和新规律，把准方向、摸准脉搏，大力推进团的组织和工作创新，牢牢把广大青年团结和凝聚到党的周围，坚定理想信念，自觉践行社会主义核心价值观，勇担时代赋予的重任，走在创新创业创优的前列，在服务人民、奉献社会、建设祖国的生动实践中体现人生价值。”[1]

---

[1] 《让青春在奉献中焕发绚丽光彩——习近平总书记关于青年工作重要论述综述》，《人民日报》，2021 年 5 月 4 日。

2. 思政教育点

习近平总书记多次发表关于青年的重要言论，把青年称为祖国的未来，民族的希望。党和国家对我们青年一代给予厚望，给予更多的鼓励和帮助。我们应当努力奋斗，加入到中国共青团这个先进组织中来，成为党有力的后备军，在组织中获得更快地成长，为国家和人民贡献自己的力量，并积极向党组织靠拢，在党组织的正确领导下，不断锻炼自己，提升自己，把自己培养成为新时代有为青年，为承担建设祖国的历史使命奠定坚实基础，更好地服务国家，服务人民，不辜负国家对我们的精心培养。

成为共青团的一员，就是成为共产党的助手和后备军，同样也是老师的好帮手，同学们的好榜样。希望同学们以一个团员的标准要求自己，创优争先，树立模范作用，团结和带领同学不断前进，战胜困难，完成各项挑战。

素材三：电视剧《人民的名义》片段——老党员陈岩石讲述入党故事[1]

1. 典型素材概述

电视剧《人民的名义》中，老检察长陈岩石在省委常委扩大会上讲党课的情节深深打动了我们。授课者用自己的亲身经历讲述了“我为什么入党”。而陈岩石告诉我们入党是为了抢到“特权”。在抗日战争时期，陈岩石所在的部队攻打岩台，而不是共产党员就没资格背炸药包参加尖刀班，背炸药包是共产党员才有的特权，陈岩石为了抢到背炸药包的特权，就在队伍开到岩台郊外时火线入了党。而当时只有十五岁的陈岩石为了抢到这个“特权”，虚报了两岁。

2. 思政教育点

在革命战争年代，我们的前辈入党是为了抢到背炸药包的“特权”而入的党。在陈老的身上，我们看到了革命老党员的付出与艰辛，为了取得战争的胜利，为了保卫国家和人民的安全，他不怕困难，选择了坚毅前行。这体

[1]　《人民的名义》陈岩石讲党课片段，央视网（http://dianshiju.cctv.com/2017/04/02/VIDEqiNVoyQsKjaZtMzThDfO170402.shtml）。

现了一名党员的理想信念和责任担当，这是无私奉献的精神，是我们学习的榜样。在我们党的历史上和革命年代，类似于这种“背炸药包”的“特权”还有很多，类似于陈岩石这样的共产党员也比比皆是。彭德怀同志曾说过：“我彭德怀参加共产党，党给我唯一的‘特权’，就是带头吃苦。” 有了这些人的坚毅前行，无私奉献，我们才能生活在现在这样一个和平、幸福的年代。

“我为什么入党？”“我为什么入团？”入党入团之初，许多人常思考这个问题。革命战争年代，选择入党，就是选择生与死的考验、血与火的洗礼；和平建设时期，选择入党入团，就是选择为党和人民多做工作、多做贡献。这种“特权”思想，是为国为民甘于奉献的“特权”，是勇于献身不怕牺牲的“特权”，是不计个人得失一心为公的“特权”。这种特权本质是一种大无畏的革命精神。这种革命精神，战争年代需要它，和平建设时期更需要它！虽然现在不需要我们流血牺牲，但是仍然需要我们甘于奉献、利国利民，仍然需要我们秉承一颗爱国之心，仍然需要我们做一个有利于国家和人民的人！

素材四：

1. 典型素材概述

巴菲特曾经说过一句话：“你最好跟比你优秀的人混在一起，和优秀的人合伙，这样你将来也会不知不觉地变得更加优秀。”

人生旅程中，保持怎样的姿态前行，往往跟身边的人有很大关系。身边的人都很努力，你也会跟着努力上进；身边的人浑浑噩噩，你也会整日无所事事。

超级演说家冠军刘媛媛曾在书中，分享过一个故事：她认识一位朋友，毕业于北京知名传媒院校，依照朋友的学历和资历，是可以留在北京，选择一份不错的工作，未来也前途无限。可朋友在毕业后，却选择离开北京，回到老家，在老家的地方台做了一位编导。朋友解释说：“人才少的地方容易出头，我宁愿在水浅的地方当大哥，也不愿意在水深的地方当小弟。宁当鸡头，不当凤尾嘛。”时间没过多久，朋友就为自己曾经做出的决定感到无比后悔。起因是朋友渐渐发现，身边的人大都安于现状，生活每天都过得波澜不惊。长期待在这样的环境里，久而久之，朋友身上的锐气和志气也就被磨灭掉了。反倒是像刘媛媛这样留在北京的朋友，和各种优秀的人打交道，进步非常大，日子也过得风生水起。

这就是和优秀的人同行最大的魅力。那些优秀的人，他们优秀的品质、自律的习惯,还有出色的能力,都会让你耳濡目染,深受鼓舞,忍不住默默努力。

优秀的人总是利用时间精进自己，你就不好意思虚度时间；优秀的人想方设法，通过各种渠道学习新技能，你也会跃跃欲试；优秀的人有非常自律的好习惯，你也会忍不住戒掉懒惰，改变自己……[1]

2. 思政教育点

通过这个故事我们可以看出，自己身处的环境和接触什么样的人，会影响我们今后的发展。与优秀的人在一起，他们身上优秀的品质，好的行为习惯都会时刻影响着我们。古语“近朱者赤，近墨者黑”就是这个道理。在中国共青团的大家庭中，就有许许多多优秀的有志青年。成为共青团员，就可以在党领导的先进组织中与更多优秀的人一起学习、工作、交流，不知不觉中提升自己的思想、能力。并通过团委组织的理论学习、团课、志愿服务等，在思想上、政治上、行动上始终同党中央保持高度一致。

和优秀的人在一起，很辛苦也很累。但没有一个人是随随便便成功的。加入共青团这个组织，是我们选择了向上走，向难前行，攀顶高峰。加入这个组织不是享受安逸的，你看到的荣耀背后都是付出与艰辛。

素材五：

1. 典型素材概述

1993 年底，共青团中央决定实施中国青年志愿者行动。12 月 19 日，2 万余名铁路青年率先打出了“青年志愿者”的旗帜、在京广铁路沿线开展了为旅客送温暖志愿服务。之后，40 余万名大中学生利用寒假在全国主要铁

---

[1]　《和优秀的人同行，和靠谱的人共事，和懂你的人相处》，微信公众号“每晚一卷书”（https://mp.weixin.qq.com/s/qc26x4pS6F4Kx-AWKEC0Cw）。

路沿线和车站开展志愿者新春热心行动，青年志愿者行动迅速在全国展开。青年志愿者行动不断发展，志愿服务的领域不断扩大，志愿者队伍日益壮大。

2010 年 5 月，团中央启动实施的“共青团关爱农民工子女志愿服务行动”，在全国各地全面启动。作为共青团履行基本职能、体现社会责任、促进社会和谐的重要工作内容，组织广大青年志愿者在全国城乡广泛开展学业辅导、亲情陪伴、感受城市、自护教育、爱心捐助等内容的志愿服务，为农民工子女提供切实有效帮助。

青年志愿者“一助一”长期结对服务计划。这项计划以孤寡老人、残疾人、生活困难的离退休人员和下岗职工、特困学生、国家优抚对象等困难群众为主要服务对象，通过团组织和青年志愿者组织牵线搭桥，在青年志愿者和服务对象之间建立起长期稳定的关系，为困难群众提供力所能及的服务和帮助，成为青年志愿者行动深入基层、深入人民群众的一项经常性、基础性工作。[1]

2. 思政教育点

共青团的品牌活动还有很多，像希望工程、青年文明号、网络文明志愿行动、保护母亲河行动、青少年科技创新活动等等，已成为享誉全社会的品牌。在我国经济建设、科技创新、文化建设、民生改善、环境保护等各个领域，镌刻着青年闪亮的名字和坚实的足迹。

加入中国共青团，就是为了更好的奉献社会，回报祖国，尽一份自己的绵薄之力。入团后可以参加团组织举行的各种有意义的活动，充分发挥生力军的作用，组织和带领广大青年参与到志愿服务中去，借助组织实现自己为人民服务的愿望，更好地贡献自己的力量。

许多优秀青年的成长，离不开共青团这个大学校、大熔炉的培养造就。在参与这些志愿活动的过程中，我们也在一点点成长。通过各种活动增加自己的阅历，开阔眼界。可以学到在学校里学不到的知识，积累社会经验，

---

[1] “中国青年志愿者”词条，360 百科（https://baike.so.com/doc/6635530-6849337.html）。

认识更多的朋友，促进我们更好地发展。

素材六：视频《入团第一课》[1]

1. 典型素材概述

《向往》　作者：赵子衿

《入团第一课》是由共青团中央出品的教育视频，该视频围绕“入团”这一主题，立足于青少年的接受特点，通过两位同学入团的故事情节，生动展现了“党的关怀”“团的历史”“身边的共青团”“青年典型说”“加入共青团”等内容，使青少年观众通过观看该视频，能够总体了解党对青少年和共青团的亲切关怀和殷切期望，了解团的光荣历史和优良传统，了解共青团的品牌工作，了解发展团员的基本要求和程序仪式。

2. 思政教育点

回顾历史，从新民主主义革命时期的流血牺牲，社会主义革命建设时期的保家卫国、建设祖国，到改革开放时期的开拓奋进、锐意创新。共青团在我国的各个时期，带领着青年发挥了重要作用。学习共青团的历史，可以体会共青团的光荣岁月，燃起学生的爱国之情以及投身共产主义事业的热情。放眼当下，无数优秀的共青团员在自己的工作岗位上发光发热，成为行业内的标杆，带领广大青年团结向前，用自己的实际行动回报祖国。《入团第一课》对青少年具有很好的教育作用，通过观看该视频，可以提高学生对共青团的认识，激发学生对入团的向往，并且让学生了解了团员的要求及入团的流程。对于广大青少年来说，这是入团前的重要一课。

---

[1] 《入团第一课》，中国共青团网（http://qnzz.youth.cn/vod/202006/t20200623_12381617.htm）。

四、大咖点睛

加入中国共产主义青年团是青少年的荣誉和使命，是人生道路上一次不可多得的洗礼。能够让青年人实现人生价值，使自己得到发展，能够让青年人更好地成长，不断完善，充实自己，使自己获得新知，提高能力。文案围绕青少年理想信念为核心，通过引经据典强调青少年入团的必要性，思路明确，逻辑结构清晰。通过该课，让青少年对为什么入团，入团有什么用等问题有了明确的认知，端正了同学们的入团动机，避免入团功利化，是青少年加入共青团的重要一课。

——北京体育大学艺术学院辅导员　梁士雨

教案范例

青年，你为什么入团

教学目标

1. 加深学生对共青团的了解和认识，了解如何加入共青团。

2. 端正学生入团动机，避免入团功利化倾向。

3. 引导学生思考为什么入团，入团有什么用等问题，树立学生的目标追求，坚定理想信念。

教学重难点

端正入团动机，聚焦为什么入团这个核心问题，引发学生思考。

教法设计

研讨法、多媒体教学法

教学过程

一、导入

探究活动：

同学们，你们从 14 岁开始，就已经踏入青少年的行列，那同学们还记得你们小时候佩戴红领巾时的情景么？那同学们知道红领巾代表着什么吗？

学生各抒已见。

教师：是的，红领巾是中国少年先锋队的标志，是少先队员的象征，每个少先队员不仅要佩戴红领巾，而且要用自己的行动保持红领巾的荣誉，并为红领巾不断增光添彩。曾经的你们，也都是少先队的一员，准备着为共产主义事业贡献力量。而现在，你们已经迈进青少年的行列，你是否希望加入一个更加优秀的组织，与优秀的同龄人一起追求梦想，为共产主义事业而奋斗？

中国共产主义青年团就是这样的一个组织！

中国共产主义青年团是中国共产党领导的先进青年的群团组织，是广大青年在实践中学习中国特色社会主义和共产主义的学校，是中国共产党的助手和后备军。入队、入团、入党是有志青年政治上追求进步的阶梯式三部曲。真正有理想有抱负的青少年应该争取加入到青少年自己的先进组织中来。

二、如何加入共青团

相信同学们对共青团这个名字已经非常熟悉了，但同学们知道入团条件是什么吗？如何才能加入共青团吗？

从入团的条件来说，年龄在十四周岁以上，二十八周岁以下的中国青年，承认团的章程，愿意参加团的一个组织并在其中积极工作、执行团的决议和按期交纳团费的，可以申请加入中国共产主义青年团。

入团是自愿的，但也不是人人都能入的，首先要满足年龄条件和政治条件，并且思想态度端正，日常表现优秀，要经过老师和同学的同意才能入团。所以入团不仅要符合条件，还需要自身足够优秀，才能加入到中国共青团这个大家庭中来。

发展团员，必须把政治标准放在首位，严格履行下列手续：(一) 申请入团的青年应有两名团员作介绍人。(二)介绍人应负责地向被介绍人说明团章，向团的组织说明被介绍人的思想、表现和经历。(三)要求入团的青年要向支部委员会提出申请，填写入团志愿书，经支部大会讨论通过和上级委员会批准，才能成为团员。

这是中国共青团的入团誓词，请同学们跟我一起大声朗读出来。

学生齐诵：我志愿加入中国共产主义青年团，坚决拥护中国共产党的领导，遵守团的章程，执行团的决议，履行团员义务，严守团的纪律，勤奋学习，积极工作，吃苦在前，享受在后，为共产主义事业而奋斗。

从入团誓词中我们就可以看出作为一个团员，应该怎样去做。入团就是为了给自己更加严格的要求和更高的追求，只有作为一个团员，所做的事情才有规可循，可以有一定的约束。

三、端正入团动机，避免入团功利化

探究活动一：

在基本了解了中国共青团之后，那我问问同学们，你们想不想入团？

学生各抒己见。

教师：很好，我看到同学们都非常愿意加入中国共青团，入团是光荣的，是一个进步的青年知识分子热爱国家热爱人民的重要表现。这表明大家都是积极进取的，那同学们，你入团是为了什么？你入团的理由是什么？这就是本堂课我们需要思考和讨论的问题，青年，你为什么入团？

现在给大家一分钟的时间，思考一下这个问题，青年，你为什么入团？一会请同学起来回答。

学生各抒己见。

教师提问还有没有其他观点。

教师：非常好，大家的理由都很充分，入团的动机也很端正。但我也了解到不少同学的另一些想法，有的是为了赶时髦；有的觉得是团员名字好听些；有的为了炫耀自己；有的觉得别人是团员，我心里不服气要争口气；有的认为是团员以后升入高一层学校对自己的前途有利……那这些折射了什么问题？反映了什么思想？

老师认为入团理由不端正：在认识上不充分，在思想上未准备，在行动上显然也不会有好的表现，并且，入团动机不端正的同学，是很难经过团组织的考验，不会批准加入共青团的。所以说，想要入团，首先要端正我们的入团动机。

那到底为什么要入团呢？下面请同学们先观看一个视频，看看在革命战争年代，我们的前辈是为什么入党的：

播放视频：电视剧《人民的名义》片段——老党员陈岩石讲述入党故事。

探究活动二：

请同学们各抒己见，所以说陈岩石同志是为什么入党的？谈谈自己的感悟。

学生各抒己见。

教师：在革命战争年代，我们的前辈入党是为了抢到背炸药包的“特权”而入的党。在陈老的身上，我们看到了革命老党员的付出与艰辛，为了取得战争的胜利，为了保卫国家和人民的安全，他不怕困难，选择了坚毅前行。这体现了一名党员的理想信念和责任担当，这是无私奉献的精神，是我们学习的榜样。在我们党的历史上和革命年代，类似于这种“背炸药包”的“特权”还有很多，类似于陈岩石这样的共产党员也比比皆是。彭德怀同志曾说过：“我彭德怀参加共产党，党给我唯一的‘特权’，就是带头吃苦。”正是有了这些人的坚毅前行，无私奉献，我们才能生活在现在这样一个和平、幸福的年代。

“我为什么入党？”“我为什么入团？”入党入团之初，许多人常思考这个问题。革命战争年代，选择入党，就是选择生与死的考验、血与火的洗礼；和平建设时期，选择入党入团，就是选择为党和人民多做工作、多做贡献。这种“特权”思想，是为国为民甘于奉献的“特权”，是勇于献身不怕牺牲的“特权”，是不计个人得失一心为公的“特权”。这种特权本质是一种大无畏的革命精神。这种革命精神，战争年代需要它，和平建设时期更需要它！虽然现在不需要我们流血牺牲，但是仍然需要我们甘于奉献、利国利民，仍然需要我们秉承一颗爱国之心，仍然需要我们做一个有利于国家和人民的人！

四、发挥青年力量，做党有力的后备军

作为青年一代的我们，肩负着祖国的未来，是推动国家经济社会发展的生力军和突击队。在中国革命、建设、改革各个历史时期，中国共产党始终高度重视青年、关怀青年、信任青年，对青年一代寄予殷切希望。我们应当成为党有力的后备军，加入中国共青团这个先进组织，在组织中获得更快地成长，为国家和人民贡献自己的力量，并积极向党组织靠拢，在党组织的正确领导下，不断锻炼自己，提升自己，把自己培养成为新时代有为青年，为承担建设祖国的历史使命奠定坚实基础，更好地服务国家，服务人民，不辜负国家对我们的精心培养。

成为共青团的一员，就是成为共产党的助手和后备军，同样也是老师的好帮手，同学们的好榜样。希望同学们以一个团员的标准要求自己，创优争先，树立模范作用，团结和带领同学不断前进，战胜困难，完成各项挑战。

五、以我之力，尽我所能

加入中国共青团是为了更好地奉献社会，回报祖国，尽一份自己的绵薄之力。入团后可以参加团组织举行的各种有意义的活动，借助组织实现自己为人民服务的愿望，更好地贡献自己的力量。共青团的品牌活动有很多，像希望工程、中国青年志愿者行动、网络文明志愿行动、保护母亲河、青少年科技创新活动等，成为享誉全社会的品牌。在参与这些志愿活动的过程中，我们也在一点点成长。通过各种活动增加自己的阅历，开阔眼界。可以学到在学校里学不到的知识，积累社会经验，认识更多的朋友。优秀青年的成长，离不开共青团这个大学校、大熔炉的培养造就。

六、和更多优秀的人同行

巴菲特曾经说过一句话：“你最好跟比你优秀的人混在一起，和优秀的人合伙，这样你将来也会不知不觉地变得更加优秀。”

自己身处的环境和接触什么样的人，会影响我们今后的发展。优秀的人总是利用时间精进自己，你就不好意思虚度时间；优秀的人想方设法，通过各种渠道学习新技能，你也会跃跃欲试；优秀的人有非常自律的好习惯，你也会忍不住戒掉懒惰，改变自己。在中国共青团的大家庭中，就有许许多多优秀的有志青年。加入中国共青团，就可以在党领导的先进组织中与更多优秀的人一起学习、工作、交流，不知不觉中提升自己的思想、能力。并通过团委组织的理论学习、团课、志愿服务等，在思想上、行动上始终同党中央保持高度一致。

七、结束语

同学们，习近平总书记说过："中国的未来属于青年，中华民族的未来也属于青年。"加入共青团是每位青年人的理想追求，信念所在。加入共青团这个组织，是我们选择了向上走，向难前行，是对自己更高的要求。入团不是享受荣誉与利益的特权，是需要我们甘于奉献，冲在第一线，是需要我们秉承一颗爱国之心，做一个有利于国家和人民的人。最后，希望同学们都积极加入中国共产主义青年团，在团组织的带领下，不断充实自己，为共产主义事业而奋斗，实现自己的人生价值。

课后拓展：观看视频《入团第一课》。

第二章

信仰之光　照亮未来

人民有信仰，国家有力量，民族有希望。本章节课程是面向入团积极分子进行的信仰启蒙教育。通过9节新颖而生动的课程引导入团积极分子知晓习近平对青少年成长的重要要求，初步了解马克思主义基本观点，知道党史上的重大事件，理解党、团的特殊政治关系，培养对党、团的热爱和向往，用信仰之光照亮前行之路，用信仰之力开创美好未来。

第一节 五四运动与五四精神

一、主题分析

1919年的5月4日，为了驱逐黑暗、争取光明，为了祖国的独立和富强，一群意气风发的青年用热血和生命谱写了一曲最壮丽的青春之歌，绘就了一幅最宏伟的青春图画。如今，“五四运动”已作为光辉的一页载入了中华民族的史册。然而，“五四运动”绝不仅仅是一个历史事件，它更是一种精神，一种伟大的“五四运动”精神。在这种精神里，有着青年人关注国家命运的责任和使命，有着青年人振兴民族大业的赤胆与忠心。我们纪念“五四”这个日子，不仅是回顾历史，更重要的是要从历史事件中得到启发和教育。五四运动昭示我们的是一个永恒的主题：爱国。

二、核心素养

理想信念、政治认同、家国情怀。

三、典型素材

素材一：《觉醒年代》[1]片段

1. 典型素材概述

《觉醒年代》片段，展示了五四运动前夕，蔡元培召集老师和学生代表，声言：“爱国是北大的灵魂和传统，在国家存亡绝续的关键时刻，每一个北大学子都应该挺身而出，为挽救国家的危亡做先锋，唤起民众，敦促政

[1] 《觉醒年代》，央视网（https://tv.cctv.com/2022/01/27/VIDEUAOlrfSACjw1VrzKRSoL220127.shtml?spm=C55853485115.PbyFRuU7DWZS.0.0）。

府拒绝签字，捍卫主权。”随后，各行各业都为了游行做准备工作。

2. 思政教育点

思政教育点 1：要把民主科学与中国梦有机的融合起来。“五四运动”是一场以先进青年知识分子为先锋，在民主和科学的精神指导下，广大人民群众参加的彻底反帝、反封建的伟大爱国革命运动，促进了马克思主义在中国的传播，促进了马克思主义同中国工人运动的结合。现在看来，我们所说的民主与科学的精神其实是中国传统文化的积极元素与西方外来文化精华相互融合的产物。中共十八大时提出了中国梦这一伟大梦想，我们也应将民主与科学的精神与实现中华民族伟大复兴的中国梦有机融合起来，与时俱进，在实践中不断丰富民主与科学的现代精神内涵。

思政教育点 2：团结的力量是可以战胜一切困难的重要法宝。五四运动的成功，离不开游行之前各行各业充足的准备工作，离不开人民群众团结的力量。正如伟人毛泽东在中共八大开幕词中所说，我们胜利的获得，国内“是依靠了工人阶级领导的工农联盟，并且广泛地团结了一切可能团结的力量”；国际上，“是依靠了以苏联为首的和平民主社会主义阵营的支持，以及全世界爱好和平的人民的深厚同情”。事实证明，团结一切可以团结的力量，结成最广泛的统一战线，是我们战胜一切困难，夺取革命、建设和改革事业胜利的重要法宝，也是我们党执政兴国的重要法宝。

素材二：视频资料《我的 1919》[1] 片段

1. 典型素材概述

《我的 1919》两个片段，片段 1 展示了当时中国的外交才子顾维钧，在和会上的第一次发言时的机智和勇敢，他不卑不亢、据理力争，让世界看到了一个不一样的中国人，看到了一个不一样的民族。片段 2 展示了中国外交官顾维钧看到最终的《凡尔赛条约》时的愤怒与悲伤，他拒绝在不

---

[1] 《我的 1919》，央视网（https://tv.cctv.com/2010/02/09/VIDEjeEMUfRWrd0zv2MxTPPQ100209.shtml）。

平等的丧权辱国的条约上签字。

2. 思政教育点

思政教育点 1：逆境中也决不妥协。无论一个人拥有多么强大的力量，当他走向世界舞台，当背后的国家不能为他提供强大的支撑时，他也终将不会获得平等的对待与应有的掌声。但我们决不能放弃发声，决不能放弃抵抗，即使声音微小，即使力量微弱，也要让世界看到中国人不妥协的精神。

思政教育点 2：巴黎和会外交失败使中国人民看清了“弱国无外交，强权即公理”，落后就要挨打，自强不息才能立于不败之地。我们只有国强才有说话的权利，说话才能有被听见的权利。回顾历史的长河，我们中华儿女从不向困难低头，所以自强不息成为中华民族几千年来熔铸成的民族精神，它是鞭策无数中华儿女不断开拓进取的永恒的精神力量。正是这种精神，使我们的民族诞生了无数的优秀儿女，使我们的民族历经沧桑而不衰，使当今的中国能屹立于世界民族之林。

素材三：视频资料《觉醒年代》[1] 片段

1. 典型素材概述

视频重现了那年的街头，学生聚集在天安门广场前，他们罢课、游行，用这样的方式表达着内心的悲愤，抗议政府的软弱。数以万计的人民加入了这场伟大爱国运动的队伍中来，将五四运动推上了高潮。当年学生的爱国义举遭到了军警的镇压，很多学生被捕，被捕学生的表情，不是瑟缩，不是恐惧，而是从容不迫的微笑。

2. 思政教育点

思政教育点 1：文化的力量，不可小觑。五四运动最终能取得胜利，除了因为这是一场全国各阶层人民广泛参与的爱国运动；还因为新文化运动

---

[1] 《觉醒年代》，央视网（https://tv.cctv.com/2022/01/27/VIDEUAOlrfSACjw1VrzKRSoL220127.shtml?spm=C55853485115.PbyFRuU7DWZS.0.0）。

的掀起，使得人民大众的思想有了突破性的转变，人民渴望和追求民主自由。五四运动是新文化运动的继续和发展，它使民主和科学观念传播到全国各地各阶层民众，从文化层面上启发民众觉悟。文化思想上追求进步，社会才能进步。文化的力量，深深熔铸在民族的生命力、创造力和凝聚力之中，是一种软实力。文化建设具有十分重要的意义，不论是针对政治稳固还是对于经济发展，都具有不可或缺的作用。

思政教育点 2：坚定信念，无畏苦难。党的十八大报告指出，“共产党人必须坚定理想信念，坚守共产党人精神追求。”坚定理想信念，敢于担当克难是我们党强大的政治优势，是我们战胜各种艰难险阻夺取胜利的重要法宝。被捕学生之所以从容不迫，正是因为他心中有理想，他坚定信念，他才无畏任何苦难。

素材四：习近平总书记讲话金句

1. 典型素材概述

五四运动以全民族的力量高举起爱国主义的伟大旗帜。五四运动，孕育了以爱国、进步、民主、科学为主要内容的伟大五四精神，其核心是爱国主义精神。爱国主义是我们民族精神的核心，是中华民族团结奋斗、自强不息的精神纽带。五四运动时，面对国家和民族生死存亡，一批爱国青年挺身而出，全国民众奋起抗争，誓言“国土不可断送、人民不可低头”，奏响了浩气长存的爱国主义壮歌。

历史深刻表明，爱国主义自古以来就流淌在中华民族血脉之中，去不掉，打不破，灭不了，是中国人民和中华民族维护民族独立和民族尊严的强大精神动力，只要高举爱国主义的伟大旗帜，中国人民和中华民族就能在改造中国、改造世界的拼搏中迸发出排山倒海的历史伟力！

五四运动以全民族的行动激发了追求真理、追求进步的伟大觉醒。五四运动前后，我国一批先进知识分子和革命青年，在追求真理中传播新思想新文化，勇于打破封建思想的桎梏，猛烈冲击了几千年来的封建旧礼教、旧道德、旧思想、旧文化。五四运动改变了以往只有觉悟的革命者而缺少觉醒的人民大众的斗争状况，实现了中国人民和中华民族自鸦片战争以来第一次全面觉醒。经过五四运动洗礼，越来越多中国先进分子集合在马克思主义旗帜下，1921年中国共产党宣告正式成立，中国历史掀开了崭新一页。

历史深刻表明，有了马克思主义，有了中国共产党领导，有了中国人民和中华民族的伟大觉醒，中国人民和中华民族追求真理、追求进步的潮流从此就是任何人都阻挡不了的！

五四运动以全民族的搏击培育了永久奋斗的伟大传统。早在80年前，毛泽东同志就指出："中国的青年运动有很好的革命传统，这个传统就是'永久奋斗'。"通过五四运动，中国青年发现了自己的力量，中国人民和中华民族发现了自己的力量。中国人民和中华民族从斗争实践中懂得，中国社会发展，中华民族振兴，中国人民幸福，必须依靠自己的英勇奋斗来实现，没有人会恩赐给我们一个光明的中国。

——2019年4月30日，习近平《在纪念五四运动100周年大会上的讲话》

2. 思政教育点

思政教育点1：爱国，不分年龄，民族的觉醒在于青年的觉醒。当国家遇到危机，每一个中国人都能成为复兴中华的一员，每一个中国人都可以捍卫祖国的尊严。讲话中，习近平总书记多次强调了爱国两个字，1919年的五四风潮已经随着历史的发展与我们渐行渐远了，但我们永远不会忘记"五四精神"这一宝贵财富，那远离了战火与不平等的我们应该怎样去爱国呢？永远不要觉得战争离我们很遥远，科技发达的今天，往往都是无硝烟的战争。所以新时代青年必须敢于担当，勇于担当时代重任。时代将历史使命交给了青年，时代把责任担当压给了青年，无论什么年代、什么社会，青年都将是最具有创新活力和富有责任担当的群体。青年才是国家的未来，是民族的希望。

思政教育点2：青年人要学习，更要会学习。青年人正处于学习的黄金时期，要把学习作为首要任务，作为一种责任、一种精神追求、一种生活方式。但青年人决不能只一味地学习知识，应当善于将学习的知识和本领转化为实际生产力；应当把学到的知识充分地发挥出来，去探索更多的未知领域。

青年人应该为新思想、新文化的广泛传播开辟道路，不断积累新知识、增强新本领，以新的眼光审视中国，以新的视野观察世界。

思政教育点 3：奋斗的青春最美丽。古语云："天行健，君子以自强不息。"一切有志的青年，只有积极投身于实践，自觉深入到人民群众改造自然和社会的火热生活中，到祖国和人民最需要的地方去，到改革和建设的第一线去，到艰苦的和困难多的地方去，经受锻炼，增长才干，无怨无悔地贡献青春、智慧与力量，才能创造出成绩，成就一番辉煌的事业。我们要把强烈的爱国热情、高度的社会责任感和崇高的奉献精神，转化为持续推动国家兴旺发达的不竭动力。中华民族伟大复兴的中国梦终将在一代代青年的接力奋斗中变为现实。

素材五：公益片《今天，我们这样爱国》[1]

1. 典型素材概述

爱国是关爱祖国的花朵，让孩子健康成长；爱国是保护环境，让大家呼吸到清新的空气；爱国是乐于助人，让世界感受到中国的友善；爱国是传递一个微笑，让世界感受到中国的温度；爱国是努力奋斗，创办一家好的公司，为祖国的发展增砖添瓦；爱国是走到哪里都遵守规则，让世界了解华夏之邦的礼仪制度文化；爱国是把老祖宗留下的好东西传下去，那是我们中国人的无价之宝。爱国在新时代有了新的内涵，该片从多方面、多角度、多层次展现了作为新时代的中国人，我们该如何爱国。

2. 思政教育点

思政教育点 1：爱国应从身边的小事做起。爱国未必要在战火纷飞的年代，未必要在硝烟弥漫的战场。新时期的爱国心就是，"家是最小国"，关爱家人，这就是爱国；保护我们生存的环境，这就是爱国；在自己的岗位上，尽职尽责，这就是爱国。之前看过一条新闻，某台记者以"你觉得自己爱国

---

[1]　《今天，我们这样爱国》，央视网（http://gongyi.cctv.com/2018/10/23/VIDEg3cfNcwZiwFCNPHi8Olb181023.shtml）。

吗？”为题采访了各行各业的人。其中一位卖梨的老伯伯说：“我是爱国的，我卖梨从不卖坏的、烂的梨，从不做假包装。”如此简单朴素的话语令人感慨颇多，爱国，两个字听起来很大，但实际做起来都是身边的点滴小事。

《最美敬礼》 作者：赵瑞雪

思政教育点 2：新时期的青年要理性爱国。前几年的“钓鱼岛事件”，掀起一场抵制日货浪潮，路上经常会看到一些车主给自己的日产汽车贴上“买日本车在前，犯钓鱼岛在后”的标语。目的就是怕被爱国热情冲昏了头脑的“爱国狂热分子”做出过激的行为。他们砸的可是中国人的车，破坏的可是中国人的利益！再看看近期的“HM 事件”，不少网友涌入抵制新疆棉品牌的直播间，直接对着直播主播进行人身攻击，以恶毒不堪的言辞辱骂他们。但作为主播，这就是他们的工作啊，他们又做错了什么！所以，爱国，除了有热情，还要有理性。爱国，绝不是嘴上说说而已，要有自己对事物的正确且理性的判断。

思政教育点 3：爱国不分先后，没有多少，无论大小。马克思说过：“作为确定的人，现实的人，你就有规定，就有使命，就有任务，至于你是否意识到这一点，那都是无所谓的。这个任务是由于你的需要及其与现存世界的联系而产生的。”青年作为社会主义的建设者和接班人，要继承前辈开创的伟大事业，要在新的历史起点上推动中国特色的航船继续航行。

四、大咖点睛

本文层次鲜明，结合了当时及现代的历史材料，全面地反映了五四运动的全貌，从五四运动当年的自强救国引申到目前的自立强国。在当今以和平为主旋律的世界范畴内，过分地强调斗争而忽略合作已不合时宜，本文能够很好地抓住这种国家主体思想的变动是非常好的。另外，本文行文流畅，逻辑清楚，具有较重要的参考价值。

——华中科技大学副教授、国家数字设计与制造创新中心激光制造研究所副所长 米高阳

教案范例

五四运动与五四精神

教学目标

如今，五四运动已作为光辉的一页载入了中华民族的史册。然而，五四运动绝不仅仅是一个历史事件，它更是一种精神，一种伟大的五四运动的精神。在这种精神里，有着青年人关注国家命运的责任和使命，有着青年人振兴民族大业的赤胆与忠心。我们纪念“五四”这个日子，不仅是回顾历史，更重要的是要从历史事件中得到启发和教育。五四运动昭示我们的是一个永恒的主题：爱国。

教学重难点

深入学习“五四精神”，继承和发扬五四运动的爱国精神。

教法设计

研讨法、多媒体教学法

教学过程

一、导入

教师：请同学们看一下屏幕上的这段话，谁说年轻就不能肩负起国家和民族的重任？“年轻，不可看轻”，这句话在 1919 年的中国得到了深刻的印证，一群青年学生走上街头，掀起了一场伟大爱国运动的洪流，这场运动就是？（学生直接发言）对，就是我们大家熟知的五四运动。

过渡：那我们一起通过本节课再来重温五四运动，感悟五四精神。

二、直击五四运动

教师：这节课我们分两个部分来学习，了解五四运动，感悟五四精神。

首先，直击“五四”看过程。

教师：请同学们认真看视频，找到究竟是什么原因使得人民掀起五四运动。(播放《镜诰卿年》动漫视频)

教师：谁来说一下究竟是什么原因使得人民掀起五四运动？

学生举手回答。

教师：对，就是巴黎和会中国外交失败。那就让我们来看看当时中国的外交才子顾维钧，是如何在会议上慷慨陈词。（播放《我的 1919》[1] 视频片段 1）

教师：我们可以看到顾维钧发言时的机智和勇敢，他不卑不亢、据理力争，但这丝毫没有改变我国遭到不平等对待的情形。一战期间，十几万中国劳工埋骨他乡，用鲜血换来了巴黎和会上中国的战胜国席位，中国人民满怀希望，却没有得到丝毫应有的尊重，列强把德国在山东的一切权益

---

[1] 《我的 1919》，央视网（https://tv.cctv.com/2010/02/09/VIDEjeEMUfRWrd0zv2MxTPPQ100209.shtml）。

转交给了日本，这无疑激起了中国人的极大愤慨，成为五四运动爆发的导火线。巴黎和会外交失败使中国人民看清了“弱国无外交，强权即公理”，五四爱国运动如火山一般爆发了。

教师：我们再一起看一下，在五四运动爆发的前夕，各行各业都做了哪些准备。（播放《觉醒年代》[1] 视频片段）

学生各抒己见。

教师：从视频中可以看出，五四运动是一场以青年学生为主，广大群众、市民、工商人士等阶层共同参与的爱国运动。让我们跟随视频，一起感受一下五四运动爆发带来的感动与震撼。（播放《觉醒年代》[2] 视频片段）

学生感悟。

教师：那年的街头，学生聚集在天安门广场前，他们罢课、游行，用这样的方式表达着内心的悲愤，抗议政府的软弱，然而学生的爱国义举却遭到了军警的镇压，很多学生被捕，大家可以注意看一下，照片中被捕学生的表情是怎样的？

学生各抒己见。

教师：照片中被捕学生的表情不是瑟缩，不是恐惧，而是从容不迫的微笑，是因为他心中有坚定的理想和信念，那就是追求自由和民主。

教师：那年的街头，数以万计的人民加入了这场伟大爱国运动的队伍中来，上海召开了两万多人参加的国民大会，工人罢工，商人罢市，牺牲私利唯以救国为先，将五四运动推上了高潮。这是一次全国各阶层人民广泛参与的爱国运动。那么人民群众的义愤，最终促使五四运动取得了什么结果呢？我们先来看看顾维钧在面对《凡尔赛和约》时的表现。

---

[1] 《觉醒年代》，央视网（https://tv.cctv.com/2022/01/27/VIDEUAOlrfSACjw1VrzKRSoL220127.shtml?spm=C55853485115.PbyFRuU7DWZS.0.0）。

[2] 《觉醒年代》，央视网（https://tv.cctv.com/2022/01/27/VIDEUAOlrfSACjw1VrzKRSoL220127.shtml?spm=C55853485115.PbyFRuU7DWZS.0.0）。

（播放《我的 1919》[1] 视频片段 2）

教师：顾维钧拒绝在《凡尔赛和约》上签字。这是中国人第一次对列强制定的和约说“不”。那除此以外还取得什么结果呢？（屏幕展示五四运动结果）

（1）罢免卖国贼曹汝霖、章宗祥、陆宗舆的职务；（2）释放被捕学生；（3）拒绝在《凡尔赛和约》上签字。中国人第一次对列强制定的和约说“不”。

教师：所以我们说，五四运动还是取得了成功，它让世界看到了我们中国人民不屈的精神！

教师：五四运动是一场全民大参与的爱国运动，每个人都怀揣着忧国之心，燃烧着救国的热情，其中也不乏一些特殊群体。同学们可以看一下五四运动时期小偷和乞丐的通告。各行各业的人都用自己力所能及的方式去爱国。（板书“爱国”）那么除此之外，五四运动还留给我们什么精神呢？看材料一：五四运动是新文化运动的继续和发展。五四运动使民主和科学观念传播到全国各地各阶层民众，从文化层面上启发民众觉悟。民主和科学精神。（板书“民主、科学”）看材料二：五四运动中广泛传播了各种各样的学说和思想，包括马克思主义、无政府主义、合作主义等。五四运动后，马克思主义逐渐成为主流。探索进步、追求真理、勇于解放。（板书“进步”）

教师：（指着板书文字）爱国、民主、科学、进步就是五四精神。

三、感悟五四精神

过渡：五四运动虽然已经远去，但它却在中国近代史上写下了浓墨重彩的一笔。下面，我们就一起来感悟五四精神，除了体会五四运动带来的深刻历史意义，还要思考作为新时代的青年，我们该如何继承和发扬五四精神。

---

[1] 《我的 1919》，央视网（https://tv.cctv.com/2010/02/09/VIDEjeEMUfRWrd0zv2MxTPPQ100209.shtml）。

探究活动一：以青春之我救中国

屏幕展示学生游行图片。教师：同学们，五四运动是一场以青年学生为主，广大群众、市民、工商人士等阶层共同参与的爱国运动。通过刚才的学习，请同学们合作探究，讨论五四运动中青年学生的作用。

学生小组讨论，各抒己见。

教师总结：爱国，不分年龄，民族的觉醒在于青年的觉醒。无论什么年代、什么社会，青年都将是最具有创新活力和富有责任担当的群体。青年才是国家的未来，是民族的希望。

探究活动二：新中国，青春在奉献中闪光

过渡：回顾历史，再看今朝，许许多多的青年人都在为祖国的建设和民族的未来奉献着青春，他们都是我们的榜样，是我们奋斗和追赶的目标。哪位同学想上台展示一下你心中的青年榜样。

学生上台展示分享。学生课堂展示不同时代青年典型。（提前给学生布置展示任务，例如抗击疫情战线上的年轻人、脱贫攻坚战中的青年人）

教师总结：奋斗的青春最美丽。古语云："天行健，君子以自强不息。"一切有志的青年，只有积极投身于实践，自觉深入到人民群众改造自然和社会的火热生活中，到祖国和人民最需要的地方去，到改革和建设的第一线去，到艰苦的和困难多的地方去，经受锻炼，增长才干，无怨无悔地贡献青春、智慧与力量，才能创造出成绩，成就一番辉煌的事业。我们要把强烈的爱国热情、高度的社会责任感和崇高的奉献精神，转化为持续推动国家兴旺发达的不竭动力。中华民族伟大复兴的中国梦终将在一代代青年的接力奋斗中变为现实。

探究活动三：新时代，青年与祖国共奋进

过渡：新时代，习近平总书记也对青年提出了新的要求。我们在一起看一下，习近平总书记《在纪念五四运动100周年大会上的讲话》：

"五四运动以全民族的力量高举起爱国主义的伟大旗帜。五四运动孕育了以爱国、进步、民主、科学为主要内容的伟大五四精神，其核心是爱国主义。爱国主义是我们民族精神的核心，是中华民族团结奋斗、自强不息的精神纽带。

“五四运动以全民族的行动激发了追求真理、追求进步的伟大觉醒。五四运动前后，我国一批先进知识分子和革命青年，在追求真理中传播新思想新文化，勇于打破封建思想的桎梏，猛烈冲击了几千年来的封建旧礼教、旧道德、旧思想、旧文化。五四运动改变了以往只有觉悟的革命者而缺少觉醒的人民大众的斗争状况，实现了中国人民和中华民族自鸦片战争以来第一次全面觉醒。

“五四运动以全民族的搏击培育了永久奋斗的伟大传统。……中国人民和中华民族从斗争实践中懂得，中国社会发展，中华民族振兴，中国人民幸福，必须依靠自己的英勇奋斗来实现，没有人会恩赐给我们一个光明的中国。”

教师：请同学们根据材料结合自身，谈谈如何继承弘扬五四精神。

学生各抒己见。

教师总结：讲话中，习大大多次强调了爱国两个字，1919 年的五四风潮已经随着历史的发展与我们渐行渐远了，但我们永远不会忘记“五四精神”这一宝贵财富，那远离了战火与不平等的我们应该怎样去爱国呢？

学生讨论分享。

教师：同学们说得都不错，下面请同学们看一段小视频，我们一起来体会一下新时期的爱国心。（播放《今天，我们这样爱国》视频）

教师：“家是最小国”，关爱家人，这就是爱国；保护我们生存的环境，这就是爱国；在自己的岗位上，尽职尽责，这就是爱国。

教师：最后，我们一起欣赏诗朗诵《请党放心，强国有我》。

今天，我们站在天安门广场，紧贴着祖国的心房

今天，我们歌颂人民英雄的荣光，见证如他们所愿的梦想

今天，我们向党致以青春的礼赞

走过百年，风华正茂的中国共产党

今天，我们对党许下青春的誓言

新的百年，听党话、感党恩、跟党走

同心向党，奔赴远方

妈妈对我说，在每个人心中，中国共产党都是光荣的模样

党是冉冉升起的旭日，驱散黑暗，带来光明

将可爱的中国照亮

党是高高飘扬的旗帜，昭示信念，指明方向

为可爱的中国领航

老师告诉我，一百年前，古老的中华大地诞生了中国共产党，播撒信仰的火种，点亮真理的强光

这束光，激发了井冈山上的革命理想

星星之火，可以燎原

这束光，照亮了长征路上的正确方向

雄关漫道，万水千山

这束光，辉耀了宝塔山上的民族希望

保卫华北，保卫黄河

这束光，映照了百万雄师横渡长江

天翻地覆，正道沧桑

你看，天安门广场升起第一面五星红旗

中国人民从此站起来了！

当家做主人，建设新中国

这是中国人民满怀豪情的激昂

你听，“抗美援朝，保家卫国”的军歌嘹亮

你听，大庆铁人“拼命拿下大油田”的誓言铿锵

你听，“两弹一星”震惊世界的东方巨响

你听，红旗渠“誓把河山重安排”的豪迈乐章

到祖国最需要的地方去！

南海潮涌，东方风来，春天的故事在希望的田野上铺展

故事里，有开放的特区敢为人先

故事里，有回归的港澳游子团圆

故事里，青藏铁路连接团结进步的桥梁

故事里，奥运火炬点燃自信自强的烈焰

团结起来，振兴中华！

站起来、富起来、强起来

新时代的号角响彻河山

脱贫攻坚，全面小康，千年梦想今朝实现

坚持以人民为中心

嫦娥探月，蛟龙深潜，大国重器世人惊艳

科技强则国家强

生态文明，绿色低碳，美丽中国展开画卷

绿水青山就是金山银山

和平发展，合作共赢，“一带一路”互通互联

推动构建人类命运共同体

新阶段、新理念、新格局

中国道路，中国奇迹举世称赞

为人民谋幸福，为民族谋复兴

满足人民对美好生活的向往

矢志不变

江山就是人民，人民就是江山

梦在前方，路在脚下

我们都是追梦人

为实现第二个百年奋斗目标，为实现中华民族伟大复兴的中国梦准备着；为共产主义事业而奋斗！时刻准备着；不忘初心，青春朝气永在，志在千秋，百年仍是少年，奋斗正青春！青春献给党！

请党放心，强国有我！

请党放心，强国有我！

请党放心，强国有我！

请党放心，强国有我！

四、结束语

教师：感谢几位同学的朗诵。请党放心，强国有我！历史选择了中国，因为它的民族有团结的力量。新时代选择了我们，就让我们用奋斗的青春去为祖国增光添彩吧！

好，同学们，下课。

第二节　敢教日月换新天

一、主题分析

该主题重在讲解党史，从中国共产党的成立、新中国的成立、建党百年这三个时间点出发，讲述中国共产党领导下的中国从一个民不聊生，备受欺凌的弱国，成长成为一个民族独立，国家富强的泱泱大国。学习党史，激发学生铭记党的奋斗历程，勇于承担历史使命，以改天换地的豪情壮志，为实现中华民族的伟大复兴和实现第二个百年目标而奋斗，以吾辈之青春，守护盛世之中华。

二、核心素养

理想信念、家国情怀、责任担当

三、典型素材

素材一：《敢教日月换新天》宣传片[1]

1. 典型素材概述

《敢教日月换新天》是为庆祝中国共产党成立 100 周年，由中央多个部门联合摄制的 24 集文献专题片，全面展现了中国共产党以“敢教日月换新天”的豪情壮志，矢志不渝的奋斗精神，脚踏实地的苦干精神，团结带领中国人民披荆斩棘，踏平坎坷成大道、斗罢艰险又出发，让中华大地发生了翻天覆地的变化。回顾百年，是一代又一代的中国共产党

[1] 《敢教日月换新天》宣传片，央视网（http://tv.cctv.cn/special/gjryhxt/index.shtml）。

人前赴后继，逆流而上，引领中国人民走向从站起来、富起来到强起来的伟大征程。

2. 思政教育点

思政教育点 1：1840 年英国以林则徐的虎门销烟为借口向中国发动了第一次鸦片战争，鸦片战争以中国失败并割地赔款告终，中国与英国签订了中国历史上第一个丧权辱国的不平等条约《南京条约》，而这之后的中国又经历了第二次鸦片战争、甲午中日战争、八国联军侵华等等，自此帝国主义掀起了瓜分中国的狂潮，中国人民从此开始了水深火热的生活，引发学生想象当时中国的现状，并思考，如果你生活在那样的年代，应该如何做?体会中国共产党的成立为当时的中国老百姓带来的希望和光明。

思政教育点 2：回顾百年，这是一条充满荆棘，波澜壮阔，用血和泪铺成的艰辛奋斗史。我们的党从小到大，从弱变强，结束了中国四分五裂、任人宰割的悲惨局面，改变了国家一穷二白的落后面貌，建设了社会主义新中国，推进了中国特色社会主义现代化建设。40 多年的改革开放让中国一跃成为世界第二大经济强国，一个朝气磅礴的中国巍然屹立于世界的东方。回味历史，展望未来，青年一代要有理想、有本领、有担当，以“敢教日月换新天”的豪情，承载起党和国家事业发展的希望和未来。

素材二：《觉醒年代》南陈北李相约建党片段 [1]

1. 典型素材概述

该视频是选自《觉醒年代》中南陈北李相约建党片段。1920 年，李大钊同志送陈独秀同志去天津转往上海的途中，他们化装成商人，坐黄包车去朝阳门，看到沿途中国老百姓贫困不堪，老弱病残，挨饿受冻，流离失所，无家可归，两大伟人眼含泪水却意志坚定，相约要建立一个将中国人民引向光明，让中国人过上好日子的政党，让中国老百姓当家作主，不再受人

[1] 《觉醒年代》南陈北李相约建党片段，CCTV 节目官网（http://tv.cctv.com/2021/02/02/VIDAJNNHiuXByYkLTOs0zo2k210202.shtml）。

所欺，人人过上幸福富裕的生活，少有所教，老有所依，让国家国富民强，民族再造复兴。

2. 思政教育点

思政教育点 1：十月革命的一声炮响，给中国人民送来了马克思主义，在李大钊、陈独秀、毛泽东、周恩来等革命英雄的引领下，1921 年，中国共产党在上海成立。从此，无数的中国共产党人抛头颅、洒热血，以伟岸的身躯捍卫民族的尊严，逆行向上，筑起拯救民族存亡的钢铁长城。为学生展示视频中共产党人不惧压迫，勇于反抗的镜头，激发学生对革命烈士的敬仰之情。

思政教育点 2：对于当时的中国人民来说，中国共产党无疑是黑夜中的星辰，深海里的导向，为老百姓带来的光明和希望。陈独秀、李大钊他们是觉醒年代的先锋，而他们的理想和坚持感染了更多的革命先锋。“为有牺牲多壮志，敢教日月换新天”，一代代、一批批的中国共产党人以改天换地的革命精神，披荆斩棘，带领中国人民站起来，成为国家的主人。学习党史，让学生感受中国共产党的伟大，只有中国共产党才能救中国。

素材三：视频《新中国成立》[1]

1. 典型素材概述

1949 年 10 月 1 日，中华人民共和国开国大典在天安门隆重举行。下午三点，毛泽东等国家领导人登上天安门城楼，全场顿时掌声雷动，欢声如潮。毛泽东向数十万在场的群众，向全国人民，向全世界庄严的宣告：同胞们，中华人民共和国，中央人民政府今天成立了。

2. 思政教育点

思政教育点 1：中国共产党领导全国各族人民取得了新民主主义革命的胜利，建立了中华人民共和国，开辟了中国历史的新纪元，中国人民从此

---

[1] 《新中国成立》视频，CCTV 节目官网（http://tv.cctv.com/2019/10/01/VIDE70UcYs3rDsAvBQ38jzsZ191001.shtml?spm=C94212.P6Euo9QsQfhK.S40919.2）。

站起来了，成为国家的主人。中国的历史揭开了新的篇章，开启了伟大的新征程。中国共产党领导下的中华儿女自强不息，团结一致，攻坚克难，实现中华民族奋斗史上的一次次胜利，历史一再证明：没有中国共产党就没有新中国。

思政教育点 2：新中国成立之初，中国的经济百废待兴，有人断言：共产党在军事上得了满分，在政治上是八十分，在经济上恐怕要得零分，严重的经济建设任务摆在了中国人民的面前。毛主席曾概括说："现在我们能造什么？能造桌子椅子，能造茶碗茶壶，能种粮食，还能磨成面粉，还能造纸，但是，一辆汽车、一架飞机、一辆坦克、一辆拖拉机都不能造"。为了让中国实现从站起来到富起来的历史转变，中国共产党带领全国人民不断学习探索，进行社会主义改造，实行改革开放，推进社会主义现代化建设，为实现国家的崛起，民族的复兴而艰苦奋斗。

素材四：《我和我的祖国》片花[1]

1. 典型素材概述

《我和我的祖国》这是一部在中国成立 70 周年时上映的电影，是由七个不同的故事组成，通过讲述小人物的故事来见证"中国"的大历史，展现了普通老百姓与国家发展息息相关。影片分为《前夜》《相遇》《夺冠》《回归》《北京你好》《白昼流星》《护航》七个篇章，这七个故事分别涉及 1949 年 10 月 1 日中华人民共和国的成立，中国第一颗原子弹爆炸成功，中国女排奥运会夺冠，香港回归，神舟十一飞船成功着陆，纪念抗日战争胜利 70 周年阅兵式，每个故事都是以普通人的视角诠释着国家的发展，以小人物见证大时代。

2. 思政教育点

思政教育点 1：在影片中，演员们生动地演绎了那个时代的光辉记忆，这是中国 70 多年的高光时刻，但我们经历的又何止这些。学生分享新中国

---

[1] 《我和我的祖国》片花，CCTV 节目官网（http://news.cctv.com/2018/12/25/VIDE5h27jpwve4W8VsC54lOL181225.shtml）。

成立后重大事件：1950年抗美援朝、1998年特大洪水、2003抗击非典、2008年汶川大地震等，阐述在中国共产党的带领下，每一次危机我们都能成功的化解，在战争面前，我们英勇奋战，维护国家和世界的和平；在灾难面前，我们坚强不屈，挽起臂膀，众志成城；在国家利益受到侵犯时，我们敢于争先，绝不退让。

思政教育点2：改革开放以来，中国发生了巨大的变化，经济实现了历史性的大跨越，人民的物质、精神文化生活也发生了翻天覆地的变化。经过七十多年的风雨洗礼，我们的祖国早已焕然一新，成为一个富强、民主、文明、和谐的世界大国。这体现了中国人民的伟大，也体现了只有中国共产党才能带领中国人民实现从站起来到富起来、再到强起来的历史伟业。

素材五：中国100年前后发生了什么？[1]

1. 典型素材概述

从中国共产党的成立到今天，历史的车轮已过百年，这百年中国发生了翻天覆地的变化：百年前，中国跌落成任人宰割的“鱼肉”，今天，我们坚决捍卫国家主权和民族尊严；百年前，中国连年饥荒，百姓忍饥挨饿，今天，14亿中国人民的饭碗已牢牢端在手中；百年前，中国经济发展滞后于西方世界，今天，我们用几十年走完了发达国家几百年走过的工业化历程；百年前，老百姓生病时无助绝望，今天，我们不惜一切代价抢救生命；百年前，上学读书对普通孩子来说是遥不可及的，今天，我国义务教育有保障的目标基本实现；百年前，中国人是西方人眼中的“东亚病夫”，今天，我国已由体育大国向体育强国迈进；百年前，陆上国门破碎，海上门户洞开，今天，我国有信心、有能力打败一切来犯之敌；而中国的成就又何止如此？

2. 思政教育点

思政教育点1：建党百年，中国的成就举世瞩目，学生分享令世界瞩目

[1] 《中国100年前后发生了什么？这组对比照震憾人心》，新华报业网（http://news.xhby.net/index/202106/ t20210615_7125092.shtml）。

中国成就。我国的高铁运营里程稳居世界第一，中国速度领跑全世界；中国的港珠澳大桥被誉为“现代世界的七大奇迹之一”；中国天眼是目前世界上最强大的射电望远镜；中国的精准扶贫政策是消除贫困人口最多的国家；中国霸气的撤侨事件，国人在外，虽远必接，中国护照就是回家的船票；中国强大的国防，敌人来犯，虽远必诛！这就是现在的中国。

思政教育点 2：回顾百年，与革命烈士对话：“百年后，中国可好？”学生向烈士致敬：“山河无恙，国泰民安，这个盛世如你所愿！”以跨越时空的对话，激发学生的爱国之情，报国之心。身处新时代的青年人应顶天立地，自强不息，应踏着先辈们的足迹为实现中华民族的伟大复兴和实现第二个百年目标而奋斗，以吾辈之青春，守护盛世之中华。

四、大咖点睛

《敢教日月换新天》这节团课择取了三个重要时间点为切入点，丰富的素材、精炼的思政教育点、巧妙的构思和设计，切实体现了思政教育不仅要入耳入眼，更要入脑入心。赵老师本次团课的设计不仅是讲授，更注重借助感性材料，晓之以情、动之以心，是一堂很好的激发学生知史爱党、知史爱国的团课。

——山东政法学院教师　成永新

教案范例

敢教日月换新天

教学目标

1. 展示鸦片战争以来中国人民水深火热的艰辛生活，带领学生感知旧中国贫困不堪的现状，革命先烈为寻求救国之路的奉献和矢志不渝，通过讲述革命英雄故事，感悟没有共产党就没有新中国的真理格言。

2. 展示新中国成立后全国人民共同经历的抗美援朝、非典疫情、汶川地震等事件，体会建设和保卫社会主义的艰苦努力和感天动地的奋斗精神。

3. 建党百年，中国的发展，举世瞩目。学生们展示中国的成就，感受这个时代赋予的能量，通过与革命烈士的对话，激发学生为梦想奋斗拼搏的精神。

教学重难点

重点：了解中国共产党成立的历史背景，铭记历史，缅怀英烈；对比现在中国的发展，学习时代先锋的奋斗精神；

难点：激发学生的爱国之情，敢于在逆境中寻找光明，敢于在迷茫中探究真理。

教法设计

任务驱动法、讨论法、讲授法

教学过程

一、导入

播放《敢教日月换新天》宣传片的视频，引出这节课的主题。

教师：一百年，敢教日月换新天，这就是今天我想和大家分享的主题，有谁知道“敢教日月换新天”这句话出自哪里？创作背景？

学生分享。

教师：“为有牺牲多壮志，敢教日月换新天。”毛主席这首诗虽然写的韶山，但实际上是概括了全中国。中国各地的情况都和韶山一样，中国的人民都经历过血和火的考验，终于迎来了新中国的成立；这一段历史应该被每一位同学牢牢记住，今天，我们就重回历史，缅怀革命英雄！

二、中国共产党的成立

教师：由于清政府长期实行闭关锁国政策，严重阻碍了中国的政治、经济和对外贸易的发展，清政府日趋衰落，而此时的英、法、美各国的资本主义却在迅速发展，1840 年英国以林则徐的虎门销烟为借口向中国发动了第一次鸦片战争，鸦片战争以中国失败并割地赔款告终，中国与英国签订了中国历史上第一个丧权辱国的不平等条约《南京条约》，中国开始沦为半殖民地半封建社会，丧失了独立自主的地位。而这之后的中国又经历了第二次鸦片战争、中日甲午战争、八国联军侵华等等，自此帝国主义掀起了瓜分中国的狂潮，中国人民从此开始了水深火热的生活。请同学们想象一下当时是一种什么样的生活?

学生各抒己见。

教师：挨冻受饿，无家可归，贫穷不堪甚至是卖妻卖女。我记得鲁迅先生的《狂人日记》里曾写：我翻开历史一查，这历史没有年代，歪歪斜斜的每页上都写着“仁义道德”几个字。我横竖睡不着，仔细看了半夜，才从字缝里看出字来，满本都写着两个字是“吃人”！。你可以想象出来那是一个什么样的年代。

探究活动一：如果你生活在那个年代，你会怎么办？学生分享中国人民反对西方列强的斗争

教师：1911 年辛亥革命的发生，是近代以来中国社会矛盾激化和中国人民顽强斗争的必然结果，推翻了统治中国几千年的君主专制制度，传播了民主共和理念，极大推动了中华民族思想解放，以巨大的震撼力和影响力推动了中国社会变革。但是辛亥革命胜利的果实被袁世凯窃取，之后中国的先进知识分子都纷纷寻找救国之路，俄国十月革命的一声炮响，给中国送来了马克思主义。中国第一个马克思主义者李大钊，他在《新青年》发表的《我的马克思主义观》，系统地介绍了马克思主义理论，在当时的中国产生了重要的影响，尤其是对广大青年学生。他预言：试看将来的环球，必是赤旗的世界！ 1919 年中国暴动了以青年学生为主体的五四运动；各地的工人相继罢工，许多大中城市的商人举行罢市，形成了罢工、罢课、罢市的“三罢”高潮。五四运动是中国人民彻底的反对帝国主义、封建主义的爱国运动，在这期间出现了很多领导人物，李大钊、陈独秀、蔡元培、毛泽东、周恩来、陈延年、陈乔年，他们是那个时代的英雄，让我们讲出英雄的故事。

探究活动二：分享英雄故事

教师：正是因为这些英雄烈士，勇往直前，无所畏惧，在压迫中敢于反抗，在黑暗中敢于照亮，在逆境中敢于坚持，在未知中敢于指引，才有了我们日新月异的今天。

探究活动三：为什么要建党？要建立一个什么样的政党？

播放《觉醒年代》中《南陈北李相约建党》的视频。

教师：1921 年 7 月 23 日，中国共产党第一次代表大会在上海举行，大会确定了中国共产党这个名称，明确了中国共产党的奋斗目标是推翻资产阶级，建立无产阶级专政，实现社会主义和共产主义。中国共产党的成立，是一个开天辟地的大事变，给中国人民带来了光明和希望。

三、新中国的成立

播放新中国成立的视频。

教师总结：1949 年 10 月 1 日，毛主席在天安门城楼向全世界庄严的宣告中华人民共和国的成立，这标志着中华民族的浴火重生，中国共产党带领中国人民走上了国家富强、人民幸福的新征程，这是一条中国人民改天换地创造人间奇迹的光辉之路。

播放《我和我的祖国》片花。

探究活动：分享新中国成立以来中国共产党和全国人民共同经历的奋斗史

教师：新中国成立之初，中国的经济百废待兴，有人断言：共产党在军事上得了满分，在政治上是八十分，在经济上恐怕要得零分，严重的经济建设任务摆在了中国人民的面前。毛主席曾概括说："现在我们能造什么？能造桌子椅子，能造茶碗茶壶，能种粮食，还能磨成面粉，还能造纸，但是，一辆汽车、一架飞机、一辆坦克、一辆拖拉机都不能造"。为了让中国实现从站起来到富起来的历史转变，中国共产党带领全国人民不断学习探索，进行社会主义改造，实行改革开放，推进社会主义现代化建设，为实现国家的崛起，民族的复兴而艰苦奋斗。

四、建党百年，举世瞩目

展示中国百年前后对比照片。

探究活动一：分享令世界瞩目的中国成就

教师：我国的高铁运营里程稳居世界第一，中国速度领跑全世界；中国的港珠澳大桥被誉为“现代世界的七大奇迹之一”；中国天眼是目前世界上最强大的射电望远镜；中国的精准扶贫政策是消除贫困人口最多的国家；中国霸气的撤侨事件，国人在外，虽远必接，中国护照就是回家的船票；中国强大的国防，敌人来犯，虽远必诛！这就是现在的中国。现在我终于可以骄傲的与我们的革命英雄战争烈士对话！

探究活动二：“百年后，中国可好？”与革命烈士对话

教师：百年后，山河无恙，国泰民安，这盛世如你所愿！

学生齐读：以青春之我，创建青春之家庭，青春之国家，青春之民族，青春之人类，青春之地球，青春之宇宙，资以乐其无涯之生。

五、结束语

“为有牺牲多壮志，敢教日月换新天”，中国的发展，震惊世界，中国的成就，举世瞩目，而我们现代的青年人更要做到青春不停步，奋斗不停歇，以青春之我，乘风破浪，扬帆远航，实现中华民族的伟大复兴。

第三节　家书中信仰的坚守

一、主题分析

本课的主题为家书中信仰的坚守，品读红色家书，坚守理想信念。战火纷飞的战争年代也许距离现代生活太过遥远，但是通过红色家书的品读能够让青少年回到那个尘封已久的年代，设身处地地体会到当时的社会背景，感情的联系也使其更容易产生共鸣，让其了解到当今幸福生活的来之不易，油然而生一种民族自豪感，再次让青少年思考自己的理想信念。

二、核心素养

理想信念、家国情怀、责任担当

三、典型素材

素材一：《再带给你十几个字》[1]

1. 典型素材概述

此篇家书是左权将军写给爱人的一封普通家书，但是此信写出三天后，左权将军就在战争中壮烈牺牲，这封家书也成为家人悼念的唯一信物。

志兰：

就江明同志回延之便，再带给你十几个字。

乔迁同志那批过路的人，在几天前已安全通过敌之封锁线了，很快可以到达延安，想不久你可以看到我的信。

[1] 《再带给你十几个字》，共产党员网（https://www.12371.cn/2019/07/05/ARTI1562314456336261.shtml）。

希特勒“春季攻势”作战已爆发，这将影响日寇行动及我国国内局势，国内局势将如何变迁不久或可明朗化了。

我担心着你及北北，你入学后望能好好地恢复身体，有暇时多去看看太北，小孩子极需人照顾的。

此间一切如常，惟生活则较前艰难多了，部队如不生产则简直不能维持。我也种了四五十棵洋姜，还有二十棵西红柿，长得还不坏。今年没有种花，也很少打球。每日除照常工作外，休息时玩玩扑克与斗牛。志林很爱玩牌，晚饭后经常找我去打扑克，他的身体很好，工作也不坏。

想来太北长得更高了，懂得很多事了，她在保育院情形如何？你是否能经常去看她？来信时希多报道太北的一切。在闲游与独坐中，有时总仿佛有你及北北与我在一块玩着、谈着，特别是北北非常调皮，一时在地下、一时爬在妈妈怀里，又由妈妈怀里转到爸爸怀里来闹个不休，真是快乐。可惜三个人分在三处，假如在一块的话，真痛快极了。

重复说我虽如此爱太北，但是时局有变，你可大胆按情处理太北的问题，不必顾及我。一切以不再多给你受累，不再多妨碍你的学习及妨碍必要时之行动为原则。

志兰！亲爱的：别时容易见时难，分离二十一个月了，何日相聚？

念、念、念、念！愿在党的整顿之风下各自努力，力求进步吧！以进步来安慰自己，以进步来酬报别后衷情。

不多谈了，祝你好！

叔仁

五月二十二日晚

2. 思政教育点

思政教育点 1：铁骨柔情的真实丈夫与父亲。在该封书信中，左权将军将日常生活和革命工作结合起来，信中左将军向妻子倾诉了“生活比以前艰难”，讲述自己“种了洋姜和西红柿，长得还不坏”“休息时玩玩扑克与斗牛”的事情，这一切都是他在倾诉日常生活。为了革命工作，他与家人只能分离，但家人的担忧他十分清楚。与家人分享日常，聊慰内心的牵挂，避免担心，我们会发现每一个英雄都是一个真实的人，都有真实的生活与情感。同时，那对孩子未来的期待，比如“长得更高了，懂得很多事了”，回想“闲游与独坐时一块玩着、谈着”，说到北北时，“一会儿在地下、一会儿爬在妈妈怀里，又由妈妈怀里转到爸爸怀里来……”那快乐的家庭温馨的场景是那么真实，回忆往昔，追忆快乐时光，对家人浓浓的爱与思念溢出纸面，这是夫爱，这是父爱，这是最触动每个人内心最柔软的情感。

思政教育点 2：家国情怀的军人和英雄。他是丈夫，他是父亲，他更是怀有家国情怀的军人和英雄。联系背景知识，我们知道左权将军寄出此信不久之后便英勇逝世了，这封信成了绝笔。家庭的情爱都因为国家大义而改变，因为家是最小国，国是千万家。这让我们震撼、感恩，更需要我们铭记。记住那坚定的理想信念，记住那奋进前行的力量，感恩如今的幸福生活。

素材二：《我万一不幸为人民战死 那也无须乎哭》[1]

1. 典型素材概述

在河南安阳，23 岁的解放军战士冯庭楷饱含热泪给家乡山西平定的两位兄长写了一封长信。三个月之后，他便在解放战争的战场上英勇牺牲。历史没有记录下冯庭楷的确切资料，甚至连冯庭楷一张模糊的照片都没有保留。

樟、榕二兄：

弟自事变后，毅然走出饥寒的家庭，参加了人民的子弟兵——八路军，将近九年光景，因不了解咱乡的社会情况，未敢贸然写信，恐信到家后引起不幸之事件。

咱家的情景，我是想象到的，尤其想到在贫苦的日子里熬煎着的苦命

[1] 《我万一不幸为人民战死 那也无须乎哭》，上蔡县人民检察院官网（http://www.zhumadian.jcy.gov.cn/zmd/shangcai/202107160845174361l.html）。

的双亲，及年迈的祖母，他们也许……我不敢往下想。哥哥，你们会意味到我没有直接给二老写信的意思吧。

回想当初，从家门走出，在途中独行的我，心中是怎么兴奋，但又是如何悲伤啊！

父亲深锁着愁眉，睁着一对深深的大眼，看着我，但又说不出什么来。

我望着父亲的背影直到看不见时，方才回转身来。在父亲面前不忍流下的泪珠才一连串地淌了下来。我简直想放声大哭，啊！这也许是最后一次见面吧……

妈妈，我们应擦干自己的眼泪。我万一不幸为人民战死，那也无须（需）呼哭。你看，疆场上躺着的那些死尸，哪一个不是他妈妈的爱儿？

爹娘呀，你这刚能扎（插）翅远飞幼稚的孩儿，从此就不能顾念到你们了。哥哥呀，我对爹娘应敬（尽）的一切，也完全交付你们了。

离别之情，一言难尽。我每次提起笔来，即想到我辈一生之患难遭遇，使我心绪缭乱，手指颤抖，简直写不出什么来，只好搁笔而去。哥哥，这封信，我鼓了很大的勇气和决心才写出来呢。

我现在很健壮，一切均不感困难。想咱一家最幸福、最愉快的就数我自己了，请不必顾念。

我在情况许可时回家一探，希千万不要来找，因部队驻防不定，或东或西，恐不易找寻。请即来信告以祖母、父母、叔伯、婶母、兄弟姊妹等的详情。

遥祝

阖家老幼安康！

庭楷
四月廿五号
旧历三月廿三

2. 思政教育点

思政教育点 1：舍小家为大家的平凡孩子。在冯庭楷的《我万一不幸为人民战死，那也无须哭》的这封书信中，以一个离家万里平凡的孩子的视角叙述了对父母双亲的思念之情。他无奈地说道："哥哥，你们会意味到我没有直接给二老写信的意思吧。"在战火纷飞的年代自己甚至不敢给家里的父母写家书，因为不敢触动心里最深的那份牵挂，一是自己身不由己无法照顾年迈的父母双亲自身的内疚，二是害怕父母担心身处异地随时有危险的孩子。这种矛盾又小心翼翼的情感折射出了一位英雄内心最柔软的部分，也让我们感受到，每位鞠躬尽瘁舍身为国的战士，内心也都是一个最最平凡的孩子，也真是本性的展示，才让他们的无私无畏显得更加的伟大。

思政教育点 2：一心为国的坚定信念。这位英雄展示给我们的，是对家人的无尽的思念和愧疚，同时更加凸显舍小家为大家、无私无畏的精神，家书的最后一句"疆场上躺着的那些死尸，哪一个不是他妈妈的爱儿？"更是催人泪下。是啊，哪位战士没有家人、心里没有牵挂呢，但是为了祖国的发展，牺牲自身为了全天下的中国人民，足可以让人看到他博大的胸怀和崇高的精神信念，这也就是我们需要向其学习的"先天下之忧而忧，后天下之乐而乐"的博大情怀，以及为解放全中国努力奋斗的崇高精神信念。

素材三：《争国权以救危亡，是青年男儿之有责》[1]

1. 典型素材概述

聂荣臻，字福骈，四川江津（现重庆市江津区）人。中华人民共和国十大元帅之一，为我国人民解放和日后国防军事现代化做出了重大贡献。

聂荣臻元帅也是我党早期留学欧洲的卓越领导人之一。1919 年 12 月 9 日，聂荣臻同志和百余名勤工俭学学生，乘"凤凰"号轮船，离开上海，远涉重洋。经过四十余天航行，于 1920 年 1 月 14 日抵达法国马赛港，然后又到首都巴黎。经华法教育会的介绍，到克鲁佐钢铁厂做工，依靠做工获得的微薄收入，勉强维持学习和生活。1921 年 10 月初，聂荣臻同志考上了费用低廉的沙洛瓦劳动大学，学习化工专业。

---

[1] 《争国权以救危亡，是青年男儿之有责》，共产党员网（http://www.12371.cn/2018/10/15/VIDE1539576000545276.shtml）。

父母亲大人膝下：

不得手谕久矣。海外游子，悬念何如？又闻川战复起，兵自增，而匪复猖，水深火热之家乡！父老之苦困也何堪？狼毒野心之列强！无故侵占我国土！二十一条之否认被拒绝，而租地期满，又故意不肯交还！私位饱囊之政府，只知自争地盘，拥数十万之雄兵，无非残杀同胞，热血男儿何堪睹此？男也虽不敢云以天下为己任，而拯父老出诸水火，争国权以救危亡，是青年男儿之有责！况男远出留学，所学何为？绝非一衣一食之自为计，而在四万万同胞之均有衣食也。亦非自安自乐以自足，而在四万万同胞之均能享安乐也！此男素抱之志，亦即男视为终身之事业也！

前日男与同乡数友，为贷费事呈文驻比使馆转咨省署，兹已回文批准，云适合留学贷费西洋条件，故将此复文并函寄李耀群。顷接同学来函，云视学已复更人，今再拟致一函与新任视学，但以本县款项支绌，兼又少热心海外教育事业之人，所以省署虽然批准，而本县能否奉行又属问题。然男之继续求学，亦全视乎本贷费之能否实现，不然借助同学，终多困难，前乞稍兑款资助，亦未见复示，不知大人以为何如？本来云再兑款事，实出诸大人口，然后男方有到比计划。恳乞示知，筹款能否成功？以便进行男之新计划。

比天六月，尚觉为寒，今年天气，殊为奇怪，但男自入寄宿舍后，因空气较好，运动增多，故身体颇有进步。

母亲之照早已寄归，未知收到否？至二婆之像，因邮有失，乞再寄一张，不知已寄来否？母亲和二婆饮食如何？仍如前健康否？

叩禀！

男荣臻 跪禀

六月三号

2. 思政教育点

思政教育点：青年人的担当和责任。此封书信是聂荣臻于 1922 年给父母亲写的一封信，在信中不仅汇报了自己在比利时勤工俭学的情况，更是吐露自己求学的目的："拯父老出诸水火，争国权以救危亡，是青年男儿之有责！"坦诚而又真挚，让人看到一个在外求学却心系祖国的海外学子忧国忧民的形象，从中更能体现出年轻一代的责任和担当。他在自己生活条件跟国内相比十分优渥的情况之下并没有沉醉其中，仍然能够心系祖国，痛斥中国人民生活在水深火热之中和政府的不作为的现实社会情况，将民族复兴作为自己的责任，同时阐明自己留学的目的是"四万万同胞之均有衣食""四万万同胞之均能享安乐"。这种两耳兼闻窗外事，一心为了祖国和人民的担当和责任，正是年轻一代初心和使命的体现。我们作为新时代的青少年，生活环境早已不是之前那个战火纷飞的年代，与其相比富裕优渥了很多，但是我们也面对更多的来自外界的诱惑。面对其他的诱惑的时候我们更应该牵挂祖国的发展，为祖国的发展贡献出自己的力量，不忘初心，牢记使命，实现中华民族的伟大复兴。

素材四：《我辈青年将来造成大福家世界，同天共乐》[1]

1. 典型素材概述

任弼时（1904 — 1950），是以毛泽东为核心的中国共产党第一代领导集体的成员。这是任弼时 1921 年 5 月赴苏俄留学前写给父亲任思度的一封信，表达了自己报效国家的远大抱负，也反映了他对家人的牵挂和不舍。

父亲大人膝下：

前几天接到四号手谕，方知大人现已到省，身体健康，慰甚。千里得家书，固属喜极，然想到大人来省跋涉的辛苦，不能说是非为衣食的奔走所致，若是，儿心不觉顿寒！捧读之余，泪随之下！连夜不安，寝即梦及我亲，悲愁交集，实不忍言。故儿每夜闲坐更觉无聊。常念大人奔走一世之劳，未稍闲心休养，而家境日趋窘迫，负担日益增加，儿虽时具分劳之心，苦于能力莫及，徒叫奈何。自后儿当努力前图，必使双亲稍得休闲度

---

[1] 《我辈青年将来造成大福家世界，同天共乐》，共产党员网（http://www.12371.cn/2018/10/15/VIDE1539575340376207.shtml）。

日，方足遂我一生之愿。但儿常自怨身体小弱，心思愚昧，口无化世之能，身无治事之才，前路亦茫茫多乖变，恐难成望。只以人生原出谋幸福，冒险奋勇男儿事，况现今社会存亡生死亦全赖我辈青年将来造成大福家世界，同天共乐，此亦我辈青年人的希望和责任，达此便算成功。惟祷双亲长寿康！来日当可得览大同世界，儿在外面心亦稍安。

北行之举前虽有变，后已改道他进，前后已出发两次，来电云一路颇称平静，某人十分表欢迎。儿已约定同志十余人今日下午起程，去后当时有信付回。沿途一切既有伴友同行，儿亦自当谨慎，谅不致意外发生，大人尽可勿念过远。既专心去求学，一年几载，并不可奇，一切费用，交涉清楚，只自己努力，想断无变更。至若谋学上海，儿前亦筹此为退步之计，不过均非久安之所，此事即可成功，彼即当作罢论。

昨胜先妹妹来函云陈宅有北迁之举，不知事可实否？仪芳读书事，乃儿为终身之谋，前虽函促达泉大哥，彼对儿无正式答复，可怪！

2. 思政教育点

思政教育点：依依不舍的远走，报效祖国的理想。此封书信是任弼时于 1921 年 5 月份在前往苏俄留学时给父亲的一封家书。在信中，任弼时表达了对父母亲辛苦的体谅以及自己没法留在身边照料的无奈，他同时表达了自己的心声“必使双亲稍得休闲度日，方足遂我一生之愿”，这种双向奔赴的爱无不让人动容。任弼时的格局也不仅局限于家庭，他认为“况现今社会存亡生死亦全赖我辈青年”，将民族振兴、国家解放视为自己的责任，将报效祖国视为自己的远大抱负。他唯一的希望就是能够通过自己的努力让父母双亲能够一起享受到和平盛世，家与国本就是一体的，“国家”是由一个个“家”所组成的，“家”的兴旺发展又依赖于“国家”，可是当两者利益发展冲突的时候，任弼时选择暂时离开小家，为了“国家”的发展远走学习知识来报效祖国。品读任弼时坚定信仰的壮烈心声，了解他“坚守初心”的革命历程，感受他对亲人的挚爱深情，为了崇高理想割舍亲情舍生取义，镌刻“担当使命”的精神路标，天地英雄气千秋尚凛然。

我们作为新时代的青少年，也许不用再去做“大家和小家”之间的取舍，但是我们一定要坚守自己的初心，坚定自己报效祖国的理想信念，为祖国的发展添砖加瓦。

素材五：《你们必须完成你们这一代的责任》[1]

1. 典型素材概述

叶剑英（1897—1986），原名叶宜伟，广东省梅县人。这是叶剑英1949年5月27日写给女儿叶楚梅的一封信，教导她在读书时就要为建设新中国做准备。

亲爱的梅儿：

收到你最近的信，是一九四九年四月二十一日的。知道你养病已经恢复了健康，增加了体重一公斤，也增加了血，又在继续着你们的学习，我很高兴！

女儿，爸爸很对不起你，你来很多信，都没有答复。我知道远处在遥远的虽然是很自由的国家里，由于言语、习惯，等等，自然要增加一些对祖国的怀念，何况祖国的人民，正在以千万倍的信心和勇气，来打断快要挣断的锁链的时候，不断的胜利的狂风，吹到了远远的西方的时候，你们的心情，爸爸是很知道的。女儿！让爸爸们，把新民主的地基，铲得平平的，让你们后一代，把我们的祖国，建筑起一座自由、快乐、文明、进步、庄严、华丽的世界。你们不能逃避这一责任，你们必须完成你们这一代的责任。因此，当着你们还在学习时期，就应该全心全意地为建设我们完全新的中国而努力！

女儿，我考虑过，也和哥哥商量过，主张你学农业。因为现在才开始学医，时间太长，恐学不好。不过这仅仅是提供参考的意见而已。不过我另一种想法，不管学哪一门科学，首先要把俄文学个精通，那么，虽然在学校里没有学得很完全，出校以后，仍可自己继续研究的。

我在北平学习市政，跳下水去学泅水，时间还很短，学得还不多，我拟努力的学习下去。这也是一件不很容易的科学。

---

[1] 《你们必须完成你们这一代的责任》，共产党员网（https://www.12371.cn/2018/10/15/VIDE1539577203765545.shtml）。

我写这封信时，正值刘宁一同志等快要出国，拿护照来签字的时候，匆匆写一封信，托宁一同志带给你。此时妞妞上学未回来，因此，你的妹妹就没有写信给你了。下次再给你寄信。祝你健康、进步！

你的爸爸

1949. 北平

2. 思政教育点

思政教育点 1：父母对年轻一代谆谆教诲的苦心。此封书信是叶剑英写给女儿的一封家书，在信里叶剑英的逐字逐句无不体现着对女儿深沉的爱。从对女儿身体状况的担心、对女儿专业选择的建议到对女儿这年轻一代应该肩负的责任和担当的嘱托，无一不为读者展现了一位丰满的革命英雄。这位英雄既是一位关心孩子日常生活的普通父亲，也是一位忧国忧民、无时无刻不在牵挂祖国的革命战士。父母的教诲总是关心居多，让人感受到温暖，同时也让人了解到他们的希冀。

思政教育点 2：年轻人的信念选择——“全心全意地为建设我们新的中国而努力”。从此封书信中，我们可以深切感受到老一辈革命家炽热的初心使命和家国情怀，正是这种殷切的嘱托和希冀，带给我们更加强大的奋进的力量。正如在信中所说，“全心全意地为建设我们完全新的中国而努力”，这就是我们年轻一代的初心和使命。接过历史的接力棒，走好新时代的长征路，我们要传承红色基因，涵养胸怀境界，不忘初心，追梦不止，用砥砺奋斗谱写新时代的壮丽篇章。

四、大咖点睛

重读一封封革命烈士家书，品读革命先烈坚定信仰的壮烈心声，了解他们“坚守初心”的革命历程，感受他们对亲人的挚爱深情，对崇高理想的舍生取义，铁汉柔情和家国情怀尽数体现，相信学生通过红色家书的品读一定能够穿越时空、珍惜现在，践行自己的初心、坚守自己的信仰。

——北京体育大学讲师　蔡娟

教案范例

家书中信仰的坚守

学习目标

1. 通过阅读红色家书，感受当时的时代背景，理解家书中所体现的坚定的信仰。

2. 通过阅读红色家书对革命者产生共鸣，结合当今的社会现状深入思考新时代青年应该坚守的信仰是什么。

3. 探讨在日常学习工作中如何践行自己的初心、坚守自己的信仰。

教学重难点

如何在日常学习工作中践行自己的初心、坚守自己的信仰。

教法设计

小组合作讨论法、自主探究法、多媒体教学法

教学过程

一、导入

视频导入：榜样阅读《傅雷家书》

教师：家书是表达思念的文字，是通往家乡的路，是我们与家之间一条有温度的纽带。在家书当中，最特别的一类是烈士的家书。烈士们讲述自己的革命志愿，寄予后辈殷切的希望，也畅想着对红色中国的憧憬与希冀。里边不光有革命者与奋斗者的儿女情长，更多的是他们那份浓厚的爱国情怀。这些家书，凝结着这些革命烈士们对理想的坚定信仰，对党的无限忠诚，对亲人的眷恋挚爱，再现了一段段波澜壮阔的生动历史。今天就让我们一起来聆听革命烈士的家书，走进今天的主题团课《家书中信仰的坚守》。

二、品读红色经典家书

过渡：信仰不仅是抽象的，更是具象在一封封的家书里面，今天就让我们走进今天的主题《家书中信仰的坚守》。品读一封封家书，感悟中国共产党人的信仰与使命。

探究活动一：品读左权将军的家书

1. 播放视频。人物介绍视频：左权简介和家书写作背景

2. 学生朗读。左权将军的家书：《再带给你十几个字》。有请朗读者××同学。

教师：从刘志兰离开太行山区到左权英勇殉国，共 21 个月。这期间，左权与刘志兰共通信 12 封。这封信是左权 12 封家书里边的最后一封。他写完这封家书三天以后就光荣牺牲了。

3. 同学们讨论并举手发言：这封信中最让你感动的地方以及左权将军的信仰与使命。

同学们畅所欲言。

教师：各位同学们都说得很好。在该封书信中，左权将军将日常生活和革命工作结合起来，信中左将军向妻子倾诉了“生活比以前艰难”，讲述自己“种了洋姜和西红柿，长得还不坏”“休息时玩玩扑克与斗牛”的事情，这一切都是他在倾诉日常生活。为了革命工作，他与家人只能分离，但家人的担忧他十分清楚。与家人分享日常，聊慰内心的牵挂，避免担心，我们会发现每一个英雄都是一个真实的人，都有真实的生活与情感。同时，那对孩子未来的期待，比如“长得更高了，懂得很多事了”，回想“闲游与独坐时一块玩着、谈着”，说到北北时，“一会儿在地下、一会儿爬在妈妈怀里，又由妈妈怀里转到爸爸怀里来……”那快乐的家庭温馨的场景是那么真实，回忆往昔，追忆快乐时光，对家人浓浓的爱与思念溢出纸面，这是夫爱，这是父爱，这是最触动每个人内心最柔软的情感。他是丈夫，他是父亲，他更是怀有家国情怀的军人和英雄。联系背景知识，我们知道左权将军寄出此信不久之后便英勇逝世了。这成了绝笔。家庭的情爱都因

为国家大义而改变，因为家是最小国，国是千万家。这让我们震撼、感恩，更需要我们铭记。记住那坚定的理想信念，记住那奋进前行的力量，感恩如今的幸福生活。

探究活动二：品读冯庭楷家书《我万一不幸为人民战死 那也无须乎哭》

过渡：1946年4月25日，中国大地尚处于抗战结束后的短暂和平时期。在河南安阳，23岁的解放军战士冯庭楷饱含热泪给家乡山西平定的两位兄长写了一封长信。三个月之后，他便在解放战争的战场上英勇牺牲。历史没有记录下冯庭楷的确切资料，甚至连冯庭楷一张模糊的照片都没有保留。这位烈士留给世人的，只有在这封家书中袒露的思念亲人、忧国忧民的革命精神。接下来，让我们一起来聆听这封书信。

1. 观看视频朗读冯庭楷家书《我万一不幸为人民战死 那也无须乎哭》

教师：新中国成立后，冯庭楷的3封家书陆续由他的侄儿冯双平收集保存，今天我们读到的这封信，目前收藏在中国国家博物馆，这些家书让我们得以窥见革命战争年代一位共产党员的博大胸怀和崇高信念。

2. 学生讨论：请同学们谈谈这封信中最令你感动的地方以及自己对信仰的看法。

学生各抒己见并举手发言。

教师：在冯庭楷的《我万一不幸为人民战死，那也无须哭》的这封书信中，以一个离家万里平凡的孩子的视角叙述了对父母双亲的思念之情。他无奈地说道："哥哥，你们会意味到我没有直接给二老写信的意思吧。"在战火纷飞的年代自己甚至不敢给家里的父母写家书，因为不敢触动心里最深的那份牵挂，一是自己身不由己无法照顾年迈的父母双亲自身的内疚，二是害怕父母担心身处异地随时有危险的孩子。这种矛盾和小心翼翼折射出了一位英雄内心最柔软的部分，也让我们感受到，每位鞠躬尽瘁舍身为国的战士，内心也都是一个最最平凡的孩子，也真是本性的展示，才让他们的无私无畏显得更加的伟大。这位英雄展示给我们的，是对家人的无尽的思念和愧疚，同时更加凸显舍小家为大家无私无畏的精神，家书的最后一句"疆场上躺着的那些死尸，哪一个不是他妈妈的爱儿？”更是催人泪下。是啊，哪位战士没有家人、心里没有牵挂呢，但是为了祖国的发展，牺牲自身为了全天下的中国人民，足以让人看到他博大的胸怀和崇高的精神信念，这也就是我们需要向其学习的“先天下之忧而忧，后天下之乐而乐”的博大情怀，以及为解放全中国努力奋斗的崇高精神信念。

探究活动三：关于信仰和使命的总结

过渡：重读一封封革命烈士家书，品读革命先烈坚定信仰的壮烈心声，了解他们“坚守初心”的革命历程，那么什么是信仰、什么是使命呢？

1. 学生举手发言：学生根据两封红色家书进行总结并举手畅所欲言。

2. 教师总结：信仰，意指发自内心、自愿遵从、跟随的；使命：指出使的人所领受的任务；应负的责任。

探究活动四：探究新时代青少年的信仰和使命

过渡：通过刚刚的阅读和知识的积累，根据现在我们的生活学习环境，那么我们新一代青少年的信仰和使命应该是什么呢？

1. 观看视频：《中国共产党十九次全国代表大会》视频节选

2. 学生感悟思考并举手回答。

教师总结：“不忘初心，方得始终”。不忘初心、牢记使命，是激励我们共产党人不断前进的根本动力，是党保持永远年轻的重要法宝，是党始终铭记历史的重要力量，是党不断开创未来的重要基础。接过历史的接力棒，走好新时代的长征路，我们要传承红色基因，涵养胸怀境界，不忘初心，追梦不止，用砥砺奋斗谱写新时代的壮丽篇章。

三、结束语

重读一封封革命烈士家书，品读革命先烈坚定信仰的壮烈心声，了解他们“坚守初心”的革命历程，感受他们对亲人的挚爱深情，为了崇高理想割舍亲情舍生取义，镌刻“担当使命”的精神路标。“天地英雄气，千秋尚凛然。”作为当代青年，应对新的环境和挑战，我们一定要不忘初心、牢记使命、为祖国的发展贡献出自己的力量！

第四节 我和我的祖国

一、主题分析

在七十多年的坎坷中，在七十多年的奋斗中，没有哪幅画卷能够描绘祖国母亲的辉煌，也没有哪首诗能够展现她的雄壮！爱国主义是一种崇高的思想品德，是对自己的祖国最深厚的感情，也是一个民族凝聚力的体现。为了加强学生的思想道德教育，激励广大学生的爱国主义热忱，弘扬爱国主义精神，培养广大青年的历史责任感，使命感和高尚的爱国情操及增强学生责任意识，通过“我和我的祖国”爱国主义教育活动，回顾历史、审视现在、展望未来，让学生能够在本节课中真正理解爱国主义的内涵，在接下来的实际生活中无时无刻不在努力奋进，好好学习，为国家富强贡献自己的一份力量！

二、核心素养

家国情怀、责任担当

三、典型素材

素材一：《我和我的祖国》诗歌朗诵配乐视频[1]

1. 典型素材概述

《我和我的祖国》配乐朗诵视频与同学朗诵的诗句始终相互呼应，文字表达内容与视频内的画面高度一致：“我和我的祖国，一刻也不能分割，无论我走到哪里，都留下一首赞歌……”就是这首歌，用激情飞越的曲调，唱出了

---

[1] 《我和我的祖国》诗歌朗诵配乐，素材 TV（https://www.sucaitv.com/lscp/jianli/2140.html）。

中华人民的心声。我的祖国地大物博，我的祖国历史悠久。我的祖国是东方巨龙，世界强者，我的祖国就是中国！从炎黄二帝到末代宣统，从鸦片战争到新中国成立，中华民族历经沧桑，面对严峻的考验，生死的较量，从不畏惧，上下五千年展示了中华民族特有的魅力。中华民族，永不衰竭；中华民族，欣欣向荣，循着历史沧桑的年轮，顺着奔腾不息的长河，中华民族恢复了龙的面貌。

2. 思政教育点

思政教育点 1：艰苦奋斗集中表现为不畏艰难、奋发图强、艰苦创业、争取胜利的思想品格、斗争精神、工作作风和生活态度。它贯穿体现于中华民族和我党我军的全部历史进程中，诠释着党和人民事业兴旺发达的真谛，是我们党不断从胜利走向胜利、不断取得辉煌业绩、不断创造人间奇迹的宝贵精神财富。在中华民族悠久的历史文化中，艰苦奋斗是吃苦耐劳、勤俭节约的代名词，常与社稷兴衰、社会风尚、家风家教、个人修养相联系，相关名言警句比比皆是。比如，《左传》中的“人生在勤，勤则不匮”，《尚书・大禹谟》中的“克勤于邦，克俭于家”，《新唐书》中的“奢靡之始，危亡之渐”，等等。艰苦奋斗精神作为伟大民族精神的重要组成部分，始终熠熠生辉、光芒四射，为一代代中华儿女不畏艰难困苦、矢志奋发图强、乐于拼搏奉献提供了延绵不绝的精神支撑。

思政教育点 2：中华大地山河壮丽、风光迷人，古老的民族造就了光辉灿烂的传统文明和丰厚的珍贵的历史遗存，使之成为国内外旅游者首选的旅游胜地。巍巍的群山、无垠的草原、肥沃的田野、纵横的河流，美丽多姿的杭州西湖、如诗如画的漓江山水、美丽如画的阿里山风情等，都富有东方风韵。

素材二：《英雄屹立喀喇昆仑》[1]

1. 典型素材概述

2020 年 6 月，外军公然违背与我方达成的共识，非法越线、率先挑衅、暴力攻击中方前出交涉人员，蓄意制造了加勒万河谷冲突。宁洒热血，不

[1] 《英雄屹立喀喇昆仑》，《解放军报》，2021 年 2 月 19 日。

失寸土！在忍无可忍的情况下，边防官兵对暴力行径予以坚决回击，陈祥榕作为盾牌手战斗在最前面，毫不畏惧、英勇战斗，直至壮烈牺牲。雪山回荡英雄气，风雪边关写忠诚！战斗结束清理战场时，有人发现一名战士紧紧趴在营长身上，保持着护住营长的姿势。这名战士，正是陈祥榕，他的生命永远定格在群山耸立的加勒万河谷。

2. 思政教育点

思政教育点 1：祖国的山河寸土不让。我们身处的和平安康是每一个青春年华的军人用生命守护而来。身处和平年代，没有什么岁月静好，是国家的军人们守护了我们这份和平。祁发宝、陈红军、陈祥榕、肖思远、王焯冉这五名烈士用自己的生命来保卫了国家的领土主权，也守护了我国边疆的安定。正如戍边战士所说："我们就是祖国的界碑，脚下的每一寸土地，都是祖国的领土。"我国军人在面对外敌时，没有一名将士退缩，这就是我国军人的素养。这才是当代社会的真正的英雄。

思政教育点 2：边疆战士，英勇无畏。战士们用鲜血和生命践行誓言，诠释军人的忠诚担当，也将"宁肯高原埋忠骨，绝不丢失一寸土"的坚守植入每一位戍边战士的心中。向新时代最可爱的人——戍边战士致敬！英雄虽已离去，但永远活在人民心中。

素材三：《如果信念有颜色，那一定是中国红！》[1]

1. 典型素材概述

2018 年 12 月 1 日，在美国的一手策划下，华为公司首席财务官孟晚舟在加拿大转机时，在没有违反任何加拿大法律的情况下被加方无理拘押。2021 年 9 月 25 日，中国公民孟晚舟乘坐中国政府包机返回祖国。这是党中央坚强领导的结果，是中国政府不懈努力的结果，是全中国人民鼎力支持的结果，是中国人民的重大胜利。在暌违家乡和亲人后，她重新踏上祖国

---

[1] 《如果信念有颜色，那一定是中国红！》，新华网（http://www.xinhuanet.com/2021-09/25/c_1127901874.htm)。

的土地时，深情地说："我想感谢我的祖国和祖国人民对我的支持和帮助，这是我走到今天最大的支柱。"是的，"如果信念有颜色，那一定是中国红"。

2. 思政教育点

思政教育点 1：任何镣铐都锁不住一个自信、坚强、勇敢的中国人的灵魂。在过去近三年时光里，我们只能从电视画面中看到孟晚舟，看到她每一次走上法庭前的亮相，淡定从容。这名坚强的中国女性，展现出一个中华好儿女的骨气和尊严。

思政教育点 2：任何挑战都阻挡不了中国阔步前进的步伐。实现中华民族伟大复兴进入了不可逆转的历史进程。我们深知，越是接近民族复兴越不会一帆风顺，越会充满风险挑战乃至惊涛骇浪。我们坚信，始终站在历史正确的一边，始终站在人类进步的一边，不畏风浪、直面挑战，风雨无阻向前进，就没有任何力量能够撼动我们伟大祖国的地位，没有任何力量能够阻挡中国前进的步伐！诚然，孟晚舟不是一个人在战斗。这，是孟晚舟和亿万支持她的中国人的底气之源、精神之源。

思政教育点 3：强大的祖国永远是人民最坚强的后盾。孟晚舟在加拿大被非法拘押，是美国一手炮制、加拿大做帮凶的一场有预谋、有计划的政治迫害事件，在党中央的坚强领导下，经过中国政府的不懈努力、全社会的力量支持下，孟晚舟终于回到祖国获得自由。孟晚舟的释放是华为的胜利，更是我国整体强大的实力与西方霸权主义较量的一次伟大胜利。孟晚舟的释放说明国家实力是在外华人最坚实的后盾和保障，只有整个国家强大富有起来，才有足够的能力保护自己的国民，在国际竞争中给海外华人及走出国门的企业以坚实的后盾和强大的支撑。没有祖国，每个人就是一叶孤舟，没有强大的祖国，就没有企业和个人的幸运，我们要为强大的祖国点赞。

素材四：工程大师林治远事迹

1. 典型素材概述

《我和我的祖国》这是一部在新中国成立 70 周年时上映的电影，是由七个不同的故事组成，通过讲述这七个不同时代的小人物的故事来见证"中国”的大历史，引导学生感受到祖国的强大离不开每个人。《前夜》，讲述的是开国大典的故事。黄渤主演的工程师林治远，主要负责保障升旗任务万无一失，他在开国大典前夜争分夺秒赶赴广场现场整修国旗升降装置的身影，让无数观众感动落泪。他在业界有着“工程大师”“设计大神”的雅号，他在专业方面的工匠精神可不仅仅体现在开国大典上。

2. 思政教育点

思政教育点 1：敬业、不畏艰险。林治远在开国大典前夜争分夺秒赶赴广场现场整修国旗升降装置的身影，已经是作为敬业楷模刻在人们心中，而他平时总称自己是“道路交通工程师”，因为他参与的每一项工程都会亲自前往实地考察，哪怕是危险路段。1964 年，他在北京怀柔的山区勘探隧道时遇险，从 20 米高的陡峭山壁上摔了下来，抢救及时才捡回一条命。但是，修养还没到半年，他不顾劝阻又走上了工作岗位，由此可见林治远大师的敬业精神。

思政教育点 2：业务能力强。曾经有一次，中国要从国外进口一个几十吨重的大型设备，可是必须要通过卢沟桥来送到北京。因为担心把卢沟桥压坏，车队特意请林治远过去实地勘察，他到了现场，只是量了几个数据，打了几份草稿，便给出了“可以通过”的回复。而车队还在半信半疑中胆战心惊地把设备开上卢沟桥，结果顺利通过，让所有人都松了一口气。简单利落的几个动作几个数据，就能够有把握地给出答复，可见林先生确实有着超强的业务能力。

素材五：迟到学生向国旗敬礼 [1]

1. 典型素材概述

6 月 27 日，在贵州遵义红花岗区老城小学一名小学生因为迟到，冒雨奔向教室。当他跑到操场，听到国歌响起时，他立刻面向国旗敬礼，直到国

[1] 《小学生迟到突遇奏国歌 站立雨中独自敬礼》，央视网新闻（http://news.cctv.com/m/index.shtml?article_id=ARTICKZtAHLMjXiij0Jwa34S170628）。

歌结束才匆匆跑进教室。这一幕被来遵义开展调研的中国华夏文化遗产基金会红色文化办公室主任徐红恩意外地抓拍到，发到朋友圈后，在网上引起很多人的点赞。网友称，一个人的升旗礼是遵义这座红色城市的文明风景，更是红色基因的代代传承。老城小学校长蒋传芳向媒体表示，国歌响起要立即面向国旗行注目礼和敬少先队礼，这是学校对全体学生的日常教育和基本要求。其实，不光是上午画面中迟到的三年级学生会这样，学校每一名学生听到国歌时都会这样。

2. 思政教育点

思政教育点 1：爱国教育从小抓起。“小孩虽然上学迟到了，但他的心里有国旗、有国家。如果不是学校日常爱国主义教育的春风化雨润物无声，他不会在紧张奔跑中，很自然流露这样的真实反应。”徐红恩说，尽管这只是一个简单的举止和画面，但却饱满真实地展现了这座城市深入骨髓的红色基因，尤其生动诠释了政府、学校在创建全国文明城市新征程中，持续发力加强青少年孩子社会主义核心价值观教育，未成年思想道德建设等方面久久为功，绵绵用力，学生才有这样的内化于心、外化于行。

思政教育点 2：爱国行动无小事。爱国不一定是干轰轰烈烈的大事业或作出什么大的贡献，只要我们保持一颗平常心、付诸平时行动，从自我做起，从小事做起，就是我们的爱国方式。尊重国旗、勇敢大声地唱出对祖国的爱意也是一种爱国的表现，我们都热爱着我们的国家。一幅幅手抄报，述说着祖国的精彩；一首首歌，歌唱着祖国的未来。让我们从身边做起、从小事做起，让爱国成为一种共同的自觉，让我们的祖国更加繁荣昌盛。

四、大咖点睛

《我和我的祖国》素材选取戍边战士陈祥榕的英勇事迹向我们强调了中国领土一寸也不能少，通过孟晚舟回国的深刻内涵漫画也让我们明白强大的祖国永远是我们坚强的后盾。展示林治远升旗仪式幕后工作者这样的人物，默默无闻地为国家做贡献的工作者，向学生传达默默无闻的工匠精神。本篇从“祖国给了我什么”“我能为祖国做些什么”两个方面选择了鲜明的事例，向学生传达社会主义核心价值观，使学生产生情感上的共鸣，激发学生的爱国情怀。指导教案教学目标明确，教学过程符合学生实际，从多角度展现了中国从站起来、富起来、到强起来的历史变迁。课堂注重整体结构的安排、环节的处理始终围绕教学目标进行，能够通过感人的爱国故事，培养学生的爱国情感，符合学生的学习特点和心智发展规律，称得上一堂很不错的团课。

——山东师范大学外国语学院英语专业辅导员　付晓朦

教案范例

我和我的祖国

教学目标

1. 学生能够通过本节课从不同的角度理解爱国主义精神。

2. 通过回顾祖国历史片段，让学生体验在祖国灿烂、辉煌的历史篇章中感人的爱国故事，培养学生朴素而深沉的爱国情感。

3. 通过歌唱和视听，感悟爱国的深刻内涵，从而明确自己作为炎黄子孙的光荣与作为中国人的责任。

教学重难点

真正落实爱国情感，避免空谈。

教法设计

互动法、多媒体教学法

教学过程

一、导入

诗歌朗诵导入。请一男一女两位同学进行诗歌朗诵（带背景音乐和背景视频，视频与朗诵文本的内容相对应），让同学们在朗诵的词句中感受中国经历的风雨历程，激发爱国情感，进行情感烘托。

教师：从 1949 年成立以来，中国已经走过了 70 多年艰辛而辉煌的风雨历程。我们都知道，中国的历史是中华民族的独立、解放、繁荣和为中国人民的自由、民主、幸福而不懈奋斗的历史。

这 70 多年，是中国从站起来，到富起来、强起来的 70 多年，是人民当家作主的 70 多年，是我们中国经受各种风浪考验、不断发展壮大，不断开创各项事业新局面的 70 多年。现在，我们一起从诗句中来领略一番祖国的历史变迁。有请某某和某某同学带来朗诵《我和我的祖国》！

学生欣赏诗歌。

二、国史、党史、团史知识竞答

过渡：70 多年，在历史的长河中只是弹指一挥间，细数我们的伟大成就远远不止这些，但于我们而言，却是充满无数改变与挑战的日子。中国从曾经的“东亚病夫”到如今的亚洲强国，经历了从站起来到富起来再到强起来的过程，这离不开党的正确领导与中国人民的不懈奋斗，那么关于团史党史大家了解多少呢？现在我们一起进入知识竞赛环节吧！

学生答题。

三、我与祖国共奋进

过渡：现在相信大家对党史团史已经有了一定的掌握，在我们国家发展的进程中，涌现出了一大批爱国人士，现在让我们一起走进他们的故事。

探究活动一：戍边英雄屹立喀喇昆仑

思考：故事里的戍边英雄身上的哪一种品质最吸引你？

学生各抒己见。

教师：刚刚同学们分享了很多。年轻生命为国捐躯，触动了许多人。一条网友评论这样写道：“黄昏将至，我吃着白米饭，喝着快乐水。想不通这些身强体壮的士兵为什么会死。我在深夜惊醒，突然想起，他们是为我而死。”在英雄的亲人、校友、战友的追忆中，我们走近英雄。愿你我心中，那个负重前行的背影越发清晰，让我们永远铭记这些鲜活的生命。

探究活动二：

过渡：中华上下五千年来爱国故事比比皆是，我们不再一一细数，现在大家思考一下，我们生于华夏，祖国给了我们什么？我们又能为祖国做些什么呢？请大家带着这个问题，去解读以下两则材料。

呈现微博博主乌合麒麟关于孟晚舟回国所创作的图片《归舟》。

思考：你能看懂这幅画吗？知道每一个部分指的是什么吗？

学生各抒己见。

教师：强大的祖国永远是人民最坚强的后盾。我们在感受到祖国母亲的爱的同时，怎么向祖国回馈我们的爱意呢？很多人可能一生都没有机会到战场上征战，或者站在赛场上为祖国争光，或者在科学技术发展的最前沿领航，可是，向祖国表达热爱的方式有很多。大家看过《我和我的祖国》这部电影吗？这是一部在中国成立 70 周年时上映的电影，是由七个不同的故事组成，通过讲述这七个不同时代的小人物的故事来见证“中国”的大历史，其中《前夜》篇，讲述的是开国大典的故事。黄渤主演的工程师，主要负责保障升旗任务万无一失，他在开国大典前夜争分夺秒赶赴广场现场整修国旗升降装置的身影，让无数观众感动落泪。现在大家从这篇材料中找一下林治远是如何为祖国做贡献的，并展开你的看法。

学生各抒己见。

教师：爱国不仅是享受国家繁荣昌盛带给我们的荣誉感和安全感，也应常负为国争光的责任感。（回扣探究活动中思考的“祖国给了我们什么，我们能为祖国做些什么”）爱国并非一定要惊天动地，小人物同样也有大爱心，也能有满满的爱国情怀。身为普通公民的一员，也许没有“敢叫天地换新颜”的能力，但只要紧守自己的本职，施展能够施展的才能，为国家建设、社会发展添砖加瓦，便是爱国；只要谨守自己的言行，不该说的不说，不该做的不做，便是爱国；只要随时带一颗爱心，关爱身边人，关爱需要帮助的陌生人，便是爱国。

探究活动三：

过渡："寸土必争、浴血奋战"是爱国；"发展科技、赶超欧美"是爱国；"研发精品、出口创汇"是爱国。作为一名中学生，我们应该怎么做呢？现在先来看一篇暖心的新闻，前后四人一组讨论一下你个人认为的爱国行为。

思考：作为一名中学生，你应该采取什么实际行动去表达爱国之情？

学生各抒己见。

教师：作为一名中学生，我们应该做到：

1. 积极入团，拥护中国共产党。

2. 从小事做起。尊重家庭、学校和社会上的每一位成员。

3. 理性爱国。发自内心地为国家而自豪，但也要学会客观地评价我们的祖国和其他国家。

4. 少年强则国强。努力学习，使自己变得强大。

四、不忘初心砥砺前行

过渡：现在我们已经知道了什么是爱国主义精神，那么接下来就是要付诸行动，请全体起立，一起大声宣誓：

我爱祖国的每一缕阳光，我爱祖国的每一寸土地，我爱祖国的每一座山峰，我爱祖国的每一条小溪，我爱祖国黄皮肤黑眼睛的同胞，我爱祖国悠久辉煌的历史，我爱祖国灿烂无比的文化，我爱祖国那亲切的声音，我爱祖国那书写我名字的方块字。不论我身在何地、人在何处，我身上始终流淌着祖国的血液——生不能改，死不能变。为了这一切，我用我的生命承诺，我用我的荣誉宣誓：我爱我的祖国！

五、结束语

从大家的宣誓声中，我能感受到大家的高昂情绪和坚定的决心，少年强则国强，你们是祖国的未来和希望，每天好好学习，既是对自己的严格要求，也是对祖国最真诚朴实的誓言。

第五节　扣好人生第一粒扣子

一、主题分析

“人生应该如蜡烛一样，从顶燃到底，一直都是光明的。”这是萧楚女烈士的人生观和价值观。他的一生，就像一支永不熄灭的“红烛”，光明磊落燃尽了自己，点燃了大片革命的火种。新时代青少年是祖国的未来，是祖国的希望，“扣好人生第一粒扣子”的主题团课重在引导学生理解并树立正确的价值观，知晓习近平总书记关于价值观养成的重要论述，培养青少年形成积极向上的价值观，引导学生树立优秀的榜样，增强学生的社会责任感和使命感，使学生深刻理解社会主义核心价值观“12 词”的核心要义，培养学生的政治认同，帮助学生树立中国特色社会主义的理想信念，成为一名优秀的中国好少年。

二、核心素养

理想信念、政治认同、家国情怀、责任担当

三、典型素材

素材一：视频《扣好人生的第一粒扣子》[1]

1. 典型素材概述

《扣好人生的第一粒扣子》视频素材以习近平总书记对于少年儿童的殷切嘱托“人生的扣子一开始就要扣好”为切入点，生动地表达了少年儿童是祖国的未来，也是中华民族的希望。该素材以视频剪辑的方式，习近

[1]　《开学季：扣好人生的第一粒扣子》，央视网（https://news.cctv.com/2020/09/01/ARTISXnv7ypCtYRGR3iDoQNz200901.shtml）。

平总书记回访母校、参加首都义务植树活动以及对金北梁红军小学学生的回信，展现了习近平总书记对青少年儿童的关爱和期待，诠释了第一粒扣子是文明其精神，野蛮其体魄；是远大的志向，美好的心灵；是渴望知识，不懈探索；是不忘先烈，记住历史等多方面的含义。

2. 思政教育点

思政教育点 1：通过视频展播，使学生明确“扣好人生第一粒扣子”是什么，青少年是祖国的未来，青年一代有理想，有担当，国家就有前途，民族就有希望，实现我们的发展目标就有源源不断的强大力量。作为新时代的年轻人，我们要坚定理想信念，树立正确的价值观，为实现中华民族第二个百年奋斗目标做出贡献。

思政教育点 2：通过学习，让学生自由发言，明确“扣好人生第一粒扣子”的含义：“第一粒扣子”是文明其精神，野蛮其体魄；是远大的志向，美好的心灵；是渴望知识，不懈探索；是不忘先烈，记住历史。古希腊著名的哲学家、思想家柏拉图曾说过：“良好的开端是成功的一半。”这是伟人留下的哲思。作为青年一代应该汲取先辈的思想精华，从现在做起，从点滴小事做起，打好基础，筑好擂台，“扣好人生第一粒扣子”。

素材二：视频《社会主义核心价值观动漫解读》[1]

1. 典型素材概述

《社会主义核心价值观动漫解读》以动漫解读的方式，生动形象地诠释了我国社会主义核心价值观的深刻含义。“富强、民主、文明、和谐”是我国社会主义现代化国家的建设目标，在社会主义核心价值观中居于最高层次；“自由、平等、公正、法治”是对美好社会的生动表述，是我们党矢志不渝、长期实践的核心价值观念；“爱国、敬业、诚信、友善”是公民基本道德规范，是公民必须恪守的基本道德准则。

---

[1] 《社会主义核心价值观动漫解读》，腾讯视频（https://v.qq.com/x/page/m0174lyak90.html）。

2. 思政教育点

思政教育点 1：理想和担当的基础是文化自信，通过价值观的确立，引导学生思考社会主义核心价值观是什么，并由此树立起正确的世界观、人生观、价值观。

思政教育点 2：通过播放视频《社会主义核心价值观动漫解读》，学习每一项价值观背后的含义，引发学生思考，使学生明确如何树立正确的价值观并为之努力奋斗。

素材三：《三字经》

1. 典型素材概述

《三字经》是中国的传统启蒙教材，在中国古代经典当中，《三字经》是最浅显易懂的读本之一。《三字经》取材典范，包括中国传统文化的文学、历史、哲学、天文地理、人伦义理、忠孝节义等等，而核心思想又包括了“仁、义、诚、敬、孝。”理解《三字经》的同时，就了解了常识、传统国学及历史故事，以及故事内涵中的做人做事的道理。

2. 思政教育点

思政教育点 1：通过朗诵《三字经》让学生在反复诵读中形成敏锐的语言感受力、理解力，并且在反复诵读中形成记忆，在记忆积累中逐步增强语感。

思政教育点 2：《三字经》具有厚重的伦理色彩，通过诵读《三字经》让学生在潜移默化中得到教养、熏陶，形成一定的社会规范和做人准则，起到“润物细无声”的教学作用。

素材四：视频《百年长青・纪念五四运动一百周年》[1]

1. 典型素材概述

《百年长青・纪念五四运动一百周年》视频通过介绍“五四”新文学

[1] 《百年长青・纪念五四运动一百周年》，共青团中央，哔哩哔哩网（https://www.bilibili.com/video/BV1C4411x7kB/?spm_id_from=333.337.search-card.all.click&vd_source=80b32167438c7fadf64bd17e481c1ed9）。

运动，中国共产党诞生，古田会议召开等历史事件，展现了在五四运动发端时“五四精神”是黑暗中探索出路的民族觉醒；通过抗日战争展现了在国家危亡时“五四精神”是保卫祖国献出一切的化碧忠魂；通过新中国成立，福建第一条铁路运营，第一条高速铁路正式通车等标志性事件展现了祖国建设时期“五四精神”是为民族复兴梦的艰辛路程开荒奠基；通过现代青年人在不同岗位的默默奉献，展现了现在“五四精神”是无处不在的我们，是追梦的热血。

2. 思政教育点

思政教育点 1：通过视频展播，使学生明确不同的历史时期“五四精神”所代表的不同含义，勉励学生高举五四运动的精神火炬，用奋斗镌刻青春，以担当创造历史，书写中华民族迈向伟大复兴的壮丽史诗。

思政教育点 2：通过学习，让学生自由讨论，在现阶段青少年应当如何承担起中华民族伟大复兴的历史使命，如何用实际行动诠释“五四精神”的含义，让学生感悟到“五四精神”长存不朽。

素材五：视频《他们，才是最值得追的星》[1]

1. 典型素材概述

《他们，才是最值得追的星》视频以时间线推进的方式，展现了从新中国成立到当代社会过程中为中国发展默默做出伟大贡献的先辈们的光荣事迹。生动地阐明了我们最值得追的星是那些奔走呼号、救国救民的早期共产主义先驱们，是信仰如磐、视死如归的革命先驱们，是隐姓埋名、矢志报国的新中国科学发展的开拓者，是逆行出击、守卫家园的医生、军人们，是默默坚持、无怨无悔的教育工作者，是奋起直追、攻坚克难的科学家们。

2. 思政教育点

思政教育点 1：通过组织学生观看视频，感受榜样的力量，展现共产党

---

[1]　《他们，才是最值得追的星》，中国新闻网（http://m.chinanews.com/wap/detail/sp/sh/shipin/2021/06-02/news9490798.shtml）。

人不忘初心，牢记使命的执着坚守，彰显中国精神，学习榜样身上乐于奉献、勇于担当的崇高品质，该素材有极强的感染力，激发学生树立正确的追星榜样。

思政教育点 2：观看视频后，学生自由畅谈内心的感悟和启发，引导学生在平时的学习和生活中向榜样学习，培养学生乐于奉献的优秀品质。

素材六：视频《新青年·耀青春——湖南卫视纪念五四运动 100 周年文艺晚会》[1]

1. 典型素材概述

易烊千玺领誓“新青年·耀青春”宣誓接力活动是湖南卫视纪念五四运动 100 周年举办的文艺晚会，在这个特别的时刻，节目组在全国发起了新青年·耀青春的宣誓接力活动，集合了全国各地的青年朋友们响亮发声。视频首先有四名中国人民解放军敬礼，战士们今天还特地带了一面他们用青春和热血守护的国旗，这面国旗曾经伴随他们一次一次巡逻在祖国的边境。今天青年们将面对这面国旗，共同许下铮铮誓言：“我是中国青年，我是祖国忠诚的儿女，五四火种在心，先辈夙愿在胸，复兴大任在肩，今天，面对国旗，我们庄严承诺：奋斗有我，让人民更加幸福；奋斗有我，让家园更加美好；奋斗有我，让祖国更加昌盛。百年传承，今日到我；激荡未来，壮志在我；青春万岁，强国有我！”

2. 思政教育点

思政教育点 1：通过观看视频，感受全国青年的凝聚力和爱国心，让学生感受到身为当下的中国青年肩负重任，应该勇挑大梁，树立责任担当的意识。

思政教育点 2：视频中的剪辑和背景音乐节奏感很强，非常容易把学生带入情境，激发学生强烈的爱国情，燃起学生的青春梦，有助于培养学生树立高尚的家国情怀。

---

[1] 《新青年·耀青春——湖南卫视纪念五四运动 100 周年文艺晚会》，湖南卫视（https://mi.mbd.baidu.com/r/QfXrNqfTVe?f=cp&u=5887b74ecd6f5f35）。

素材七：视频《后浪》[1]

1. 典型素材概述

《后浪》视频是由哔哩哔哩网站于2020年“五四”青年节之际推出的演讲视频。该视频中，国家一级演员何冰用声情并茂的演讲认可、赞美与寄语了当代年轻人，60后何冰所代表的“前浪”，主动走向了“后浪”，开始表现出对年轻一代的理解和祝福，是一次两代交心、对话的机会。并且通过视频剪辑的方式，展现了当代年轻人在不同领域承担起了社会重担，把传统的变成现代的，把经典的变成流行的，把学术的变成大众的，把民族的变成世界的，逐步成为社会的中坚力量。

2. 思政教育点

思政教育点1：通过视频展播，使学生明确新时代年轻人应当勇于实现自我价值，青年人应当立鸿鹄之志，做政治信仰的坚定者，青年人应当立樵夫之志，做脚踏实地的笃行者。引导青少年在青春这个博弈舞台上，向阳而生、逆风而上。

思政教育点2：通过学习，让学生自由讨论，明确青春的含义是什么，青春之美绝不是静止的，它是奔涌的“后浪”，心中有火，眼里有光，勉励学生以昂扬的姿态承担起社会的重担。

素材八：视频《少年中国说》[2]

1. 典型素材概述

《少年中国说》是梁启超的代表作之一，是当时发表在《清议报》上的一篇著名文章。此文影响颇大，是一篇篇幅较长的政论文，作者站在资产阶级改良派的立场上，在文中将封建古老的中国与他心目中的少年中国做了鲜明的对比，极力赞扬少年用于改革的精神，鼓励人们肩负起建设少

[1]　《后浪》，哔哩哔哩网（https://www.bilibili.com/video/BV1XK4y1b7k7/）。

[2]　《少年中国说》，央视网（https://tv.cctv.com/2018/03/24/VIDEcMYPlfZmGNcb4INbO4XM180324.shtml）。

年中国的重任，表达了要求祖国繁荣富强的愿望和积极进取的精神。

2. 思政教育点

思政教育点 1：学生通过歌唱《少年中国说》，感受少年中国的精神，树立积极向上的价值观，激发少年斗志昂扬的态度。

思政教育点 2：通过传唱经典歌曲，鼓励学生弘扬优秀传统文化，增强对中国特色社会主义的制度自信、道路自信、理论自信、文化自信。

四、大咖点睛

《扣好人生第一粒扣子》这节思政团课准确把握住了培养青少年树立正确人生观和价值观的教学主旨，通过小组合作探究与多媒体教学相结合的方式，充分调动了学生学习的兴趣，使学生进入积极的思维状态。整堂课的教学环节设计清晰明了，按照“古—今—未来”的逻辑顺序，结合时代背景，拓展素材资源，让学生切身体悟到扣好人生第一粒扣子的重要价值和意义。

——山东师范大学齐鲁文化研究院　杨子墨

教案范例

扣好人生第一粒扣子

教学目标

1. 了解人生第一粒扣子的含义，理解社会主义核心价值观的内涵。

2. 引导青少年树立优秀的榜样，培养青少年树立正确的人生观和价值观。

3. 弘扬中华优秀传统文化，增强文化自信，探讨青少年如何扣好人生第一粒扣子。

教学重难点

如何引导青少年树立正确的人生观和价值观、扣好人生第一粒扣子。

教法设计

小组合作探究、多媒体教学法

教学过程

一、导入

视频导入：播放视频《开学季·扣好人生第一粒扣子》

教师："扣好人生第一粒扣子"指的是什么？

学生：少年是祖国的未来，也是中华民族的希望。"第一粒扣子"是文明其精神，野蛮其体魄；"第一粒扣子"是远大的志向，美好的心灵；"第一粒扣子"是渴望知识，不懈探索；"第一粒扣子"是不忘先烈，记住历史。

二、明晰扣子的核心要义——价值取向

过渡：青年的价值取向决定了未来整个社会的价值取向，而青年正处在价值观形成和确立的时期，抓好这一时期的价值观养成十分重要。

探究活动一：

播放视频《社会主义核心价值观动漫解读》

教师：社会主义核心价值观是社会主义核心价值体系的内核，体现社会主义核心价值体系的根本性质和基本特征，反映社会主义核心价值体系的丰富内涵和实践要求，是社会主义核心价值体系的高度凝练和集中表达。

学生：明确社会主义核心价值观的深刻内涵，学生自由讨论发言，分享对"12 词"的感受和认识，正确理解其核心要义，初步思考如何践行。

三、课堂活动——扣子的传承力量，熠熠闪耀

（一）以史为鉴——民族精神源头

过渡：闪耀着文化史的记忆总是闪烁着微茫的灯火，文明的脚步一直在探索中华文明的源远流长。

探究活动一：传承文化之源

准备《三字经》文稿，播放伴奏。

教师：《三字经》是中华民族珍贵的文化遗产，其内容涵盖了天文地理，

道德和民间传说等，它短小精悍、朗朗上口，千百年来，家喻户晓。

学生：结合伴奏齐诵《三字经》，探寻中华传统文化之源，从中感受国学启蒙读物的文化底蕴，感悟其中蕴含哲理的句子，进而弘扬中华优秀传统文化。

探究活动二：革命前辈铺路

播放视频《百年长青 · 纪念五四运动一百周年》。

教师：1919 年 5 月 4 日，北京学生云集天安门游行示威。在五四运动发端时，“五四精神”是黑暗中探索出路的民族觉醒；在国家危亡时“五四精神”是为保卫祖国献出一切的化碧忠魂；在祖国建设初期“五四精神”是为民族复兴梦的艰辛路程开荒奠基。现在“五四精神”是无处不在的我们，是追梦的热血。百年青春，一脉相承；五四热血，奔流不息。

学生：观看视频，感受革命前辈“以星星之火燎原”的“五四精神”。小组讨论自由发言，探讨“五四精神”的时代意义，以及对当代青年的启发。

（二）继往开来——秉承理想信念

过渡：先进典型是时代的先锋和社会的榜样，他们秉持理想信念，保持崇高精神境界，为党和国家的事业作出了重大贡献。

探究活动一：模范榜样引领

播放视频《他们，才是最值得追的星》。

教师：百年征程中，谁在指引我们不断前行，是热血的他们，奔走呼号，救国救民；是无畏的他们，信仰如磐，视死如归；是求索的他们，隐姓埋名，矢志报国；是担当的他们，逆行出击，守卫家国；是奉献的他们，默默坚守，无怨无悔；是创新的他们，奋起直追，攻坚克难。

学生：观看视频，自由发言。你对视频中的哪个“星”的故事印象最深刻？他的身上有哪些品质值得你追？

教师总结：这些耀眼的星，鼓舞着一代代人肩负使命，砥砺前行，仰望他，成为他。他们陪伴我们成长，鼓舞我们前行。他们才是最值得追的星。

探究活动二：赓续奋斗精神

播放视频《新青年·耀青春——湖南卫视纪念五四运动100周年文艺晚会》。

教师：在五四运动100周年这个特别的时刻，节目组在全国发起了新青年·耀青春的宣誓接力活动，集合了全国各地的青年朋友们响亮发声。今天青年们将面对这面国旗，共同许下铮铮誓言，让我们一起置身其中去感受中国青年的力量。

学生：沉浸视频，切身感受中国青年的热血，感受铮铮誓言的力量，明确青年肩负重任，共同庄严宣誓。

（三）砥砺前行——不忘初心追梦

过渡：青年有理想、有追求，发展就有强动力、未来就有新希望。

探究活动一：青年后浪扬帆

播放视频《后浪》。

教师：中国青年是有远大理想抱负的青年；中国青年是有深厚家国情怀的青年；中国青年是有伟大创造力的青年；无论过去、现在还是未来，青年中国，吾辈当歌。

学生：观看视频，自由讨论。作为青少年的你有怎样的梦想？如何实现你的梦想？

探究活动二：实现青春价值

播放伴奏，两名同学演讲《扣好人生第一粒扣子》；全班齐唱《少年中国说》。

教师：总结归纳，收束整堂课。激励学生为实现梦想和青春价值而努力奋斗。

学生：激情演讲。最后以全班齐唱《少年中国说》提升气势，升华主题。

四、结束语

泱泱华夏五千载，百年奋斗正当时。《老子》曾讲：“合抱之木，生于毫末；九层之台，起于累土；千里之行，始于足下。”所以，我们要扣好人生的第一粒扣子，做“勤学、修德、明辨、笃实”的新青年，脚踏实地，扎实干事，勤勉做人。少年们，你们是光，是太阳，是希望，更是祖国的未来，让我们整装待发，勇往直前！

第六节　中国青年的力量之源

一、主题分析

青年是整个社会力量中最积极、最有生气的力量，国家的希望在青年，民族的未来在青年。今天，新时代中国青年处在中华民族发展的最好时期，既面临着难得的建功立业的人生际遇，也面临着“天将降大任于斯人”的时代使命。[1]新时代中国青年的成长目标就是坚持中国共产党领导，同人民一道，为实现“两个一百年”的目标而奋斗、为实现中华民族伟大复兴的中国梦而奋斗。一百年前，那群青年在浙江嘉兴南湖飘摇的小船上点起的星星之火，如今早已在神州大地上燎原。在中国共产党百年诞辰之际，把握新时代中国青年的力量之源，实现中华民族伟大复兴中国梦的接力棒已经交到当代青年手中。

二、核心素养

责任担当

三、典型素材

素材一：视频《28 岁正年轻，我们一起改变世界》

1. 典型素材概述

该视频展示了一百年前一批平均年龄只有 28 岁的青年在困境中建立新中国的艰难历程。其中，李大钊 28 岁因《甲寅》杂志被查封，被迫离开北京；

[1]　《习近平：在纪念五四运动 100 周年大会上的讲话》，新华网（http://www.xinhuanet.com/politics/leaders/2019-04/30/c_1124440193.htm）。

邓恩铭 28 岁因叛徒出卖被捕入狱；高君宇 28 岁受党的委托赴广州担任孙中山秘书；周恩来 28 岁，中山舰事件爆发；缪伯英 28 岁，在白色恐怖中开展地下工作；虽然他们的平均年龄只有 28 岁，但是他们用自己的力量改变了世界。[1]

2. 思政教育点

思政教育点 1：百年前的中国青年用自己的力量给新中国带来了光明。1919 年的巴黎和会，中国外交失败，日本又强迫中国代表追认“二十一条”，中国的外交形势十分严峻。北京各校学生经过筹划于 5 月 4 日举行示威运动，爆发了震惊中外的“五四运动”。百年前的“五四运动”以爱国主义为核心，让中国青年掌握了“爱国”这一核心力量之源，促进了中国青年的快速成长，帮助中华民族树立了走向复兴的信心。

思政教育点 2：在“五四”思想的影响下，1921 年中国共产党成立，中共一大代表平均年龄不到 28 岁，正是这帮平均年龄不足 28 岁的青年一起改变了世界。百年前的中国青年已经掌握了力量之源，通过自身的成长最终造就了新中国的诞生，那新时代的中国青年为了实现中华民族的伟大复兴，也应该从百年前的中国青年身上学习其成长的力量源泉。

素材二：戍边英雄材料

1. 典型素材概述

2020 年 6 月，外军公然违背与我方达成的共识，越线搭设帐篷。按照处理边境事件的惯例和双方之前达成的约定，团长祁发宝本着谈判解决问题的诚意，仅带几名官兵，蹚过齐腰深的河水前出交涉。交涉过程中，对方无视我方诚意，早有预谋地潜藏、调动大量兵力，企图凭借人多势众迫使我方退让。官兵们组成战斗队形，与数倍于己的外军对峙。对方用钢管、棍棒、石块发起攻击。祁发宝成为重点攻击目标，头部遭到重创。见此情景，陈红军带人立即突入重围营救团长，陈祥榕作为盾牌手战斗在最前面，摄

[1] 《28 岁正年轻，我们一起改变世界》，新华网（http://www.xinhuanet.com/video/2021-05/04/c_1211140542.htm）。

像取证的肖思远也冲到前沿投入战斗。陈红军、陈祥榕、肖思远毫不畏惧、英勇战斗，直至壮烈牺牲。王焯冉在渡河前出支援途中，为救助战友牺牲。[1]

2. 思政教育点

思政教育点：英雄勇敢无畏，只因责任在肩。一线官兵常说，我们身后就是祖国，当国家受到侵犯时，唯一的选择就是冲锋向前。戍边英雄把爱国、责任、奋斗作为自己的力量之源。走上高原是因为理想，留在高原则考验信念，正是这种理想信念，让他们把自己的青春热血洒在祖国的边境上。戍边英雄是在新时代下成长的中国青年，他们用这种理想信念实现了自己的成长，同时也保护了祖国，祖国的强大与青年自身的成长相辅相成，国家的未来需要每一位青年能够主动去获得这种力量之源。

素材三：抗疫中的青年力量

1. 典型素材概述

2 月 28 日，广西第七批援鄂医疗队员、南宁市第六人民医院护士梁小霞在武汉市协和医院重症隔离病房工作时意外晕倒，再没有醒来。经过各方近 90 天全力抢救，5 月 26 日，梁小霞病情恶化，在南宁不幸逝世。2 月中旬，医院决定选派医疗队驰援湖北的消息一出，梁小霞没有丝毫犹豫，第一时间主动请缨奔赴抗疫前线。因驰援湖北名额有限，梁小霞未能如愿入选第一批队伍。“在国家和人民最需要的时候，我渴望冲在最前线，用所学知识作出应有贡献。”梁小霞对同事刘芳说，“这是一个医护人员的本能，党的号召和人民的需要都是我们义无反顾的使命。”“小霞从小就希望能为父老乡亲解除病痛、带来安康。”长期被病痛折磨的父亲梁均林说，上中学时，女儿就种下了学医的梦想。为此，梁小霞拼命学习，并于 2012 年考入广西医科大学护理专业。入学时，她在 QQ 空间写下：“从选择学医的那一刻起，我便是真的爱上了它，践行初心永无悔。”[2]

---

[1] 《英雄屹立喀喇昆仑》，《解放军报》，2021 年 2 月 30 日。

[2] 《小霞姐姐，感谢您为我们拼过命》，《光明日报》，2020 年 6 月 10 日。

2. 思政教育点

思政教育点 1：梁小霞护士担当起了自己作为一名护士的责任，在疫情发生的第一时间就报名奔赴前线。她从小就树立了学医的理想，为了实现自己的理想不断奋斗，最终也实现了自己的理想。从梁小霞的身上我们看到了新时代中国青年已经具备了这种力量之源。青年，是“早晨八九点钟的太阳”。

思政教育点 2：在这次抗击疫情的斗争中，一批批以“90 后”为代表的青年挺身而出，4.2 万多名驰援湖北的医务人员中有 1.2 万多名“90 后”，其中相当一部分还是“95 后”甚至“00 后”。习近平总书记给北京大学援鄂医疗队全体“90 后”党员回信中充分肯定广大青年在疫情防控斗争中“彰显了青春的蓬勃力量，交出了合格答卷”，深情称赞“新时代的中国青年是好样的，是堪当大任的”，鼓舞和激励他们“不惧风雨、勇挑重担，让青春在党和人民最需要的地方绽放绚丽之花”。这些“90 后”们担起了这个时代的青年身上的重任，所以担负起自身的责任是新时代中国青年成长的力量之源，青年需要把国家前进的责任担负在自己身上，以自身的成长促进国家的前进。

素材四：扶贫中的青年力量

1. 典型素材概述

为了帮助乡亲脱贫致富奔小康，2014 年 11 月，24 岁的程桔放弃在广州的高薪工作，回到家乡参加选举，当选为湖北咸宁崇阳县白霓镇大市村村支书和村主任。在不到 6 年的时间里，程桔和村“两委”交出了答卷：筹资 250 多万元新建了党群服务中心，筹资 700 多万元新建石匠工坊，新建、硬化、拓宽道路 12.45 公里，新建 60 千瓦光伏发电基地、150 亩绿色产业基地，新建水塔解决安全饮水难题……程桔说，村支书的工作事无巨细。在纷繁的农村工作中，她也总结出了自己的工作特点：统筹兼顾计划项目，走访群众了解意见，再结合实际考虑落地落实。程桔按照“国际项目方案”的思路，整理大市村发展的优势和劣势，为大市村设定“基础设施——产业——旅游”三步走的整体规划。她拿着这些 PPT 经常往县里和市里跑，争取项目资金。

大市村脱贫后，程桔“吆喝”得最多的是大市的旅游资源。她的理想是要把大市打造成一个集休闲旅游与现代观光农业于一体的美丽乡村。[1]

2. 思政教育点

思政教育点 1：2020 年不仅是受疫情影响的一年，还是全面建成小康社会的收官之年，党的十八大以来以习近平同志为核心的党中央把脱贫攻坚作为全面建成小康社会的底线任务。党的十九大后，党中央把打好精准脱贫攻坚战作为全面建成小康社会的三大攻坚战之一。在全面打赢脱贫攻坚战的征程中，各级团组织和广大团员青年积极投身、奋发作为，涌现出一批扎根基层的扶贫干部、甘于奉献的青年扶贫志愿者、自主脱贫的优秀青年、带领乡亲致富的青年带头人。

思政教育点 2：程桔放弃了高薪工作回到家乡带领村民致富，担当起了一个村干部的责任，想尽措施为村里筹资建设，同时对村子的明天程桔也有远大的理想，并为了理想的实现一直在不断奋斗着。所以理想是新时代中国青年成长的力量之源，只有有理想，才会有动力，才能不断地为了这个目标奋斗。

素材五：青年科技工作者

1. 典型素材概述

南昌大学“稻渔工程”团队平均年龄仅 28 岁，该师生团队用了 6 年，足迹遍布江西 30 多个县（区），将传统“稻鱼”变为新型“稻渔”，集成、创新、示范和推广了“稻鳖共作”等 6 类稻渔综合种养新模式，帮助农民增收、企业增效。以振兴乡村为使命的“稻渔工程”团队，将课堂所学、实验室所研与农业生产所需结合。6 年里，团队师生与养殖基地的工人同吃同住，每年有超过 180 天围着农民和稻田打转。进行稻鳖共作，“良种”的选育十分关键。经过查阅资料、自学工程力学等知识后，5 名 95 后水产养殖专业的学生，制作了一款简易稚鳖筛选装置。这样一种筛选装置克服了现有

---

[1] 《“中国青年五四奖章”获得者程桔：燃烧青春在乡村》，《湖北日报》，2020 年 5 月 19 日。

人工挑选稚鳖耗费人力物力且不确定的困难，能将先天体质不同的稚鳖快速筛选出来，准确率达 95% 以上。[1]

2. 思政教育点

国家的进步离不开科研事业的发展，当今世界正经历百年未有之大变局，我国未来的发展对加快科技创新提出了更迫切的要求，很多“卡脖子”的技术问题亟待解决。这些都在传递一个明确信号：当下及今后一段时间是青年科研工作者建功立业的黄金时期。青年科技工作者以年轻人应有的朝气和挑战精神，肩负起历史赋予的科技创新重任。有很多和南昌大学“稻渔工程”团队一样的科技工作者奋斗在科研一线，为祖国发展默默贡献着自己的力量，用自己的方式诠释着爱国精神。爱国、奋斗都是新时代下中国青年成长的力量之源，科学技术是第一生产力，新时代下中国青年献身于科学技术，用自身的奋斗推进国家的进步。

四、大咖点评

对于“中国青年的力量之源”这一主题，作者分别用了五个素材去阐述。作者用一个视频讲述了百年前中国青年用自己的力量实现了新中国的建立，然后又用四个文字素材分析了百年后的中国青年已经在各行各业中获得了新时代青年成长的力量之源，他们以爱国主义精神为核心，用理想、信念、奋斗、优良的品德担负起时代的责任，用自己的成长促进了中华民族的伟大复兴。

——北京林业大学博士　姜丽

[1] 《南昌大学“稻渔工程”团队：把科研成果变成稻田里的“金山银山”》，《中国青年报》，2020 年 5 月 18 日。

教案范例

中国青年的力量之源

教学目标

1. 了解百年前中国青年的力量之源。

2. 把握新时代中国青年的力量之源。

3. 掌握新时代背景下中国青年如何获得力量。

教学重难点

将百年前与新时代中国青年的力量之源结合起来、然后落实到学生生活实际中，让学生在生活中能够获得青年成长的力量。

教法设计

多媒体教学法、谈话法、讲述法

教学过程

一、课前活动

利用该活动调动学生对团课的积极性。

教师：前面咱们在座的同学都交了入团申请书，大家都很希望尽快地加入团组织，所以今天我们通过一节团课能够对共青团员所具备的精神有更深的认识。

探究活动：

教师：既然是团课，我们就要对团知识有所了解，我们先来进行一个团课知识竞赛，老师准备了5个团知识题目，请同学采用举手抢答的方式进行。

进行知识竞猜，学生抢答，答对者可以获得一个团徽的贴纸。

教师：大家参加知识竞赛都很热情，说明都期待着能够早日加入中国共青团，没入团的同学需要再接再厉，争取早日入团。

二、导入

从五四青年节的角度结合五四运动导入该课程。

教师：既然刚才已经问了大家很多问题，那我还想再问一个？今天是几号？（5 月 28）往前推 24 天是几号？（5 月 4 号）大家知道 5 月 4 号是什么节吗？（青年节）

青年是国家未来的希望，一代代青年的成长推进了国家的进步。在座的我们都是长在新时代的青年，那新时代青年的力量之源是什么呢？我们一起来学习。

三、百年前的中国青年

从百年的中国青年身上总结中国青年的力量之源。

教师：我们通过一段视频来看看百年前的中国都发生了什么？百年前的中国青年在做什么。

探究活动：

教师播放视频《28 岁正年轻，我们一起改变世界》

提问：看完该视频，你有什么感受？

学生分享。

教师：百年前的中国青年用自己的力量给新中国带来了光明。1919 年的巴黎和会，中国外交失败，日本又强迫中国代表追认“二十一条”，中国的外交形势十分严峻。北京各校学生经过筹划于 5 月 4 日举行示威运动，爆发了震惊中外的五四运动。百年前的五四运动以爱国主义为核心，促进了中国青年的快速成长，帮助中华民族树立了走向复兴的信心。在五四思想的影响下，1921 年中国共产党成立，中共一大代表平均年龄不到 28 岁，正是这帮平均年龄不足 28 岁的青年一起改变了世界。刚才视频里提到了李大钊和邓恩铭等人，我们先来看看他们的二十多岁都在做什么？

教师播放李大钊、邓恩铭在二十多岁的人生经历文字材料，提问学生通过这些文字资料能总结出百年前的中国青年身上具备哪些力量。

学生分享。

教师：李大钊、邓恩铭等人拥有坚定的爱国主义，拥有对马克思主义的坚定信仰，具备紧跟历史和时代进步潮流不断探索的精神，还拥有无私奉献的高尚品德，这些都是百年前的中国青年成长的力量源头。

教师展示视频中提到的青年在 28 岁时的人生经历。

教师：在历史转折点上，一群平均年龄 28 岁的中国青年点燃革命火种，奉献全部青春，五四运动以来 100 年，是中国青年一代又一代连续奋斗的 100 年，是中国青年用青春之我创造青春之中国的 100 年。[1] 那在当前时代，中国青年成长的力量之源又是什么呢？

四、新时代的中国青年

从新时代各行各业的中国青年身上总结新时代中国青年的力量之源。

探究活动：

“新时代中国青年成长的力量之源是什么？”学生将该问题的答案汇总成几个词语或者几句话写在便利贴上，然后将便利贴粘在黑板上，教师从黑板上随机抽取几条写得好的便利贴，让写该条便利贴的人进行扩展。

过渡：大家都说了自己的想法，那我们来看一下新时代的中国青年都是怎么做的。

材料一：戍边英雄

2020 年 6 月，外军公然违背与我方达成的共识，越线搭设帐篷。按照处理边境事件的惯例和双方之前达成的约定，团长祁发宝本着谈判解决问题的诚意，仅带几名官兵，蹚过齐腰深的河水前出交涉。交涉过程中，对方无视我方诚意，早有预谋地潜藏、调动大量兵力，企图凭借人多势众迫使我方退让。官兵们组成战斗队形，与数倍于己的外军对峙。对方用钢管、棍棒、石块发起攻击。祁发宝成为重点攻击目标，头部遭到重创。见此情景，陈红军带人立即突入重围营救团长，陈祥榕作为盾牌手战斗在最前面，摄

[1]　《习近平：在纪念五四运动 100 周年大会上的讲话》，新华网（ http://www.xinhuanet.com/politics/leaders/2019-04/30/c_1124440161.htm ）。

像取证的肖思远也冲到前沿投入战斗。陈红军、陈祥榕、肖思远毫不畏惧、英勇战斗，直至壮烈牺牲。王焯冉在渡河前出支援途中，为救助战友牺牲。

学生分享。

教师：英雄勇敢无畏，只因责任在肩。一线官兵常说，我们身后就是祖国，当国家受到侵犯时，唯一的选择就是冲锋向前。戍边英雄把爱国、责任、奋斗作为自己的力量之源。赤胆忠诚，皆为祖国。走上高原是因为理想，留在高原则考验信念，正是这种信念，让他们把自己的青春热血洒在祖国的边关上。

过渡：戍边英雄用理想和信念作为自己的力量之源保卫了国家，而在另一场没有硝烟的抗疫战场上，一批批青年们用自己青春的力量打赢了这场战争。

材料二：抗疫中的青年力量

2 月 28 日，广西第七批援鄂医疗队员、南宁市第六人民医院护士梁小霞在武汉市协和医院重症隔离病房工作时意外晕倒，再没有醒来。经过各方近 90 天全力抢救，5 月 26 日，梁小霞病情恶化，在南宁不幸逝世。2 月中旬，医院决定选派医疗队驰援湖北的消息一出，梁小霞没有丝毫犹豫，第一时间主动请缨奔赴抗疫前线。因驰援湖北名额有限，梁小霞未能如愿入选第一批队伍。“在国家和人民最需要的时候，我渴望冲在最前线，用所学知识作出应有贡献。”梁小霞对同事刘芳说，“这是一个医护人员的本能，党的号召和人民的需要都是我们义无反顾的使命。”“小霞从小就希望能为父老乡亲解除病痛、带来安康。”长期被病痛折磨的父亲梁均林说，上中学时，女儿就种下了学医的梦想。为此，梁小霞拼命学习，并于 2012 年考入广西医科大学护理专业。入学时，她在 QQ 空间写下：“从选择学医的那一刻起，我便是真的爱上了它，践行初心永无悔。”

学生分享。

教师：梁小霞护士担当起了自己作为一名护士的责任，在疫情发生的第一时间就报名奔赴前线。她从小就树立了学医的理想，为了实现自己的理想不断奋斗，最终也实现了自己的理想。从梁小霞的身上我们看到了新时代中国青年所具备的青春力量。青年，是“早晨八九点钟的太阳”。青年一代有理想、有本领、有担当，国家就有前途，民族就有希望。在这次抗击疫情的斗争中，以“90后”为代表的青年一代挺身而出，4.2万多名驰援湖北的医务人员中，就有1.2万多名是“90后”，其中相当一部分还是“95后”甚至“00后”。2020年3月15日，习近平总书记给北京大学援鄂医疗队全体“90后”党员回信。在信中，总书记充分肯定广大青年在疫情防控斗争中“彰显了青春的蓬勃力量，交出了合格答卷”，深情称赞“新时代的中国青年是好样的，是堪当大任的”，鼓舞和激励他们“不惧风雨、勇挑重担，让青春在党和人民最需要的地方绽放绚丽之花”。

过渡：抗疫战场的青年们用自己的力量打赢这场战争，在脱贫攻坚战场上依然有一批一批的青年们将自己投身其中、奋发作为，为了自己的理想而奋斗。

材料三：扶贫中的青年力量

为了帮助乡亲脱贫致富奔小康，2014年11月，24岁的程桔放弃在广州的高薪工作，回到家乡参加选举，当选为湖北咸宁崇阳县白霓镇大市村村支书和村主任。在不到6年的时间里，程桔和村“两委”交出了答卷：筹资250多万元新建了党群服务中心，筹资700多万元新建石匠工坊，新建、硬化、拓宽道路12.45公里，新建60千瓦光伏发电基地、150亩绿色产业基地，新建水塔解决安全饮水难题……程桔说，村支书的工作事无巨细。在纷繁的农村工作中，她也总结出了自己的工作特点：统筹兼顾计划项目，走访群众了解意见，再结合实际考虑落地落实。程桔按照“国际项目方案”的思路，整理大市村发展的优势和劣势，为大市村设定“基础设施——产业——旅游”三步走的整体规划。她拿着这些PPT经常往县里和市里跑，争取项目资金。大市村脱贫后，程桔“吆喝”得最多的是大市的旅游资源。她的理想是要把大市打造成一个集休闲旅游与现代观光农业于一体的美丽乡村。

学生分享。

教师：2020年不仅是受疫情影响的一年，还是全面建成小康社会的收官之年，党的十八大以来以习近平同志为核心的党中央把脱贫攻坚作为全面建成小康社会的底线任务和标志性指标，作出一系列重大部署。党的十九大后，党中央把打好精准脱贫攻坚战作为全面建成小康社会的三大攻坚战之一。在全面打赢脱贫攻坚战的征程中，各级团组织和广大团员青年积极投身、奋发作为，涌现出一批扎根基层的扶贫团干部、甘于奉献的青年扶贫志愿者、自主脱贫的优秀青年、带领乡亲致富的青年带头人。程桔放弃了高薪工作回到家乡带领村民致富，担当起了一个村干部的责任，想尽措施为村里筹资建设，同时对村子的明天程桔也有远大的理想，并为了理想的实现一直在不断奋斗着。

过渡：除了上面的这些领域，还有奋斗在科研一线的青年科技工作者们用自己的力量不断推动国家的进步。

材料四：青年科技工作者

南昌大学“稻渔工程”团队平均年龄仅 28 岁，该师生团队用了 6 年，足迹遍布江西 30 多个县（区），将传统“稻鱼”变为新型“稻渔”，集成、创新、示范和推广了“稻鳖共作”等6类稻渔综合种养新模式，帮助农民增收、企业增效。以振兴乡村为使命的“稻渔工程”团队，将课堂所学、实验室所研与农业生产所需结合。6 年里，团队师生与养殖基地的工人同吃同住，每年有超过 180 天围着农民和稻田打转。进行稻鳖共作，“良种”的选育十分关键。经过查阅资料、自学工程力学等知识后，5 名 95 后水产养殖专业的学生，制作了一款简易稚鳖筛选装置。这样一种筛选装置克服了现有人工挑选稚鳖耗费人力物力且不确定的困难，能将先天体质不同的稚鳖快速筛选出来，准确率达 95% 以上。

教师：国家的进步离不开科研事业的发展，当今世界正经历百年未有之大变局，我国未来的发展对加快科技创新提出了更迫切的要求，很多“卡脖子”的技术问题亟待解决。这些都在传递一个明确信号：当下及今后一段时间是青年科研工作者建功立业的黄金时期。青年科技工作者以年轻人应有的朝气和挑战精神，肩负起历史赋予的科技创新重任。有很多和南昌大学“稻渔工程”团队一样的科技工作者奋斗在科研一线，为祖国发展默默贡献着自己的力量，用自己的方式诠释着爱国精神。

五、“中国青年的力量之源”

教师：通过前面的案例，我们来总结一下新时代中国青年的成长的力量之源到底是什么。一是要树立远大理想，树立对马克思主义的信仰、对中国特色社会主义的信念、对中华民族伟大复兴中国梦的信心，到新时代新天地中去，让青春在创新创造中闪光。二是要热爱伟大祖国，听党话、跟党走，胸怀忧国忧民之心、爱国爱民之情，以一生的真情投入、一辈子的顽强奋斗来体现爱国主义情怀，让爱国主义的伟大旗帜始终在心中高高飘扬。三是要担当时代责任，让青春在新时代改革开放的广阔天地中绽放，让人生在实现中国梦的奋进追逐中展现出勇敢奔跑的英姿，努力成为德智体美劳全面发展的社会主义建设者和接班人。四是要勇于砥砺奋斗，勇做走在时代前列的奋进者、开拓者、奉献者，在劈波斩浪中开拓前进，在披荆斩棘中开辟天地，在攻坚克难中创造业绩，用青春和汗水创造出让世界刮目相看的新奇迹。五是要练就过硬本领，增强学习紧迫感，努力学习马克思主义立场观点方法，努力掌握科学文化知识和专业技能，努力提高人文素养，以真才实学服务人民，以创新创造贡献国家。六是要锤炼品德修为，自觉树立和践行社会主义核心价值观，明大德、守公德、严私德，追求更有高度、更有境界、更有品位的人生，让清风正气、蓬勃朝气遍布全社会。[1]

六、新时代的我们

教师提问：新时代的我们应该怎么做？

学生回答后教师总结。

探究活动：

教师提问：那我们生活中实际是怎么做的呢？

教师播放学生录制的小视频，让学生从视频中找到发生在自己身边的问题。

---

[1]　《习近平：在纪念五四运动 100 周年大会上的讲话》，新华网（http://www.xinhuanet.com/politics/leaders/2019-04/30/c_1124440161.htm）。

教师：视频表现了很多学生在教室、在食堂中都会涌现出的不当的行为，这些不当行为对青年的成长都有很大的阻碍，对每个人来说就要有则改之无则加勉，这样才能促进自身的快速成长。青年是整个社会力量中最积极、最有生气的力量，国家的希望在青年，民族的未来在青年。今天，新时代中国青年处在中华民族发展的最好时期，既面临着难得的建功立业的人生际遇，也面临着“天将降大任于斯人”的时代使命。作为青年一代，要牢记习近平总书记的殷殷嘱托，在全面建设社会主义现代化新征程上守正创新、坚定信念；在为党、为人民前行中挥洒青春、书写新篇章。

活动：合唱中国共青团团歌《光荣啊，中国共青团！》从团歌中加深对中国共青团和中国青年的理解。

七、结束语

同学们，我们在《光荣啊，中国共青团！》中感受到了中国共青团的力量，作为新时代的青年，作为祖国的未来、民族的希望，我们要不负期望、勇担使命，要追求卓越、奋进争先，争取早日加入共青团，以青春力量书写时代篇章。

第七节　让法治成为信仰，做学法守法好少年

一、主题分析

法律是每个公民在社会中立足所要遵守的基本规范。遵守道德底线、自觉用法律约束自己的言行、养成良好的行为习惯，是对新时代背景下青少年的基本要求。通过“做学法守法好公民”主题教育活动，培养学生的法律意识，以遵纪守法为荣、以违法乱纪为耻。学习宪法、民法以及未成年人保护法的相关知识，从国家、社会以及学生自身三个层面理解社会主义法律是发展中国特色社会主义现代化建设事业的强有力支撑，是实现中华民族伟大复兴的重要保障。

二、核心素养

学法守法

三、典型素材

素材一：视频素材——普法歌曲《黎民的国度》[1]

1. 典型素材概述

观看由中央政法大学毕业生在民法典实施之际演唱的普法歌曲《黎民的国度》MV。视频开始引用孟德斯鸠的“在民法慈母般的眼神中，每个人就是国家”这句名言，彰显了法律的人文情怀，体现出法律就在我们身边。通过聆听普法歌曲，知道法律是人们的行为准则，在它面前人人平等，无论是谁违反了法律都要依法追究。我们应该自觉用法律来约束自己的行为，

[1]　《黎民的国度》，中国网络电视台（https://tv.chinacourt.org/59179.html）。

对违纪之行、“越轨”之事，不想干、不愿为，从而保持人格气节，创造美好人生。只有这样，才能知荣辱，有担当，成为新时代背景下朝气蓬勃的好少年。

2. 思政教育点

思政教育点 1：《黎民的国度》歌词结合《民法典》的一些章节，用跳动的音符、优美的旋律构建出了法治世界。这首歌曲体现出了法律的柔情与力量。教师可以引导学生在欣赏歌曲的同时，将法治思想深埋进他们心中，培养学生对法律的敬畏之心。

思政教育点 2：教师通过介绍这首歌曲的创作背景，引导学生在聆听歌曲的过程中赏析歌词，了解人格权、物权、婚姻法、继承法等概念，培养学生保护自身合法权益的意识和能力。

素材二：视频《国家引擎——宪法》[1]

1. 典型素材概述

这则视频讲述了有关于宪法的基本知识。宪法是国家的根本大法，是一切法律的基础，其他法律都不能和其产生冲突。首先，视频介绍了宪法是一个国家的管理章程，它规定了国家制度的原则、国家政权的组织形式、公民的基本权利义务等，比如宪法规定我国的制度是社会主义，并确定了中国共产党的领导。其次，视频介绍了中国宪法的发展历程，我国真正意义上第一部宪法产生于新中国成立后，中国人民政治协商会议通过的《中华人民共和国政治协商会议共同纲领》起到了临时宪法的作用，之后宪法又经过了数十年的发展。我们现在所使用的就是经过修订的 1982 年宪法，国家规定每年的 12 月 4 日是国家宪法日。最后，视频讲述了中国宪法的优越性，上承古典传统，下启近代转型，是历史沉淀的成果。

---

[1] 《国家引擎——宪法》，共青团中央微信公众号（https://mp.weixin.qq.com/s/-DxL7xfQdcLTaE4BuUR6uw）。

2. 思政教育点

思政教育点 1：通过一则简短、有趣的视频向学生普及了宪法的基本知识以及对于一个国家的意义，宪法作为国家的根本大法，是一个国家的管理总章程。通过学习宪法知识，让学生在今后的生活中树立宪法精神，弘扬宪法权威。

思政教育点 2：青少年肩负着实现民族复兴的重任，对中学生进行宪法宣传教育不但对学生的人格养成和行为选择具有指引作用，而且关系着祖国的未来、民族的前途。通过学习宪法知识，提升青少年对国家的认同感和对社会的责任感。

素材三：普法动漫《民法典与乐仔的一生》

1. 典型素材概述

该短片以动画角色乐仔的一生为主线，将所选取民法典的法条、案例和相关数据内容进行故事化创作，嵌入主角一生中的各个阶段，简单明了地向观众介绍民法典法条内容的新变化，从出生直至死亡，一个人几乎所有的民事活动都能在民法典找到法律依据。最后，视频总结了民法典于国于民的意义。

2. 思政教育点

思政教育点 1：民法典在编纂过程中聚焦社会热点，始终以民众的切身利益为出发点。其中保护个人权利的条目数不胜数，致力于让每个人都能有尊严地活着，并能获得更多的幸福感和安全感。学生通过学习民法相关知识，认识到人们在生活中既要依法维护自己的合法权益，也要尊重他人的法定权利。

思政教育点 2：编纂民法典是以习近平同志为核心的党中央作出的重大法治建设部署，是国家治理体系和治理能力现代化的体现。学生通过学习，能够深刻认识到中国共产党始终以人民为中心，维护最广大人民利益的初心。

素材四：视频素材——科普《未成年人保护法》[1]

1. 典型素材概述

首先，视频以一段话进行导入，“少年儿童是祖国的未来，是中华民族的希望”，这一句话体现出了对青少年进行未成年人保护法科普的意义。未成年人是指未满十八岁的公民，2021 年 6 月 1 日，新修订的《中华人民共和国未成年人保护法》正式施行，国家保障未成年人的生存权、发展权、受保护权以及参与权等。其次，视频介绍了制定《青少年保护法》的目的，该法是根据宪法，为了促进未成年人德智体美劳全面发展、保护未成年人身心健康以及保障未成年人合法权益制定的法律。最后，视频介绍了全社会对未成年人进行保护的机制。除此之外，视频指出了新修订的《中华人民共和国未成年人保护法》的亮点，列举青少年在现实生活中有可能遭受的困扰或者问题，比如校园欺凌学校不能隐瞒、限制未成年人进行网络直播打赏等等，引发学生思考。

2. 思政教育点

思政教育点 1：国家、社会、学校和家庭应该教育和帮助未成年人维护自身合法权益，提升自我保护能力。通过学习《中华人民共和国未成年人保护法》，不仅可以培养学生的自我保护意识，还可以有效地预防和减少青少年犯罪。在法治意识的正确引导下，督促未成年人养成法律至上、公平公正意识，逐渐成长为知法、守法、懂法的合格公民。

思政教育点 2：未成年人是民族的未来。通过制定《未成年人保护法》，为他们创造一个良好的外部环境，引导他们学会做人、做事，懂得遵守规则、善待生命，培养有理想、有道德、有文化、有纪律的社会主义建设者和接班人，承担起民族复兴的大任。

---

[1] 《未成年人保护法》，青海省民政厅，哔哩哔哩网。

五、大咖点睛

法治兴则国兴，少年强则国强。本节团课以“做学法守法好公民”为主题，从宪法、民法、未成年保护法三个方面展现了法律的权威以及依法治国的意义，培养了学生的法治意识和法律素养。整堂课立意明确，教学环节完整，对于探索青少年法治教育路径具有积极意义。

——聊城大学历史文化与旅游学院院长　王作成

教案范例

让法治成为信仰，做学法守法好少年

教学目标

1. 培养学生的法律意识，懂得法律面前人人平等；知道宪法是国家的根本大法，具有最高的法律效力，了解民法典开创了我国法典编纂立法的先河，具有里程碑意义。

2. 学习《未成年人保护法》，树立守法观念，了解如何运用法律的武器来保护自己，争做守法小公民。

教学重难点

1. 培养法律意识，懂得宪法是国家的根本大法，了解民法典。

2. 提高学生对法律重要性的认识，懂得生活处处有法律，加强自我保护意识。

教学准备

搜集与普法主题相关的歌曲、素材以及视频

教学方法

讲授法、讨论法、多媒体教学法

教学过程

一、导入

播放歌曲《黎民的国度》MV，视频首页是孟德斯鸠的“在民法慈母般的眼神中，每个人就是整个国家”这句名言，教师阐释其体现出的人文情怀。

教师：这首歌曲的歌词隐含着人格权、物权、婚姻法以及继承法等法律，每条法条都与每位公民的切身利益有关。同学们，我国历来重视法治教育，习近平同志在党的十九大报告中明确提出要加大全民普法力度，建设社会主义法治文化，树立法律面前人人平等的法治观念。高中生的法治教育是国民法治素养建设的重要内容，今天这节课就让我们走进法、了解法，在以后的学习中以实际行动捍卫法律的尊严，争做法律卫士。

二、树立宪法意识 维护宪法权威

过渡：宪法是我国的根本大法，它规定我国的制度是社会主义，并确定了中国共产党的领导。是一切法律的基础，其他法律都不能和其产生冲突。

探究活动：宪法为什么是治国安邦的总章程？

教师播放视频《国家引擎——宪法》。

教师：同学们，观看完视频，你对宪法有了哪些了解呢？

学生各抒己见。

教师：同学们总结得非常好。宪法规定了我国公民享有政治、人身、经济、社会、文化等方面的权利和维护国家统一、民族团结及依法纳税等义务。宪法的权威和生命在于实施，高中阶段的青少年正处于人生观、世界观和价值观的定型期，是进行法治教育的关键时期。同学们一定要树立崇高的道德理想，培养高尚的道德情操，成为一名坚定的社会主义法治崇敬者、遵守者和捍卫者。

三、学习民法典，护航新时代美好生活

过渡：民法典颁布实施是深入贯彻落实习近平总书记全面依法治国新理念、推进中国特色社会主义法律体系建设的重大成果。

探究活动：民法典为什么是社会生活的百科全书？

教师：民法是与什么有关的法律呢？

学生各抒己见。

教师：民法是调整平等主体之间人身关系和财产关系的法律规范。《中华人民共和国民法典》经十三届全国人民代表大会三次会议表决通过，2021年1月1日正式生效。民法立法一直是我们国家法治建设的基础工程。

教师：为什么说民法与每个人的一生息息相关呢？

学生思考。

教师：请观看一则小短片《民法典与乐仔的一生》，通过视频主角乐仔的一生来看民法与生活中的哪些事情有关？民法典包括哪些内容呢？

学生分享。

教师：同学们说得很好。从出生直至死亡，一个人几乎所有的民事活动都能在民法典中找到法律依据，其中包括了人身权、物权、婚姻法等。对于我们每个普通人来说，民法典堪称社会生活的百科全书，它规定了与我们现实生活息息相关的事情，比如高空坠物可以追究责任、小孩游戏充钱可追回、小区广告收入归业主、禁止高利贷等。民法典是全面依法治国、推进国家治理体系和治理能力现代化的基石，是对人民群众最关切的利益的保护。

学生分享感悟。

教师：总的来说，民法典开创了我国法典编纂立法的先河，具有里程碑意义。民法强调独立人格、平等地位，追求权利明确、财产关系稳定与交易安全的社会秩序，凸显了文明、和谐、平等、诚信等社会主义核心价值观的主要内容。

四、为青春保驾护航，让花季分外精彩

过渡：未成年人是祖国的未来和希望，党的十八大以来，以习近平同志为核心的党中央对未成年人保护工作多次做出重要批示和决策部署，对完善未成年人保护相关法律制度、改进未成年人保护工作提出了明确要求。

探究活动：《未成年人保护法》保护了青少年的哪些权益呢？

教师 ：我们一起看一部针对未成年人的法律——《未成年人保护法》，这是我们国家第一部保护青少年的法律，为未成年成长提供了法律保障。同学们，你知道这部法律保障了你的哪些权益吗？

学生各抒己见。

教师：同学们回答得很好。面对新的社会形势，社会上不时出现监护人监护不力甚至侵害未成年人的现象，校园霸凌、暴力伤害未成年人的现象也时有发生，遇到这些事情我们应该怎么做呢？请看一则视频——《未成年人保护法》。

学生认真观看视频并分享观点。

教师：当前社会，依法治国是必然之举，未成年人应当熟悉相关法律知识，构建良好法治环境来维护校园和谐发展，每个学生不仅要懂法，更要学会用法律武器保护自己，而不是用“以暴制暴”的方法去报复侵犯自己合法权益的人。

教师：相信大家对《未成年人保护法》有了一定的了解，下面给大家展示几个案例，你如何评价案例中的主人公呢？请同学们以小组形式进行讨论。

案例一：小壮和小杰是高一同班同学。在观看学校运动会比赛时，小壮跑过来，从身后抱住小杰打闹玩耍，将小杰摔倒在地，致其右腿受伤。小壮赶紧和老师一起将小杰送到医院，经诊断，小杰右腿骨折。小杰虽经手术治疗痊愈，但其父母在医保之外还支付了医疗费、护理费等一万余元。

一组学生代表分享观点。

教师：一组同学的讨论成果非常好，同学之间嬉戏打闹要注意尺度，切勿伤及对方，侵犯其权利，危害生命健康。我们在捍卫自己权利的时候也要尊重他人的权利。一旦做错了事，就要坦白地向老师、学校、有关机关把事情讲清楚，争取从宽处理。

案例二：成绩优异的王丽和李涵是同班同学，近日，王丽得到了校级的三好学生。趁王丽在课间去洗手间的时候，李涵瞥见了王丽桌上的日记本，出于好奇心，李涵打开了她的日记，发现了王丽的小秘密是对班里很受欢迎的小杰心生爱慕之意。李涵也对王丽获得的三好学生奖心生妒忌，所以将她的秘密告知于全班。众多同学对王丽的行为指指点点。王丽也因此精神崩溃、成绩下降。

二组学生代表分享观点。

教师：二组同学讨论成果非常棒。李涵在未经王丽的允许下，偷看了其日记本，并把内容公之于众，侵犯了王丽的隐私权，产生了恶劣的后果，我们应该谴责这种行为。隐私权是人格权利中的重要内容，未成年人也是权利的主体，依法享有这项权利。材料中的李同学不仅侵犯了王丽的隐私权，还给她的心理健康造成了极大的伤害，这是非常恶劣的行为。

案例三：杨某在参加高二新学期开学典礼时，突然腹部剧痛，晕倒在地，学校紧急将杨某送入医院。医生诊断其脾脏严重出血，于当晚进行了脾脏切除手术。手术后，杨某才向父母道出一个秘密：自入读该校起，他就经常被某些同学无故殴打并勒索钱财。两天前，杨某又一次遭到同班同学夏某、林某和张某的围殴，他忍痛两日终致这危险的一幕发生。

三组学生代表分享观点。

教师：三组同学表现得也很优异。杨某遭受了校园霸凌，并被勒索钱财，但是他没有勇敢地向老师和家长求助，最终导致自己的身体健康受到严重侵害。我们应该知法、懂法，学会用法律武器保护自己的合法权益。每位同学都应该充满正义感，见义勇为。如果你看见同学遭受到别人的欺侮，你应该去帮助他、开导他，去寻找正确的解决方式。

学生体会。

教师：有些人的法治观念淡薄，不知道用道德、法律规范自己的行为，而是用暴力或胁迫手段获取不义之财，来满足自己好逸恶劳的生活，从而走上了犯罪道路。古人云："君子爱财，取之有道。"道在何处？勤劳致富，才是正道。考大学，学好本领，参加工作获取报酬，才是正道。相反，坑、蒙、拐、骗、偷、抢等手段弄钱，那就是邪门歪道，轻则受到道德的谴责，重则要受到法律的追究。我们应该立大志，苦学成才，长大报效祖国，做遵纪守法好公民，用劳动所得改善自己的生活。

五、结束语

有一种力量，破土而出，如参天之志；有一种力量，绵绵不绝，能水滴石穿；有一种力量，在历史的长河中，幻化成了精神永恒，这种力量就是法律的力量。

奉法者强则国强，让法治成为全民信仰。依法治国的含义就是科学立法、严格执法、公正司法，以及全民守法，这是实现国家治理体系和治理能力现代化的必然要求。我们每个人是守法公民，祖国则是法治强国。以法为绳、以法为据，依法治国是党领导人民治理国家的基本方式。全面推进依法治国的总目标是建设中国特色社会主义法治体系。

老师对大家的殷切期望是不仅要依法自律，还要用于运用法律武器保护自己的合法权益。谁把法律当儿戏，谁就必然亡于法律。

第八节 绿水青山 低碳生活

一、主题分析

习近平总书记指出:“我们既要绿水青山,也要金山银山。宁要绿水青山,不要金山银山,而且绿水青山就是金山银山。”本节课主要是让学生明确低碳生活的含义,让学生认识到践行低碳生活、保护环境、促进生态文明建设的重大意义,帮助学生树立好绿色发展理念。生态环境建设与人民生活息息相关,紧密相连。学生应该树立大局观、长远观、整体观,形成绿色发展方式和生活方式,坚持保护建设美丽中国,保护我们的绿水青山,努力开创社会主义生态文明新时代,实现中华民族永续发展。

二、核心素养

家国情怀 责任担当

三、典型素材

素材一:视频素材“绿水青山就是金山银山”理念的践行者——鲍新民

1. 典型素材概述

鲍新民,1956 年出生,浙江安吉人,曾任浙江省湖州市安吉县天荒坪镇余村村党支部书记。鲍新民用 20 年时间带领村两委班子,把一个靠矿山吃饭、灰尘漫天的余村,打造成了“绿水青山就是金山银山”的样板。2018 年 12 月,在庆祝改革开放 40 周年大会上,鲍新民作为“‘绿水青山就是金山银山’理念的践行者”代表,被授予“改革先锋”称号;新中国成立 70 周年前夕,获得“最美奋斗者”荣誉称号。他带领余村村民,大刀阔斧整治村庄环境,提升了村容村貌。通过政策争取,以标准化为目标,启动了冷水洞水库改造工程，大幅提升全村生产生活用水品质。为了帮助村民发展农家乐，鲍新民亲力亲为组织外出考察、内部培训，提升农家乐周边环境，引领申报评选省级星级农家乐。

如今，余村农家乐数量已经达到30余家，全部实现升级。休闲旅游业发展需要项目支撑，实现美丽嬗变后的余村吸引了不少外出务工村民返乡创业，荷花山漂流的业主胡加兴是其中之一。当年，他将开办漂流项目的想法告知村两委之后，村两委带着他外出考察学习，为他在余村溪上争取了1.5公里的漂流河道，第一年不收取河道使用管理费用。现在，荷花山漂流项目的净利润已经达到100余万元。

2. 思政教育点

思政教育点1：习近平总书记指出："我们既要绿水青山，也要金山银山。宁要绿水青山，不要金山银山，而且绿水青山就是金山银山。"[1]这是重要的发展理念，也是推进现代化建设的重大原则。鲍新民作为"'绿水青山就是金山银山'[2]理念的践行者"，在带领余村村民治理了村庄的环境之后，还促进了余村的休闲旅游业的发展需要，吸引不少外出务工村民返乡创业，真正把余村的绿水青山变成了致富的金山银山。鲍新民用余村的治理发展之路，验证了"绿水青山就是金山银山"的理念。作为一名学生，我们也应该牢固树立"绿水青山就是金山银山"的理念，在实际行动中，主动保护我们的绿水青山，因为保护我们的生态环境，最终也能造福我们人类自己。

思政教育点2：鲍新民，作为"最美奋斗者"，奋斗出了一条农村致富的绿色生态发展之路。作为村支书，他带领余村村民，大刀阔斧改善整治

---

[1] 《积极践行绿水青山就是金山银山理念》，人民网（http://sd.people.com.cn/n2/2020/0904/c362710-34272030.html）。

[2] 《"绿水青山就是金山银山"在浙江的探索和实践》，新华网（http://www.xinhuanet.com/politics/2015-02/28/c_1114474192.htm）。

村庄环境，提升了村容村貌。为村民们改善了生态环境的同时，还通过农家乐项目获得了经济效益。作为“最美奋斗者”，他把自身的前途命运同国家和民族的前途命运紧密联系起来，在实现了个人价值的基础上，还为实现中华民族复兴的中国梦贡献出了自己的力量。

素材二：材料素材——张嘉译，“低碳生活”的践行者[1]

1. 典型素材概述

作为“低碳行动”的形象大使。张嘉译的“低碳生活”可谓由来已久，他爱好骑自行车，认为这样既锻炼身体，又环保“低碳”。此次出席发布会，张嘉译就随身携带了自己的茶杯，引起现场媒体的关注。张嘉译还表示：“在家中，我已属于倡导‘低碳生活’的后进分子。”原来，张妈妈外出购物用的都是编织袋，从来不用塑料袋。“我的‘低碳’习惯很大程度上是在家人的影响下养成的。”

正在忙着《唐山大地震》宣传的张国强也赶到了现场。据张国强自己介绍，他是“帕客一族”。说罢，张国强在现场从口袋里掏出一块蓝色手帕，展示给大家看，借此倡导大家节约用纸。在被问到自己过去有什么“不低碳”的行为时，张国强表示，“以前在饭馆，我是习惯一下拿一大沓餐巾纸的，后来我意识到这样做不对，再拿餐巾纸时，我就会顿一下，想着还是只拿一张吧！”

“九球天后”潘晓婷也作为“低碳生活”的倡导者出席。一出场，她便自豪地向大家展示随身携带的金属筷子，“这种筷子外形小巧时尚，使用方便，使用它大家就可以减少一次性用品的使用。”潘晓婷对“低碳生活”也有着自己的观察和心得。

2. 思政教育点

思政教育点1：树立低碳生活理念。由于全球气候变暖和环境恶化对我

[1]　《张嘉译：全家讲“低碳” 一只水杯用五年》，搜狐焦点网（http://news.focus.cn/bj/2013-03-15/926382.html）。

们的地球家园和人类生活带来的影响日益明显，低碳生活的理念现在也早已经深入人心。张嘉译、张国强、潘晓婷等明星早已经树立低碳生活理念和态度，并且将这一理念应用到实际生活中，通过不断修正自己的非“低碳”习惯，借助明星效应，在全社会营造出了节能低碳的浓厚氛围。作为学生，我们也应该主动树立起低碳生活理念，走出我们自己的低碳生活之路。

思政教育点 2：践行低碳生活，从点滴小事做起。作为“低碳行动”形象大使，张嘉译总是随身携带自己的保温杯、从来不用塑料袋；张国强用手帕代替卫生纸、潘晓婷自己携带筷子代替使用一次性筷子。他们都以身作则，自觉节俭消费，崇尚低碳生活，做低碳环保的“低碳一族”。作为一名学生，我们也应该以自己的实际行动，率先垂范，倡导践行低碳生活。低碳生活，从点滴小事做起，从节约“每一滴水、每一度电、每一张纸、每一粒粮食”开始。在日常生活和工作中，我们可以通过一系列的行为践行低碳生活，比如随手关灯，使用节能灯泡；自觉养成节约水资源的良好习惯；在平常出门购物时，可以选择自己带环保袋，减少使用塑料袋；自觉实行垃圾分类；少开私家车，多乘坐公共交通或者地铁，通过选择步行或者是地铁等其他交通工具减少二氧化碳的排放，践行低碳生活理念。

素材三：材料素材——看中国推动绿色低碳出行方式[1]

1. 典型素材概述

“公交往哪跑，你说了算。”在山东菏泽，定制公交受到越来越多市民的欢迎。近年来，菏泽公交集团为了满足市民多样化的出行需求，有针对性地设立定制化的公交线路，目前开通的有校园线路、通勤线路等类型。

“公共交通优先”无疑是践行绿色出行的重要方式。去年，交通运输部和国家发改委联合印发《绿色出行创建行动方案》，明确通过开展绿色

[1] 《更环保、更绿色——看中国推动绿色低碳出行》，新华网（http://home.xinhuanews.com/gdsdetailxhs/share/10006434-?pageflag=iframe）。

出行创建行动，倡导简约适度、绿色低碳的生活方式，引导公众优先选择公共交通、步行和自行车等绿色出行方式，降低小汽车通行量，整体提升我国绿色出行水平。

《绿水青山》 作者：乔暄迪

高铁也是现代化“绿色交通”的重要标志，自2008年我国第一条设计时速350公里的京津城际铁路建成运营以来，一大批高铁相继建成投产。特别是党的十八大以来，我国高铁发展进入快车道，年均投产达3500公里，成功建设了世界上规模最大、现代化水平最高的高速铁路网。

民航方面，降低飞机油耗和碳排放是民航业绿色发展的核心任务。中国南方航空集团有限公司董事长马须伦介绍，近年来，南航从一杆一舵抓起，打造全流程飞行节能模式。

2. 思政教育点

思政教育点1：车辆使用是温室气体排放的源头，同时还破坏人的身体健康和生态环境。机动车的使用排放出大量的一氧化碳、碳氢化合物、氮氧化物、细微颗粒物急剧污染环境，为保护生态环境，减少二氧化碳的排放，因此，你我都需要“绿色出行”！

思政教育点2：绿色出行方式为国家的绿色发展作出重要贡献。交通运输行业作为推动绿色发展，实现碳中和的关键领域。通过引领公众采取绿色出行方式，减少二氧化碳的排放，做到“收支相抵”，争取早日实现“双碳”目标。倡导绿色出行，我们应该采用对环境影响最小的方式出行，采取节约能源、提高能效、减少污染、有益于健康、兼顾效率的出行方式，就可以在日常生活中进行力所能及的碳减排及碳中和。

素材四：视频素材——新闻《“绿水青山就是金山银山，好生态激发山东发展新活力》[1]

该新闻讲述了山东省为贯彻落实“绿水青山就是金山银山”的理念，进行全省的生态环境综合整治。对济南市小清河沿线的全面污染防治，包括对周围化工厂企业进行整体搬迁。在全面治理过后，小清河的水质大大提高，达到有监测数据的最佳水平，而且沿岸环境得到了极大的改善。小清河沿岸成为市民休闲健身锻炼的好去处，不仅如此，还吸引了一大批高科技和文旅产业落户济南。不仅济南，山东全省城市、山区、矿区都一起发力，治理改善生态环境，不断夯实高质量发展的绿色根基。

2. 思政教育点

生态环境保护和经济发展是辩证统一的关系。

实践充分证明，生态环境保护和经济发展不是单纯的矛盾对立的关系，而是辩证统一的。习近平总书记一直强调，绿水青山就是金山银山，改善生态环境就是发展生产力，他指出了保护生态环境对于经济社会发展的重要作用。从长期来看，生态环境的改善有助于经济的发展，经济的发展为环境保护提供了充足的资金和技术支持。山东省坚持“绿水青山就是金山银山”的理念，通过走生态优先、绿色发展之路，推动山东经济发展迈向新境界。经济发展不能以破坏生态为代价，生态本身就是经济，保护生态就是发展生产力。通过绿色治理，吸引了一大批高科技和文旅产业落户济南，在保护生态环境的同时，充分发挥出绿水青山的经济社会效益，激发出山东发展的新活力。因此，生态环境保护和经济发展是彼此依托，互相促进的。

---

[1] 《绿水青山就是金山银山，好生态激发山东发展新活力》，央视网（https://tv.cctv.com/2020/12/12/VIDEPLkN5vb3LH42LbxzGmwk201212.shtml）。

素材五：材料素材——习近平关于保护生态环境的一系列重要讲话

1. 典型素材概述

生态环境没有替代品，用之不觉，失之难存。在生态环境保护建设上，一定要树立大局观、长远观、整体观，坚持保护优先，坚持节约资源和保护环境的基本国策，像保护眼睛一样保护生态环境，像对待生命一样对待生态环境，推动形成绿色发展方式和生活方式。

——2016 年 3 月 10 日，习近平在参加十二届全国人大四次会议时的讲话

自然是生命之母，人与自然是生命共同体，人类必须敬畏自然、尊重自然、顺应自然、保护自然。

——2018 年 5 月 4 日，习近平在纪念马克思诞辰 200 周年大会上的讲话

面对生态环境挑战，人类是一荣俱荣、一损俱损的命运共同体，没有哪个国家能独善其身。唯有携手合作，我们才能有效应对气候变化、海洋污染、生物保护等全球性环境问题，实现联合国 2030 年可持续发展目标。

——2019 年 4 月 28 日，习近平在中国北京世界园艺博览会开幕式上的讲话[1]

2. 思政教育点

思政教育点 1：尊重自然、顺应自然、保护自然，促进人与自然之间的和谐发展。人与自然是辩证统一的关系，两者相互联系、相互依存、相互渗透。人类的一切活动必须要尊重自然界的规律，正确运用自然规律。我们要深刻地认识到人与自然的关系，尊重自然、顺应自然、保护自然，促进人与自然之间的和谐，才能实现生态环境效益、经济效益、社会效益的有机统一，建设出人与自然和谐共生的美丽中国。地球是人类唯一赖以生存的家园，我们必须像保护眼睛一样、像对待生命一样珍爱和呵护我们的地球家园。

思政教育点 2：积极应对全球气候变化，构建人类命运共同体。宇宙只有一个地球，人类共有一个家园。世界各国命运与共、福祸相依、一荣俱荣、

[1]　《你中有我我中有你，习近平这样论述人类命运共同体》，新华网（http://www.xinhuanet.com/politics/xxjxs/2019-05/07/c_1124463051.htm）。

一损俱损。应对全球气候变化，保护生态环境，是关乎全人类的前途和命运的大事。只有我们携手合作，推动构建起人类命运共同体，才能有效应对全球气候变化、环境污染等严峻的考验。我们必须团结一致，积极应对全球气候变化，汇聚起全球气候治理合力，最终惠及人类自己。

四、大咖点睛

该团课的素材有深度，素材形式多样，思政教育点深挖到位，素材覆盖面广，通过这一系列的素材积累，能够帮助学生树立低碳环保意识，践行节能减排低碳生活，形成绿色健康生活方式，保护我们的绿水青山。同时，团课《绿水青山 低碳生活》，教学目标明确，教学过程符合学生实际，注重课堂整体环节，课堂活动始终围绕教学目标进行，通过环环相扣的教学过程，引导学生树立低碳生活的理念。通过该团课的学习，有效引导学生在日常生活中，注意节电、节油、节气，养成良好的节约资源能源的习惯，爱护一草一木、不乱扔垃圾、自觉制止破坏环境的行为，共同建设天蓝、地绿、水清的美丽中国。

——山东建筑大学外国语学院教授、硕士生导师　钟京伟

教学范例

绿水青山 低碳生活

教学目标

1. 知识目标：了解低碳生活的含义，感受节能减排、低碳生活的重要性；

2. 能力目标：将节能减排的方法运用到生活中去；

3. 情感态度价值观目标：树立尊重自然、保护自然的意识，增强社会责任感，养成低碳生活的习惯，引导学生树立“绿水青山就是金山银山”的理念。

教学重难点

了解低碳生活的含义，落实低碳生活方式

教法设计

研讨法、多媒体教学法、互动法

教学过程

一、引入

展示地球上生态环境恶化的图片，播放歌曲《地球，你好吗？》。

教师：看到这一张张触目惊心的图片，你们说现在的地球还好吗？如果不好，地球妈妈现在出了什么问题啊？同学们，随着社会的发展，人类的活动使大气中二氧化碳的含量不断增加，我们生活的环境在持续恶化中，温室气体已成为全球共同面对的最紧要的问题。作为地球上的一分子，我们能做些什么呢？

学生各抒己见。

二、了解温室灾难 树立低碳意识

课件展示：冰川的融化，珍稀动植物的减少以及近年来屡屡出现的气象灾难。

教师：同学们，是什么导致了这些灾难啊？是气候变暖。气候变暖的原因又是什么？是二氧化碳。而二氧化碳是谁排放的呢？那我们应该怎样做呢？我们是不是应该减少二氧化碳的排放啊？我们应该践行低碳生活，那大家了解什么是低碳生活吗？

学生各抒己见。

探究活动：低碳生活大家谈

教师：什么是“低碳”？什么是“低碳生活”？在低碳生活中我们应该怎么做？

教师：我们天天说低碳，低碳是什么？哪位同学知道给大家说一说。

教师：① 低碳（low carbon）意指较低（更低）的温室气体（二氧化碳为主）排放。②低碳生活 (low-carbon life)　指生活作息时所耗用的能量要尽力减少，从而减低二氧化碳的排放量。简单理解，低碳生活就是返璞归真地去进行人与自然的活动，减少碳排放。你怎样理解低碳生活呢？

学生各抒已见。

在日常生活中，我们应该怎样做呢？

三、践行低碳生活，保护绿水青山

探究活动：低碳生活我行动

（一）教师带领学生观看视频素材：“绿水青山就是金山银山”理念的践行者——鲍新民。

鲍新民，1956 年出生，浙江安吉人，曾任浙江省湖州市安吉县天荒坪镇余村村党支部书记。鲍新民用 20 年时间带领村两委班子，把一个靠矿山吃饭、灰尘漫天的余村，打造成了“绿水青山就是金山银山”的样板。2018 年 12 月，在庆祝改革开放 40 周年大会上，鲍新民作为“‘绿水青山就是金山银山’理念的践行者”代表，被授予“改革先锋”称号；新中国成立 70 周年前夕，获得“最美奋斗者”荣誉称号。他带领余村村民，大刀阔斧整治村庄环境，提升了村容村貌。通过政策争取，以标准化为目标，启动了冷水洞水库改造工程，大幅提升全村生产生活用水品质。为了帮助村民发展农家乐，鲍新民亲力亲为组织外出考察、内部培训，提升农家乐周边环境，引领申报评选省级星级农家乐。

如今，余村农家乐数量已经达到 30 余家，全部实现升级。休闲旅游业发展需要项目支撑，实现美丽嬗变后的余村吸引了不少外出务工村民返乡创业，荷花山漂流的业主胡加兴是其中之一。当年，他将开办漂流项目的想法告知村两委之后，村两委带着他外出考察学习，为他在余村溪上争取了 1.5 公里的漂流河道，第一年不收取河道使用管理费用。现在，荷花山漂流项目的净利润已经达到 100 余万元。

教师：习近平总书记指出，“我们既要绿水青山，也要金山银山。宁要绿水青山，不要金山银山，而且绿水青山就是金山银山”。[1] 这是重要的

---

[1] 《积极践行绿水青山就是金山银山理念》，《人民日报》，2020 年 9 月 4 日。

发展理念，也是推进现代化建设的重大原则。那我们的鲍新民作为“‘绿水青山就是金山银山’理念的践行者”，在带领余村村民治理了村庄的环境之后，还促进了余村的休闲旅游业的发展需要，吸引不少外出务工村民返乡创业，真正把余村的绿水青山变成了致富的金山银山。鲍新民用余村的治理发展之路，验证了“绿水青山就是金山银山”的理念。作为一名学生，你认同“绿水青山就是金山银山”的理念吗？

学生各抒已见。

（二）教师带领学生读文字素材。

作为“低碳行动”的形象大使。张嘉译的“低碳生活”可谓由来已久，他爱好骑自行车，认为这样既锻炼身体，又环保“低碳”。此次出席发布会，张嘉译就随身携带了自己的茶杯，引起现场媒体的关注。张嘉译还表示：“在家中，我已属于倡导‘低碳生活’的后进分子。”原来，张妈妈外出购物用的都是编织袋，从来不用塑料袋。“我的‘低碳’习惯很大程度上是在家人的影响下养成的。”

正在忙着《唐山大地震》宣传的张国强也赶到了现场。据张国强自己介绍，他是“帕客一族”。说罢，张国强在现场从口袋里掏出一块蓝色手帕，展示给大家看，借此倡导大家节约用纸。在被问到自己过去有什么“不低碳”的行为时，张国强表示：“以前在饭馆，我是习惯一下拿一大沓餐巾纸的，后来我意识到这样做不对，再拿餐巾纸时，我就会顿一下，想着还是只拿一张吧！”

“九球天后”潘晓婷也作为“低碳生活”的倡导者出席。一出场，她便自豪地向大家展示随身携带的金属筷子，“这种筷子外形小巧时尚，使用方便，使用它大家就可以减少一次性用品的使用。”潘晓婷对“低碳生活”也有着自己的观察和心得。

教师：作为“低碳行动”形象大使，张嘉译总是随身携带自己的保温杯，从来不用塑料袋；张国强用手帕代替卫生纸，潘晓婷自己携带筷子代替使用一次性筷子。他们都以身作则，自觉节俭消费，崇尚低碳生活，做低碳环保的“低碳一族”。作为一名学生，我们在日常生活中应该怎样践行低碳生活呢？

学生各抒己见。

（三）教师带领学生读文字素材——看中国推动绿色低碳出行方式。

“公交往哪跑，你说了算。”在山东菏泽，定制公交受到越来越多市民的欢迎。近年来，菏泽公交集团为了满足市民多样化的出行需求，有针对性地设立定制化的公交线路，目前开通的有校园线路、通勤线路等类型。

“公共交通优先”无疑是践行绿色出行的重要方式。去年，交通运输部和国家发改委联合印发《绿色出行创建行动方案》，明确通过开展绿色出行创建行动，倡导简约适度、绿色低碳的生活方式，引导公众优先选择公共交通、步行和自行车等绿色出行方式，降低小汽车通行量，整体提升我国绿色出行水平。

高铁也是现代化“绿色交通”的重要标志，自 2008 年我国第一条设计时速 350 公里的京津城际铁路建成运营以来，一大批高铁相继建成投产。特别是党的十八大以来，我国高铁发展进入快车道，年均投产达 3500 公里，成功建设了世界上规模最大、现代化水平最高的高速铁路网。

民航方面，降低飞机油耗和碳排放是民航业绿色发展的核心任务。中国南方航空集团有限公司董事长马须伦介绍，近年来，南航从一杆一舵抓起，打造全流程飞行节能模式。

教师：我们都知道，车辆使用是温室气体排放的源头，同时还破坏人的身体健康和生态环境。机动车的使用排放出大量的一氧化碳、碳氢化合物、氮氧化物、细微颗粒物急剧污染环境，为保护生态环境，减少二氧化碳的排放，因此，你我都需要“绿色出行”！采取绿色的出行方式，可以有效地通过碳减排和碳中和，最终实现环境资源的可持续利用。那么我们应该选用怎样的绿色出行方式呢？

学生各抒己见。

④教师播放《新闻联播》中“绿水青山就是金山银山、好生态激发山

东发展新活力”新闻，观看山东省如何深入打好污染防治攻坚战，贯彻落实“绿水青山就是金山银山”理念，不断推动绿色发展迈向新境界。

教师：看完视频之后，大家来思考这个问题，保护环境和经济发展之间的矛盾不可调和吗?

学生各抒己见。

教师：实践充分证明，生态环境保护和经济发展不是单纯的矛盾对立的关系，而是辩证统一的。从长期来看，生态环境的改善有助于经济的发展，经济的发展为环境保护提供了充足的资金和技术支持。山东省坚持“绿水青山就是金山银山”理念，通过走生态优先、绿色发展之路，推动山东经济发展迈向新境界。经济发展不能以破坏生态为代价，生态本身就是经济，保护生态就是发展生产力。通过绿色治理，吸引了一大批高科技和文旅产业落户济南，在保护生态环境的同时，充分发挥出绿水青山的经济社会效益，激发出山东发展的新活力。因此，生态环境保护和经济发展是彼此依托，互相促进的。

四、倡议低碳生活理念构建人类命运共同体

教师：在日常生活中，我们知道我们要少开车，要多种树，要节约水资源，使用太阳能热水器，使用节能灯泡；少开私家车，多搭乘公共汽车或地铁，短程步行或骑自行车；出门购物，自己带环保袋，无论是免费或者收费的塑料袋，都减少使用。低碳生活，对于我们来讲是一种态度，我们每个人要从身边点滴小事做起，应当在日常生活中注意节电、节油、节气，养成良好的节约能源资源的习惯。爱护一草一木、不乱扔垃圾、爱护动物、节约用水、制止破坏环境的行为，那么我们就一起来完成低碳生活的倡议书吧。

五、结束语

教师：同学们，今天我们一起了解了什么是低碳生活，也懂得了平时应该怎样去做可以减少碳的排放。希望我们每个人从生活中的点滴做起，保护我们这个赖以生存的家园，让人类可以尽情享受大自然赋予我们的幸福。

同学们，下课!

第九节　志愿服务 我能行

一、主题分析

志愿服务是社会文明进步的重要标志。近年来，广大志愿者、志愿服务组织积极响应党和人民号召，弘扬和践行社会主义核心价值观，走进社区、走进乡村、走进基层，为他人送温暖、为社会作贡献，帮助解决群众的操心事、烦心事、揪心事，增强了人民群众的获得感、幸福感、安全感。充分彰显了广大志愿者坚定的理想信念、爱心善意、责任担当，是人民有信仰、国家有力量、民族有希望的生动体现。志愿精神蕴藏着党的红色基因、优良传统，充分体现了全心全意为人民服务的理念追求。

二、核心素养

理想信念、家国情怀、责任担当

三、典型素材

素材一：视频《故事里的中国第二季：雷锋》[1]

1. 典型素材概述

雷锋挚友谢迪安讲述雷锋童年鲜为人知的故事，在老师的手稿里，我们找到了记录："我响应党的号召去当新式农民，做个好农民，架起拖拉机，耕耘祖国大地，将来要做个好工人，建设祖国，将来要做个好战士，拿起枪，用生命和鲜血保卫祖国，做人类英雄。"雷锋是时代的

[1]　《故事里的中国第二季：雷锋》，央视网（https://tv.cctv.com/2020/12/19/VIDEJV40ydehMtbukqBwH8Cv201219.shtml?spm=C52056131267.P5TquuikIlkI.0.0）。

楷模，是永恒的革命战士，看似平凡的人生实践，却铸就了力透时空的精神坐标。

2. 思政教育点

思政教育点 1：雷锋精神是为共产主义而奋斗的无私奉献的精神。雷锋精神与中华民族的传统美德和伟大民族精神紧密联系在一起，将个人的追求和奋斗与党和人民的事业，国家命运，民族的前途联系在一起。雷锋，生命的长度只有 22 个年头，雷锋精神让短暂的生命延展出无限的厚度，凝聚起推动民族奋进发展的蓬勃力量。

思政教育点 2：雷锋精神是在平凡的工作中创造出不平凡业绩的“螺丝钉精神”。雷锋精神是干一行爱一行、专一行精一行的敬业精神，是在平凡的岗位上做出不平凡的事迹，时刻想着帮助人民，全心全意为人民服务的奉献精神。

素材二：视频《中国有故事》防疫特辑——致敬志愿者[1]

1. 典型素材概述

2020 年 1 月 23 日，武汉封城了，但仍有 900 多万人生活在这里。这些日子，武汉交通停摆，商店关门，最初救死扶伤的医护人员也没法上下班……成千上万的青年志愿者，“逆行”在寂静的街区，成为这座城市的另一种“基础设施”。他们奋战在街头，武汉封城期间接送医护人员上下班；他们来往于运输点，为隔离在家的人们送去各类物资；平时，他们是普通的小老板、社区居民、大学生、公司白领，他们还可能是快递小哥和外卖送餐员，他们大部分生活或工作在这座城市，有的以前从未来过……就是这些生活在我们身边的平凡人，却一起做着值得整个社会铭记的事情：自发参与抗击疫情。不管你是否接受过他们的帮助与服务，请记住他们，他们是凡人英雄，他们是中国志愿者。

---

[1] 《〈中国有故事〉防疫特辑：致敬志愿者》，中国青年网（http://news.cyol.com/gb/articles/2020-03/03/content_lbgMMtWw3.html）。

2. 思政教育点

思政教育点 1："最美逆行者"是人民心中最可靠的隔离墙。面对前所未有的困难，白衣天使们纷纷赶往疫情重灾区，他们舍小家，为大家，冲在战场最前线，与病魔抗争，时刻坚守在自己的岗位上，构筑起疫情防控的强大壁垒。将来，不论何时，当人们再次回顾新冠肺炎疫情，必定会为一种壮观的景象深深触动：危急关头，一个个原本最平凡的人，绽放出最不平凡的英雄光彩。

思政教育点 2：志愿服务凝聚抗疫青春力量。哪里有需要，哪里就有志愿者，抗击疫情，无数的逆行者奋战在抗疫一线，他们来自四面八方，讲着不同的乡音方言，却奋不顾身挑战极限，托起火神山，让我们见证了什么是中国速度。毅然选择逆行，瘦小的身影在我们面前却异常伟岸。钟南山院士 84 岁高龄也毅然冒着生命危险奔赴一线，调研和指导疫情防控工作。他们是新时代下的志愿者，是新时代下的志愿精神，他们用自己的坚持和坚守诠释了"奉献、友爱、互助、进步"的志愿精神。

素材三：青年志愿突击队，在灾后复产一线筑起"青春堤坝"！[1]

1. 典型素材概述

2019 年 6 月以来，广东省河源市接连遭遇"6・10""6・12"两次有史以来最严重的的洪涝灾害，101 个乡镇、37 万多人受灾。在河源市上下紧急吹响抗洪救灾冲锋号以来，河源共青团迅速行动，组建青年志愿者突击队，团结带领广大团员青年积极投身救灾复产重建工作，招募青年志愿者深入灾区。他们冲锋在前，不图回报，主动承担"急、难、险、重"任务，帮助受灾群众恢复家园，一面面团旗和党团员志愿服务先锋队旗帜始终飘扬在救灾复产重建一线。截至目前，河源市各级团组织共组织发动 3 万多人次志愿者开展清扫淤泥、搬运物资、卫生防疫、心理安抚等救灾复产志

---

[1] 《青年志愿突击队，在灾后复产一线筑起"青春堤坝"！》，中国青年网（http://news.youth.cn/gn/201906/t20190627_11993182.htm）。

愿服务活动，服务群众达 5 万多人次。

2. 思政教育点

思政教育点 1：水火无情，人间有爱，一方有难，八方支援 。洪水给出严峻考验，河源市青年志愿者交出了一份沉甸甸的合格答卷。地面塌陷、山体滑坡一幕幕场景，牵动人心，锤炼着共产党人的初心和使命。全力以赴，竭尽全力补短板，多地救援队驰援河源，社会各界踊跃捐助，每一种帮扶都见证心手相连的深情，诠释了众志成城的决心。各地干群抗洪救灾，他们是党员先锋、是爱心群众、是大学生……但他们都有一个共同的身份——志愿者！在防汛前线，志愿者们无惧危险，冲锋在前；在受灾地区，志愿者们和衷共济，构筑了一道坚不可摧的防洪堤坝。[1]

思政教育点 2：闻“汛”而动，谁都不是旁观者，用最真诚的心感动一座城。灾情就是命令，责任重于泰山，哪里有险情，哪里就有橙色身影，来自各地的救援力量，为受灾群众托起生命之舟。青年志愿者突击队勇担重任，他们用真情温暖人，用行动号召人，为坚决打赢这场救灾复产重建攻坚战贡献了自己的青春力量，谱写了一曲曲雄壮嘹亮的青春之歌！救援抢险、加固堤坝，志愿者们逆行而上，全力保障民众生命财产安全，手挽手筑起人墙，再次让我们看到了中国人民守望相助的精神力量。

素材四：【边疆党旗红】征战“沙场”60 载 老兵王成帮的绿色边疆梦 [1]

1. 典型素材概述

“宁愿死在植树现场，也不愿倒在病床上。” 王成帮是全国模范退役军人、新疆巴音郭楞州库尔勒市一名义务园林工人，在新疆义务种树 60 年，植树 150 多万株，他培育的“成帮柳”成为巴州地区唯一以人名命名的树种。他设计改造过 10 口水井，修建 13 个蓄水池，节约资金 200 多万元。多年来他还为农民工、特困学生捐款 10 万余元。

---

[1] 《（边疆党旗红）征战“沙场”60 载 老兵王成帮的绿色边疆梦》，新华网 (http://www.xinhuanet.com/politics/2019-07/08/c_1210182108.htm)。

2. 思政教育点

思政教育点 1：一生戎马洒热血，一生信念记心间。绿化义务兵，造福一座城，他不忘初心，冲锋在前，敢为人先，始终保持我党我军的光荣传统，把全部精力都放在了绿化工作上，义务植树 60 余载。

思政教育点 2：用生命点绿梨城，用誓言书写人生。王成帮以实际行动践行着共产党人的初心和使命，践行着胡杨精神，不怕苦不怕累，在艰苦环境中磨砺意志，奋发向上、甘于奉献。

素材五：视频《穿越百廿拥抱你》[1]

1. 典型素材概述

穿过连绵的群山，走过起伏的历史，薪火一代代传到这里。自 1999 年山东大学首届研究生支教团成立以来，23 年间，山东大学研究生支教团始终坚守志愿服务的初心，以“努力让每个孩子都能享有公平而有质量的教育”为宗旨。2021 年正值山东大学建校 120 周年，山大研支团成员也将以实际行动为山大送上最好的生日礼物：愿百廿山大，桃李芬芳！弦歌不辍，再续华章！

2. 思政教育点

思政教育点 1：薪火赓续，不忘初心。支教磨炼了同学们的意志，提高了综合素质，锻炼了青年志愿者团队协作和管理能力。坚定了理想信念，铸就爱党爱国的决心与忠诚；扎根基层热土，永葆学习奋斗的动力与干劲；青年们弘扬志愿精神，汇聚奉献社会的青春与热血，用实际行动在祖国西部践行“强国有我”的青春誓言。

思政教育点 2：学会感恩，保持热爱。百年大计教育为本，教育大计教师为本。支教教师时刻铭记教书育人使命，甘当人梯，他们为社会主义教育事业做出了巨大贡献，我们要继续秉承奉献精神，不惧风雨、勇挑重担，让青春在党和人民最需要的地方绽放绚丽之花。

---

[1] 视频《穿越百廿拥抱你》，中国青年网（http://xibu.youth.cn/zywh/fwjx/202110/t20211018_13266833.htm）。

四、大咖点评

中学阶段是青少年建立人生观、世界观、价值观的重要时期，处于中学阶段的青少年还未真正踏入社会，中学阶段的志愿服务活动，能够让学生面对不同环境与文化，在与社会交流的过程中，学会理解接纳，学会沉着应对，学会主动思考，学会勇于担当。因此，学校开展以志愿服务为主旨的主题教育活动，具有非常重要的现实意义！

——济南大学水利与环境学院　王晓军

教案范例

志愿服务 我能行

教学目标

1. 什么是志愿活动和志愿精神。
2. 为什么要参加志愿活动。
3. 如何参与和组织志愿服务活动。

教学重难点

如何参与和组织志愿者活动。

教法设计

合作探究法、讲授法、情景模拟法

教学过程

一、导入

视频导入《故事里的中国第二季：雷锋》

雷锋挚友谢迪安讲述雷锋童年鲜为人知的故事，在老师的手稿里，我们找到了记录："我响应党的号召去当新式农民，做个好农民，架起拖拉机耕耘祖国大地，将来要做个好工人，建设祖国，将来要做个好战士，拿起枪，用生命和鲜血保卫祖国，做人类英雄。”雷锋是时代的楷模，是永恒的革命战士，看似平凡的人生实践，却铸就了力透时空的精神坐标。雷锋日记中写道“人的生命是有限的，可是为人民服务是无限的，我要把有限的生命投入到无限的为人民服务之中去。”可见雷锋同志的这种精神是一种不求回报的给予，是一种高尚的情操，也是一种不凡的志愿服务精神。那么志愿者的含义是什么呢？

学生各抒己见。

教师：志愿者是指“在自身条件许可的情况下，参加相关团体，在不谋求任何物质、金钱及相关利益回报的前提下，在非本职职责范围内，合理运用社会现有的资源，服务于社会公益事业，为帮助有一定需要的人士，开展力所能及的、切合实际的，具一定专业性、技能性、长期性服务活动的人”。

志愿服务是指在不求回报的情况下，为改善社会，促进社会进步而自愿付出个人的时间及精力所作出的服务工作。志愿服务这一概念在 20 世纪 80 年代引入中国，1993 年首次在官方文本中出现“青年志愿者”这一称谓。1963 到 1993 年，从“学雷锋”到“做志愿者”，中国走了 30 年。此后，“中国青年志愿者协会”及各地志愿者协会相继成立，促进了志愿活动在全国各地的开展。2001 年北京申办奥运会成功，志愿服务进入了迅猛发展时期。奥运之后，志愿服务开始走向稳定和成熟，实现志愿服务的常态化、社会化、制度化发展。志愿服务的精神概括起来是：奉献、友爱、互助、进步。志愿服务既体现于国家和人民需要的关键时刻挺身而出，舍小我而顾大义，也渗透在人们的日常工作和生活中。

二、“最美逆行者”彰显最美精神

过渡：20 世纪 80 年代末，义工概念与“学雷锋”活动结合。1993 年到 2000 年，从青年志愿者到社区志愿者，志愿服务组织有了中国特色。观看视频《中国有故事》防疫特辑：致敬志愿者

思考：如果你当时身在武汉，面对病毒肆虐，你会做出怎样的选择？

为什么做出这样的选择？

同学们各抒己见。

教师：2020年伊始，一场突如其来的疫情威胁着人民的生命安全，疫情当前，成千上万的青年志愿者出征武汉，他们选择用爱和责任浇筑起群众生命健康的第一道防线，恪尽职守，默默耕耘，成为守护人民健康的忠诚卫士。“最美逆行者”，他们是人民心中最可靠的隔离墙。面对前所未有的困难，白衣天使们纷纷赶往疫情重灾区，他们舍小家，为大家，冲在战场最前线，与病魔抗争，时刻坚守在自己的岗位上，构筑起疫情防控的强大壁垒。哪里有需要，哪里就有志愿者，志愿服务凝聚抗疫青春力量，抗击疫情，无数的逆行者奋战在抗疫一线，他们来自全国各地，讲着不同的乡音方言，却奋不顾身挑战极限，托起火神山，让我们见证了什么是中国速度。毅然选择逆行，瘦小的身影在我们面前却异常伟岸。钟南山院士84岁高龄也毅然冒着生命危险奔赴一线，调研和指导疫情防控工作。他们是新时代下的志愿者，是新时代下的志愿精神，他们用自己的坚持和坚守诠释了“奉献、友爱、互助、进步”的志愿精神。

三、橙色身影彰显志愿底色

过渡：哪里有险情，哪里就有橙色身影。接下来我们再来看一则新闻：《青年志愿突击队，在灾后复产一线筑起“青春堤坝”！》

水火无情，人间有爱，一方有难，八方支援 。洪水给出严峻考验，河源市青年志愿者交出了一份沉甸甸的合格答卷。地面塌陷、山体滑坡、河流护栏和大桥被冲垮……一幕幕场景，牵动人心，锤炼着共产党人的初心和使命。全力以赴，竭尽全力补短板，多地救援队驰援河源，社会各界踊跃捐助，每一种帮扶都见证心手相连的深情，诠释了众志成城的决心。各地干群抗洪救灾，他们是党员先锋、是爱心群众、是大学生……但他们都有一个共同的身份——志愿者！在防汛前线，志愿者们无惧危险，冲锋在前；在受灾地区，志愿者们和衷共济，构筑了一道坚不可摧的防洪堤坝。

闻“汛”而动，谁都不是旁观者，用最真诚的心感动一座城。灾情就是命令，责任重于泰山，哪里有险情，哪里就有橙色身影，来自各地的救援力量，为受灾群众托起生命之舟。青年志愿者突击队勇担重任，他们用真情温暖人，用行动号召人，为坚决打赢这场救灾复产重建攻坚战贡献了自己的青春力量，谱写了一曲曲雄壮嘹亮的青春之歌！救援抢险、加固堤坝，志愿者们逆行而上，全力保障民众生命财产安全，手挽手筑起人墙，再次让我们看到了中国人民守望相助的精神力量。

四、平凡坚守彰显志愿精神

过渡：在新疆库尔勒市，有这样一位老人，从“战场”到“沙场”，他在新疆义务种树60年，他曾身患重疾，但他说哪怕生命到最后一刻，他仍然要为党的事业奉献一切，这就是王成帮，一位做好事五十余载的老党员，新疆维吾尔自治区的道德模范，更是受到领导人接见的全国模范退役军人。《老兵你好》栏目组邀请到老兵王成帮聊一聊他和大树的故事。这期“新疆退役军人”带大家一起回顾这一幕……

弱冠从军头顶红星戍边

他冲锋在前 敢为人先

耄耋之年 身在戈壁

他不忘初心

手植绿叶成林

他抗争病魔 从容

他植树绿化 奋勇

“成帮柳”万千风姿

柳条将舒未舒，柔梢披风

美化了孔雀河畔

他改变了环境

环境改变了他

他像一盏“灯”，左“火”右“丁”

火是希望，丁是人本

荧荧光芒是温暖，更是方向

总能在黑暗中给予我们信念的力量

他就是“造林英雄”王成帮

“宁愿死在植树现场，也不愿倒在病床上。” 王成帮是全国模范退役军人、新疆巴音郭楞州库尔勒市一名义务园林工人。在新疆义务种树60年，植树150多万株，他培育的“成帮柳”成为巴州地区唯一以人名命名的树种。他设计改造过10口水井，修建13个蓄水池，节约资金200多万元。多年来他还为农民工、特困学生捐款10万余元。一生戎马洒热血，一生信念记心间，绿化义务兵，造福一座城，他不忘初心，冲锋在前，敢为人先，始终保持我党我军的光荣传统，把全部精力都放在了绿化工作上，义务植树六十余载。用生命点绿梨城，用誓言书写人生。王成帮以实际行动践行着共产党人的初心和使命，践行着胡杨精神，不怕苦不怕累，在艰苦环境中磨砺意志，奋发向上、甘于奉献。

五、义务支教彰显青春风采

过渡：哪里有需要，哪里就有志愿者，我们青年人要让自己的青春在奉献中绽放别样光彩。

观看视频《穿越百廿拥抱你》。

教师：穿过连绵的群山，走过起伏的历史，薪火一代代传到这里。自1999年山东大学首届研究生支教团成立以来，23年间，山东大学研究生支教团始终坚守志愿服务的初心，以“努力让每个孩子都能享有公平而有质量的教育”为宗旨。2021年正值山东大学建校120周年，山大研支团成员也将以实际行动为山大送上最好的生日礼物：愿百廿山大，桃李芬芳！弦歌不辍，再续华章！

薪火赓续，不忘初心。支教磨炼了同学们的意志，提高了综合素质，锻炼了青年志愿者团队协作和管理能力。坚定了理想信念，铸就爱党爱国的决心与忠诚；扎根基层热土，永葆学习奋斗的动力与干劲；青年们弘扬志愿精神，汇聚奉献社会的青春与热血，用实际行动在祖国西部践行“强国有我”的青春誓言。

学会感恩，保持热爱。百年大计教育为本，教育大计教师为本。支教教师时刻铭记教书育人使命，甘当人梯，他们为社会主义教育事业做出了巨大贡献，我们要继续秉承奉献精神，不惧风雨、勇挑重担，让青春在党和人民最需要的地方绽放绚丽之花。

过渡：经历数十年的发展，不断壮大的志愿者队伍让志愿服务蔚然成风。那么，你知道现在中国，有多少志愿者吗？你知道第一个志愿服务热线是在哪里开通的吗？

学生各抒己见。

教师：全国志愿服务信息系统显示，我国实名志愿者总数已超过 2.09 亿人，发展志愿团体总数 108 万个，发展志愿服务项目 589 万个，记录志愿服务实践 30.345 亿小时，全国第一个志愿服务热线电话是在广州诞生的。1987 年 6 月，这是全国第一条志愿者服务热线——3330564，用粤语就是说，“心中的情你尽诉”。

六、如何参加志愿活动

过渡：学习了这么多志愿服务先进事迹和相关知识，那我们如何参加志愿服务活动呢？

1. 参加社团：如果是高中生尤其是大学生，可以加入一些会组织开展志愿活动的社团，或者临时参与他们的活动。尤其是像援孤社、青年志愿者协会等很明显的志愿帮扶团体，这些社团会有组织、规模性的开展志愿活动。

2. 网站注册：公民个人还可以实名注册中国志愿网，作为其中的志愿者申请加入网站中一些团体发出的志愿活动征集通知，也可以在“我爱泉城”客户端参与志愿服务活动，并在网上打卡签到。

3. 联系政府：如果担心自己开展志愿活动找不到门路的话，可以跟有关的政府部门联系，像团委、妇联等群团组织，会不定期地开展志愿活动。

4. 寻找民间组织：如果当地有志愿者团体的话，比如红十字会、义工站、志愿协会以及一些由个人组织的规模较大的志愿服务团队等，就可以直接向其表达服务意愿，并登记成为其志愿者，他们的信息一般比较畅通。

5. 自发进行公益行动：个人时间精力有限但也很乐意帮助他人的，其实可以通过一些小事来完成愿望。比如旧衣物、用品、玩具，自己家里不再需要但仍能使用的，可以整理捐献给当地的志愿服务站点或团体，或者社会临时捐款救助等，在确认真实的情况下，贡献自己的一份力量。

七、我们开展的志愿服务活动

过渡：开展丰富多彩的志愿服务活动，展现志愿者在活动中的风采，增强自信，提升活动能力。让青年团员在亲身体验中，更深刻理解志愿奉献、友爱、互助、进步的美好精神。下面我们来看一下可以参与哪些志愿活动？

我们参与组织了交通安全等文明引导、爱绿护绿、垃圾分类宣讲、尊老爱老等志愿服务活动。在活动中，同学们认识到了志愿服务贵在坚持，增强了主人翁意识，关心学校、关心社会努力成为学校和社会的主人，用爱奉献，用行动传递正能量，为学校和社会贡献自己的力量。

八、结束语

广大青年既是追梦者也是圆梦人，追梦需要激情和理想，而圆梦需要奋斗和奉献。所以我们要致敬那些青春路上的追梦人，致敬最美的逆行者。将个人的奉献融入时代的洪流，用奋斗书写青春华章，用点滴服务与奉献展现当代青年的担当，在平凡的岗位上书写不平凡的人生，在祖国和人民需要的地方建功立业，以青春之我奉献青春之国家，青春之民族。以生命赴使命、用挚爱护苍生，凝聚群众的强大力量，团结一心、众志成城，成为启航新征程、奋进新时代的最美风景，充分彰显中国价值、中国精神、中国力量。

“文明出行，无痕公园”志愿服务

安全校园义务除雪志愿服务

保护母亲河志愿服务活动

我们的节日 · 重阳敬老爱老主题志愿服务活动

新生报到文明引导志愿服务

第三章

追随信仰 铸就辉煌

信仰的内涵历久弥新，赋予我们力量，这是一场时空与信仰的对话。本章节课程是面向共青团员进行的信仰政治教育。通过9节富有吸引力和感染力的课程引导共青团员初步树立共产主义远大理想和中国特色社会主义共同理想，坚持爱国、爱党、爱社会主义的高度统一，立志把个人梦想融入实现中国梦的伟大实践。厚植共青团团员的爱党爱国情怀，让信仰之光穿越时空，接过信仰的火炬，为做好共产党的后备军和接班人而努力奋斗。

第一节　号角中的信仰

一、主题分析

经过学生初中和高中阶段的历史学习，此时应该已经对党史的发展脉络具备了初步认识。本节课标题为《号角中的信仰》，主要选择党的创立和发展的不同时期，具有重要影响的口号，并挖掘其背后的历史背景、重要人物、巨大影响等。以期通过本节课的设计，丰富学生党史知识，体会党的巨大贡献，激起学生重任在肩的使命感和责任感，坚定理想信念，奉献青春力量。

二、核心素养

政治认同、家国情怀、责任担当

三、典型素材

素材一：视频《百年恰是风华正茂》[1]

1. 典型素材概述

这个视频素材，从近代中国折辱于列邦，半殖民地半封建的社会背景讲起，重现了中国共产党的成立、新民主主义革命的胜利、中华人民共和国成立 、两弹一星、改革开放、港澳回归、北京奥运会、十九大召开、抗击疫情等重大事件的经典瞬间。以极强的视觉冲击力呈现了在中国共产党的领导下，中国革命有了正确的前进方向，中国未来有了光明的发展前

[1] 《百年恰是风华正茂》，人民网（http://tv.people.com.cn/n1/2021/0115/c61600-32001148.html)。

景，印证了拿破仑所说的“中国一旦被惊醒，世界会为之震动”。以此梳理中国共产党百年历程，奠定本节课的情感基调，为接下来的重点讲解奠定基础。

2. 思政教育点

思政教育点 1：用党的光辉历程感召学生，帮助同学们建立完整的党史发展脉络，对学生进行艰苦朴素、百折不挠的革命传统教育，打好人生底色。

思政教育点 2：青少年时期是人生观、世界观、价值观形成的关键时期。从党史中吸取精神养分，体会革命先辈为中华民族解放事业作出的巨大贡献，就能形成国家认同感、民族责任感，树立起“国家兴亡，匹夫有责”的家国情怀，涵养积极的人生态度和道德情感。

思政教育点 3：联系学生实际进行教育，让学生感受红色精神，树立远大理想，自觉担当起民族复兴的伟大使命。

素材二：视频《号角——“试看将来的环球，必是赤旗的世界”》[1]

1. 典型素材概述

该视频素材以动漫形式阐述了“试看将来的环球，必是赤旗的世界”这一党史口号提出的背景、人物及带来的重要影响。近代中国苦难深重、落后挨打，中国人民上下求索、奋起抗争。当各种救国之路相继失败，热血中建立的共和名存实亡，再次引发了知识分子的探讨与担忧。此时，李大钊先生受到俄国革命的影响，热情研究并宣传马克思主义，为中国展示了一条新的寻求解放的道路。他在演讲中，满怀信心的提出“试看将来的环球，必是赤旗的世界”。他的思想影响到了一代具有共产主义理想的革命家，他们深入无产阶级，开展工人运动，并组织建立了全国性的政党——中国共产党。可以说，李大钊先生以及他的思想为中国共产党的建立起到了重要影响。

---

[1] 《号角——“试看将来的环球，必是赤旗的世界”》，央视网（https://tv.cctv.com/2011/11/18/VIDE1363160242072979.shtml）。

2. 思政教育点

思政教育点 1：理想信念是人们对未来的向往和追求，一旦形成，就会成为支配和左右人们活动的精神动力。一个政党、一个国家、一个民族，只有确立了共同的理想信念，才会有强大的凝聚力和向心力，才能保证革命和建设事业取得胜利。青年是国家的未来，必须坚持正确的政治理想信念。

思政教育点 2：列宁曾说："我们是革新者的党，而青年总是更乐于跟着革新者走的。我们是跟腐朽的旧事物进行忘我斗争的党，而青年总是首先投身到忘我斗争中去。"近代以来，无数青年以家国为己任，积极投身革命，义无反顾。我们新一代青年也应学习先辈，勇担使命，心忧家国，无私奉献。

素材三：视频《号角——"中国人民站起来了"》[1]

1. 典型素材概述

在中国共产党的领导下 ，经过 28 年的艰苦革命，中国人民终于迎来了真正的民主和解放。新中国成立前夕，海外游子兴奋归国，老百姓锣鼓喧天，因为在中国共产党的领导下，他们真正摆脱了剥削和压迫 ，还获得了政治权利，真正成为国家的主人。政协会议的与会代表，激动的分享了党给他们的生活带来的巨大改变，并表达了积极生产的决心。从此，中国人民真正站起来了，并逐渐走向繁荣富强，以昂扬之姿屹立于世界民族之林。

2. 思政教育点

思政教育点 1：党和国家的坚实根基在人民，没有人民就没有党，更没有国。共产党始终坚持人民至上，一切为了人民，一切拥护人民，值得我们的崇敬和拥护。

思政教育点 2：习近平总书记说："江山就是人民，人民就是江山。"

---

[1] 《号角——"中国人民站起来了"》，央视网（https://tv.cctv.com/2011/11/18/VIDE1363160242818997.shtml）。

只有坚持以人民为中心的发展思想，才能汇聚起社会主义现代化的强大力量，实现中华民族伟大复兴。

素材四：中国梦的内涵

1. 典型素材概述

中国梦的基本内涵有三个层面：国家、民族、人民。从国家层面看，中国梦就是强国梦。中国要成为强大的现代化国家，赢得世界认同，并成为引领世界发展的主导力量。从民族层面看，中国梦就是民族复兴梦。中华民族要对人类发展作出更大、更多、更重要的贡献。从人民层面看，中国梦就是每个中国人的梦。同时，实现中国梦也需要每一个人的努力。

2. 思政教育点

思政教育点 1：国家、民族与个人的命运是紧密相连的。中国梦是每个中国人的梦，它需要每个人都为之付出努力。而我们的努力终将汇成我们国家和民族最亮丽的底色。

思政教育点 2：民族复兴不是简单的大国崛起，更是民族文化与世界文明的接轨。中国人的中国梦，不是关起门来做梦，而是与世界一起追梦，实现互利共赢。这就需要我们青少年以后要成长为国际型人才，要了解世界，更要推动中国走向世界。

素材五：视频《我，就是中国》[1]

1. 素材概述

回首中国历史，一代代青年人带来了无限的改变、勇气、发展与生机。革命年代摧毁腐朽，勇于探索离不开青年；战争年代直面强敌，前仆后继离不开青年；建设年代科技创新，愈挫愈勇离不开青年；面对疾病守护人民，负重前行也离不开青年。正如习近平总书记所说，“青年是整个社会力量

---

[1] 《我，就是中国》，人民网（https://politics.people.com.cn/n1/2022/0129/c1001-32343170.html）。

中最积极，最有生气的力量，国家的希望在青年，民族的未来在青年”[1]。

2. 思政教育点

思政教育点 1：励志点亮未来，自信成就人生。只有拥有自信这一重要品质，才会拥有承受挫折，克服困难的力量，才能真正焕发出行动的动力，青少年要树立自信，相信自己。

思政教育点 2：新时代中国青年正处在中华民族发展的最好时期，既面临着建功立业的人生际遇，也面临着“天将降大任于斯人”的时代使命，中国青年要继续发扬五四精神，不负党和民族，不负时代重托。

四、大咖点睛

习近平总书记曾说，“走的再远，走到再光辉的未来，也不能忘记走过的过去，不能忘记为什么出发”[2]。建党百年之际，为学生讲好党的百年故事，是身为教师对党的重大献礼。本文主题明确，立意新颖，以党史上的重要口号为线，对学生进行思政教育，历史与现实对接，教育效果显著。

——聊城大学历史文化与旅游学院教授　石莹丽

教案范例

号角中的信仰

教学目标

1. 了解中国共产党的历史，深刻体会党领导中国人民为实现民族独立和国家富强所作出的巨大贡献。

2. 熟悉党史发展过程中具有重要影响的人物、思想、口号等，知道他

[1] 《习近平：在纪念五四运动 100 周年大会上的讲话》，新华网（http://www.xinhuanet.com/politics/leaders/2019-04/30/c_1124440161.htm）。

[2] 2016 年 7 月 1 日，习近平《在庆祝中国共产党成立 95 周年大会上的讲话》，新华网。

们在中国共产党历史上的重要作用。

3. 树立对党的崇敬、热爱和感激，并转化为实际行动，牢记共青团员责任和义务，做党的拥护者和接班人。

教学重难点

重点：党史上的重要口号回顾。

难点：树立政治认同，担当团员使命。

教法设计

多媒体教学法

教学过程

一、导入

观看视频《百年恰是风华正茂》。

教师：同学们，通过刚才的视频，我们一起重温了中国共产党的百年征程，见证了一艘小小红船变成巍巍巨轮的沧桑与感动。正是这个百年大党，在中国历史上的危难关头挺身而出，关键节点上吹响了带领中国人民集结、冲锋的号角，才有了今日的盛世中华。这节课，就让我们走近那些人，那些事，那些著名口号，一起去感受号角中的信仰。

二、讲授新课

篇章一：解放中国的集结号—“试看将来的环球，必是赤旗的世界”

教师：同学们，看到这个口号，大家是不是感觉有些熟悉？有没有同学知道，这个口号是谁提出的？

学生回答。

教师：非常好。李大钊先生是中国共产主义运动的先驱，他一生致力于在中国传播马克思主义，更为中国共产党的创建做出了突出贡献。那么李大钊先生因何提出这个口号，中国又为什么会走上社会主义革命的道路，我们一起看一个党史小动漫，从中来寻找答案。

播放视频《号角——“试看将来的环球，必是赤旗的世界”》

教师：下面我们请一位同学结合视频以及自己的历史知识回答一下老师刚才提出的问题。

学生回答。

教师：非常好。正因如此，李大钊热情研究十月革命，并接连发表文章和演讲，讴歌十月革命，他满怀信心的预言：“试看将来的环球，必是赤旗的世界。”这个预言犹如一个集结号，此后，全国的共产主义者组织起来筹备建立全国范围内的党组织。1921 年，中国共产党宣告成立，带领中国人民取得了新民主主义革命的胜利。那么接下来，共产党领导中国革命的过程中，又提出了哪些口号作为前进的号角呢？

探究活动一：

教师展示讨论材料，包括历史事件、图片等。小组展开讨论，将成果写在老师提前下发的便利贴上。

教师：好的，我看大家刚才的讨论都很热烈。下面，我们请几个小组向大家分享你们的讨论成果，大家首先做出介绍，然后把便利贴粘贴在右边黑板上面。

学生分享展示。

过渡：通过刚才同学们的展示，老师仿佛看到了革命年代中国共产党带领中国人民坚定信念，实事求是，斗志昂扬的顽强斗争。“星星之火，可以燎原”，中国共产党最终将中国人民带入了富强民主的光明前景。

篇章二：富强中国的出征号——“中国人民站起来了”

教师：走过了最峥嵘的刀与火的岁月，终于迎来了民族独立和解放。毛主席在天安门城楼上的这一句铿锵有力的呐喊，想必对每一个中国人来说，都是无法磨灭的印记。下面，我们先来观看一段视频，然后找一个同学来谈一谈你的感受。

播放视频《号角——“中国人民站起来了”》。

教师：下面请一位同学结合视频，谈谈你是怎么理解“中国人民站起来了”这句话的呢？

学生回答。

教师：非常好。所以这种改变让中国人民欢欣鼓舞，从视频中大家可以看到老百姓的兴高采烈和对伟大领袖毛主席的亲切感激。同时，这也极大激发了中国人民发展经济和社会主义建设的信心和积极性，在中国共产党的领导下，三大改造、五年计划、改革开放相继展开，人们对经济建设焕发出巨大的热情，誓把我国建设成富强民主的社会主义国家。

探究活动二：

这个时期，党史上也出现了非常多积极向上的口号，同学们家里的老人应该就有亲身体会。结合课前同学们的搜集情况，小组之间再次展开讨论，完善党史上的号角。

学生分享展示。

过渡：这就是团结一心的中国人民，这就是英明决断的中国共产党。在全国人民的共同努力下，我们正昂首阔步走在中华民族伟大复兴的道路上。

篇章三：复兴中国的冲锋号——“实现中华民族伟大复兴的中国梦”

教师：实现中华民族伟大复兴是近代以来中国人民最伟大的梦想，经过一代代党中央和人民的共同努力，现在，我们比历史上任何时候都更加接近这个梦想。何为中华民族伟大复兴呢？同学们是怎样理解的？

学生回答。

教师：那大家希望将来的中国是什么样呢？

学生各抒己见。

教师：在大家的发言中，老师可以感受到大家对我们的祖国强大，民族复兴，人民幸福的无限憧憬。是的，这就是“实现中华民族伟大复兴的中国梦”，也是我们现阶段复兴中国的冲锋号角。下面我们一起来读一读中国梦的具体内涵。（展示文本素材）

教师：读完这段文字，想必大家对中国梦有了更深的理解。前已有无数的党的英雄儿女筚路蓝缕，披荆斩棘，有了如今的盛世繁华。未来，我们将接过民族伟大复兴的重担，继续推进中国梦的实现。

三、结束语

播放视频《我，就是中国》。

同学们，大家是祖国最蓬勃向上的力量。作为共青团员，你们就是党的接班人。作为青少年，你们就是国家的希望，你们的样子就是国家未来的样子。所以我们要时刻铭记党史上的号角，因为它也是你们集结冲锋的号角，时刻鞭策大家不忘先辈，勇担使命，勇往直前。现在，让我们举起右手，在庄严的团员誓词中结束本课。

第二节　伟大转折与必由之路

一、主题阐述

习近平总书记在中央深改委第六次会议上强调，党的十一届三中全会是划时代的，开启了改革开放和社会主义现代化建设的历史新时期。[1]本主题聚焦“十一届三中全会”和“改革开放”两个关键词，重点组织学生认识这一会议的有关情况及其作为伟大转折的重要意义，引导学生感受改革开放四十多年以来我国取得的多方面发展成就，感悟党的领导的正确和伟大。

二、核心素养

政治认同、家国情怀

三、典型素材

素材一：视频《别眨眼！ 60 秒快闪动画解密改革开放》[2]

1. 典型素材概述

该视频采用动画形式，用一辆正在行驶的动车为代表，借助相关数据，对比呈现了 1978 年至 2018 年间，我国在交通、经济、科学技术等方面取得的巨大突破。如第一条高速公路建成于 1988 年，至 2017 年末，全国高速公路总里程为 13.64 万公里，居世界第一位；我国第一张人民币信用卡发行于 1985 年，至 2017 年，银联卡全球已发行超 66.9 亿张，银行卡交易金

[1] 《习近平：对标重要领域和关键环节改革 继续啃硬骨头确保干一件成一件》，新华网（http://www.xinhuanet.com/politics/leaders/2019-01/23/c_1124032835.htm）。

[2] 《别眨眼！ 60 秒快闪动画解密改革开放》，人民网（http://tv.people.com.cn/n1/2018/1217/c413792-30471640.html）

额在全球银行卡清算市场份额中排名第一。最后“快闪”展示围绕改革开放四十年的各领域关键词，充分体现了“改革不停步，开放更自强”。

2. 思政教育点

思政教育点 1：短短的 60 秒视频，呈现的却是中华民族伟大复兴之路的“关键 40 年”。中国人民以大无畏的精神和坚韧不拔的毅力，从无到有，聚沙成塔，推动中国驶上高速发展的快车道。通过观看视频中改革开放前后各领域的数据对比，有利于引导学生直观、具体感受改革开放给人们的各个方面（出行、消费等）带来的巨大变化。

思政教育点 2：视频《别眨眼！ 60 秒快闪动画解密改革开放》中呈现的场景均采用动画形式，形象生动。通过观看视频，吸引学生注意力，起到激趣凝神的作用，与本课主题相呼应，利于更好地引导学生进入本课学习。

素材二：与党的十一届三中全会有关的材料，[1] 包括全会通过会议公报的场景照片、邓小平为中央工作会议闭幕会准备的讲话提纲照片

1. 典型素材概述

1978 年 12 月 18—22 日，中国共产党第十一届中央委员会第三次全体会议在北京举行。全会作出了从 1979 年起，把全党工作重点转移到社会主义现代化建设上来的战略决策。十一届三中全会揭开了党和国家历史的新篇章，在思想上、政治上、组织上全面恢复和确立了马克思主义的正确路线，结束了党的工作在徘徊中前进的局面，是新中国成立以来我党历史上具有深远意义的伟大转折。

2. 思政教育点

党的十一届三中全会是在党和国家面临何去何从的重大历史关头召开的。回望40多年前那段激荡人心的历史，更感意义的非凡，更知决策的伟大。邓小平为中央工作会议闭幕会准备的讲话提纲照片及《人民日报》第一版刊

[1] 《（百个瞬间说百年）1978，党的十一届三中全会召开》，新华网（http://www.news.cn/politics/2021-09/24/c_1211381281.htm）。

发党的十一届三中全会公报的照片，作为历史见证展示了中国共产党人破除藩篱、奋发图强的决心和信心，帮助学生结合时代背景，更深刻、具体地认识本次会议的重要性，理解本次会议实现了党的意义深远的历史性转折，给我国发展和人民生活带来了重大变化，中国从此进入了改革开放和社会主义现代化建设的历史新时期，中国共产党从此开始了建设中国特色社会主义的新探索。以此增进学生对党的领导和中国特色社会主义制度的认同，培养家国情怀。

素材三：安徽省凤阳县小岗村“大包干”[1]红手印文件照片

1. 典型素材概述

1978 年以前，安徽省凤阳县小岗村是有名的“三靠村”，吃粮靠返销、用钱靠救济、生产靠贷款，村里的道路下雨后便泥泞不堪、难以通行。1978 年的一个冬夜，村民严立华家的煤油灯散发着希望之光。18 户村民在此按下红手印，立下生死状，搞起了“大包干”。“大包干”第一年，小岗村粮食总产量 13.3 万斤，是过去十年年均产量的 4 倍；人均收入 400 元，是上年 22 元的 22 倍，20 多年吃救济粮的历史戛然而止。1980 年 5 月 31 日，邓小平同志在《关于农村政策问题》座谈会上的讲话中指出：“‘凤阳花鼓’中唱到的凤阳县，绝大多数生产队搞了大包干，也是一年翻身，改变面貌……”至此，小岗村人首创的农业“大包干”终于有了真正的合法地位。

2. 思政教育点

思政教育点 1：安徽省凤阳县小岗村是“中国农村改革第一村”。40 多年前，发轫于小岗村的那场波澜壮阔的伟大变革，犹如平地惊雷，改变了小岗村人的生活，开启了我国农村改革的时代大幕。“大包干”红手印文件照片将这一历史性的时刻定格，直观展现了小岗村“敢为天下先”的改革精神。

思政教育点 2：根据课前任务要求，学生小组合作查阅小岗村“大包干”

---

[1]　《小岗村“大包干”：拉开中国农村改革序幕》，人民网（http://society.people.com.cn/n1/2021/0415/c1008-32078670.html）。

的相关内容，过程中提升合作能力，利于更好地引导学生认识团结协作的重要性。小组代表在课上介绍安徽凤阳小岗村实行包产到户前后的情况对比，结合当前巩固拓展脱贫攻坚成果和全面推进乡村振兴，进一步加深学生对“改革是克服艰难险阻开路前行的法宝”的理解和认识。

素材四：反映深圳“前世今生”[1]的照片材料

1. 典型素材概述

1980年8月26日，全国人大常委会批准在深圳设置经济特区。作为“排头兵”“试验田”，深圳经济特区以“敢闯敢试敢冒险”的气魄和创新精神，实现了经济社会的持续快速健康发展。本部分通过多幅对比照片，直观呈现了深圳特区建立前后道路、建筑等方面发生的显著变化，印证了深圳从一个渔火薄田的边陲小镇发展成为欣欣向荣的现代化城市，创造了世界城市发展史上的奇迹。深圳经济特区的建立和发展，为全国改革开放和现代化建设积累了宝贵经验，为探索中国特色社会主义道路做出了重要贡献。

2. 思政教育点

思政教育点1：深圳是我国最早成立的经济特区之一，也是办得最好、影响最大的一个特区。认真总结深圳经济特区改革开放的历史和经验，具有重要意义。结合反映深圳“前世今生”的相关照片，有助于引导学生认识到深圳经济特区所取得的成就，是我国改革开放以来实现历史变革的一个精彩缩影，彰显了中国领导者的远见卓识，印证了社会主义制度的优越性和强大生命力，利于增进学生对党的领导和中国特色社会主义制度的认同。

思政教育点2：学生课前通过小组合作，查阅反映改革开放以来深圳特区发生的巨大变化的有关资料，促进学生在合作过程中认识团结协作的重要性，提升合作能力。通过小组代表介绍深圳从一个边陲小镇“一夜之间”

---

[1] 《奋斗百年路 启航新征程丨红旗耀特区 全球铸典范——40年变革不息的“深圳奇迹”》，新华网（http://www.xinhuanet.com/2021-03/31/c_1127277573.htm）。

发展成为面向国际的现代化城市，有助于引导学生理解深圳经济特区突破旧思想观念和体制机制障碍，创造了惊天动地的“深圳奇迹”，为完善和发展中国特色社会主义作出了历史性探索。

素材五：体现改革开放以来我国经济发展的数据图[1]

1. 典型素材概述

改革开放以来，中国社会主义现代化建设取得历史性成就。党中央带领全党全国各族人民，解放思想、实事求是，大胆地试、勇敢地改，干出了一片新天地，各方面取得显著发展，综合国力不断提高。改革开放 40 多年来，中国国民经济一直保持着快速、高质量的增长趋势，国内生产总值逐年增加，城乡居民收入快速增长，城乡居民人民币储蓄存款年底余额增加幅度不断提高。

2. 思政教育点

统计图中一笔笔鲜活真实的数据，见证了改革开放以来我国经济发展走过的成就非凡、成果丰硕的光辉历程。通过展示改革开放后的国内生产总值、城乡居民人民币储蓄存款年底余额及三次产业增加值的变化情况，配合教师讲解，使学生直观感受到面对经济发展起点低、基础设施落后等问题，党中央带领中国人民攻坚克难，锐意推进改革，极大地推动了经济跨越式发展、产业结构明显改善和人民生活水平显著提高，中国的经济实力、综合国力跃上了一个新的大台阶。再次证明了改革开放的方向和道路是正确的，对推进中国特色社会主义伟大事业产生了巨大作用，进一步培养学生政治认同和家国情怀核心素养。

素材六：航拍济南[2]

1. 典型素材概述

该视频将济南著名景点及标识性建筑，通过更具直观性的航拍视角进

---

[1]　数据选自国家统计局网站（http://www.stats.gov.cn/）。

[2]　《航拍中国》第三季第四集，央视网（https://tv.cctv.com/2020/06/15VIDEkbj5u6gAwfKtLh10d0XX200615.shtml）。

行呈现。有吸引国内众多游客前来观赏的趵突泉、黑虎泉、五龙潭、大明湖，有夜幕降临下车来车往的北园立交桥、燕山立交桥，还有泉城公园内穿过林荫的曲桥慢道，富有教育文化气息的山东省实验中学及山东大学附属中学。

2. 思政教育点

思政教育点 1：作为“05 后”，学生普遍对 20 世纪八九十年代的济南感到陌生。通过搜集、展示 20 世纪的济南照片，引导学生从交通、休闲娱乐等方面感受当时济南的整体情况。

思政教育点 2：该视频作品从航拍角度展示了济南的标志性场景，如大明湖、燕山立交桥、泺源大街等。通过观看视频，引导学生结合 20 世纪的济南照片，同今天济南的面貌进行对比。自己生活的城市发生了如此巨大的变化，有利于使学生更直观认识到改革开放给社会面貌和人民生活带来的影响。

素材七：视频《青春的回答》[1]

1. 典型素材概述

《青春的回答》由共青团中央出品，中国青年报 · 中青在线承制，是共青团为致敬改革开放 40 周年精心打造的文化产品。“那一阵春风送暖，冰雪都融化，希望的种子播撒，老树又发新芽……”伴随青春而又充满历史感的旋律，90 后演员、歌手许魏洲出现在 MV 画面里，只见他推开一间教室的门，进入时空隧道，《小平您好》《大眼睛苏明娟》等中国青年报社的著名摄影作品纷纷“穿越”，1978 年恢复高考、2001 年加入世贸组织等代表性事件场景直观再现，让静止的画面“活起来”，带领观众重温改革开放 40 年的经典时刻。

2. 思政教育点

青年作为全面深化改革开放的强大生力军和接续奋斗者，应胸怀理想、

[1] 《青春的回答》，中国青年网（http://qnzs.youth.cn/tsxq/201812/t20181207_11807470.htm）。

志存高远，做新时代坚持和发展中国特色社会主义的坚定者。学生观看视频，结合自己的亲身经历，思考、回答问题，利于学生加深对“改革开放没有完成时，只有现在时”的认识，进一步加深理解改革开放是党和国家实现中华民族伟大复兴的重要法宝，是坚持和发展中国特色社会主义的必由之路。

四、大咖点睛

该课例聚焦“党的十一届三中全会”和“改革开放”的关键词，选取安徽省凤阳县小岗村、深圳、济南等改革开放前后变化的典型案例，借助视频、图片、文字等多种形式，调动学生学习的积极性，鼓励青年学生胸怀理想、志存高远、脚踏实地努力奋斗，将课程思政和教学内容有机衔接起来，促使学生感受到身处新时代，更应努力奋斗。设计主题明确，思路清晰，课程内容贴近学生、贴近生活、贴近社会。

——齐鲁师范学院历史学专业教师　颜孟晓

教案范例

伟大转折与必由之路

教学目标

1. 认识党的十一届三中全会有关情况，了解改革开放的伟大转折和中国特色社会主义的由来。

2. 感受改革开放四十多年以来所取得的巨大发展成就。

3. 感悟党的领导的正确和伟大，增进对党的领导和中国特色社会主义制度的认同。

教学重难点

重点：认识党的十一届三中全会有关情况，了解改革开放的伟大转折。

难点：了解中国特色社会主义的由来，感受改革开放四十多年以来所取得的巨大发展成就。

教学方法

多媒体教学法、问题导学法、小组合作讨论法

教学过程

一、导入

教师：本节团课正式开始之前，让我们先来观看一段微视频。

（播放视频）

教师：该视频名为《60 秒快闪动画解密改革开放》，通过动画形式，生动展示了改革开放前后各领域的数据对比。改革开放给我们生活的方方面面都带来了巨大变化，“改革不停步，开放更自强”。本节课让我们一起学习相关的内容。

二、伟大的历史转折——十一届三中全会

过渡：党的十一届三中全会是在党和国家面临何去何从的重大历史关头召开的。回望 40 多年前那段激荡人心的历史，更感意义的非凡，更知决策的伟大。

探究活动一：

教师：现在大屏幕上呈现的是全会通过会议公报的场景照片和邓小平为中央工作会议闭幕会准备的讲话提纲照片。小组 X 选择了课前任务的第一项，下面请该小组代表为大家讲解十一届三中全会的相关内容。

学生分享。

教师：这次重要会议实现了三个历史性转变：从“以阶级斗争为纲”到以经济建设为中心，从僵化半僵化到全面改革，从封闭半封闭到对外开放。十一届三中全会结束了徘徊中前进的局面，被称为社会主义时期的“遵义会议”，是中国改革开放和社会主义现代化建设历史新时期的起点。

三、改革开放先行者

过渡："中国奇迹"的背后蕴含的是中国"密码"。小岗村、深圳经济特区翻天覆地的变化，成为中国特色社会主义生动实践的精彩样本。

探究活动一：农村改革第一村——安徽省凤阳县小岗村

学生分享，介绍农村改革第一村——安徽省凤阳县小岗村"大包干"的相关内容

探究活动二：我国第一个经济特区——深圳

学生分享，介绍我国第一个经济特区——深圳的相关内容

四、用数据说话，看国家发展

过渡：改革开放以来，中国社会主义现代化建设取得历史性成就。各方面取得显著发展，综合国力不断提高。

展示改革开放后的国内生产总值、城乡居民人民币储蓄存款年底余额、三次产业增加值变化图，进行简要说明。

五、改革开放过程中的巨大变化——以济南为例

探究活动一：20 世纪八九十年代的济南记忆

教师：改革开放四十多年来，人们的生活发生了翻天覆地的变化。课前老师给大家布置了一项任务，需要小组成员通过访谈、网络查找等方式，搜集 20 世纪八九十年代的济南相关照片等材料。小组 X 选择了这项任务，请代表到讲台前分享他们搜集到的相关资料。

学生分享。

探究活动二：航拍视角观泉城之变

播放济南航拍视频。

教师：视频播放完毕，结合 20 世纪的济南照片，同今天济南的面貌进行对比，谈一谈自己的感悟。

学生各抒己见。

六、青春的回答

过渡：改革开放没有完成时，只有现在时。

播放微视频《青春的回答》。

教师：《青春的回答》是共青团为致敬改革开放40周年精心打造的文化产品。视频中多次出现了“追梦”“奋斗”“初心”“再出发”等关键词。作为新时代的青年，你会选择其中的哪些关键词作为“青春的回答”？

学生各抒己见。

七、结束语

改革开放是当代中国发展进步的动力源泉，是党和国家实现中华民族伟大复兴的重要法宝，是坚持和发展中国特色社会主义的必由之路。改革开放已走过千山万水，但仍需跋山涉水。

作为全面深化改革开放的强大生力军和接续奋斗者，我们青年一代应在新时代全面深化改革开放中放飞梦想、激扬青春，书写无愧于时代的壮丽篇章。胸怀理想、志存高远，做新时代坚持和发展中国特色社会主义的坚定者。

第三节　中国奇迹的制度密码

一、主题阐述

新中国成立七十年来，我们经历过急躁冒进，经历过大洪水、大地震、大疫情，经历过经济危机，但是各种灾难让中国人民越战越勇，在党的领导下创造了世所罕见的经济快速发展奇迹和社会长期稳定奇迹，中华民族实现了从站起来、富起来到强起来的伟大飞跃。我们为何能取得如此大的成功，党的十九届四中全会《决定》告诉了我们答案，揭示出中国奇迹背后的密码是“中国特色社会主义制度和国家治理体系”[1]。本节课的学习目标，即引导学生坚定制度自信，增强社会责任心和历史使命感，爱党爱国爱人民，拥护党的领导。

二、核心素养

政治认同、家国情怀、责任担当

三、典型素材

素材一：70 周年大型成就展和央视评论办好此次成就展的意义

1. 典型素材概述

2019 年 9 月 23 日下午 4 时 10 分许，习近平等党和国家领导同志来到北京展览馆，步入展厅参观展览。展览以开辟和发展中国特色社会主义道路、建设社会主义现代化国家为主题，以编年体为时间主线，安排设计了 5 个

[1]　《坚持和完善中国特色社会主义制度推进国家治理体系和治理能力现代化》，新华网（http://www.xinhuanet.com/politics/leaders/2020-01/01/c_1125412005.htm）。

部分，选择 150 个“新中国第一”进行展示，每 10 年设置英雄模范人物墙，充分运用声光电等多媒体科技展示手段，全方位立体化呈现新中国成立 70 年来中国共产党领导中国人民发愤图强、艰苦奋斗的伟大跨越。

央视新闻对于办好 70 周年大型成就展的意义进行了简要评论，从三个角度看 70 周年大型成就展，首先从伟大历程看党的领导和人民的创造，其次从辉煌成就看奋斗看精神看获得，第三从历史里看今天看未来。从 70 周年进程中去体会今天和未来，时时刻刻感受中华民族自强不息的精神。[1]

2. 思政教育点

思政教育点 1：新中国成立 70 年来，特别是改革开放 40 年来，社会经济发展可谓是波澜壮阔，取得了历史性的成就。每个中国人都要树立高度的民族自信心和自豪感，充分继承和发扬爱国主义精神。

思政教育点 2：70 周年大型成就展凝聚了全党全国的智慧，凝聚了大家共同对祖国的深情，经过 70 年的发展，一个全新强大的中国出现在世界人民眼前。祖国的发展离不开每个人的艰苦奋斗，正因为这种拼搏，我们才能不断创造中国奇迹。因此，我们要铭记历史，砥砺前行，将祖国建设的更加繁荣富强。作为新时代的中学生，对于民族的复兴，有着不可推卸的责任，所以更要努力学习，立志成才，担当民族复兴的大任。

素材二：《中国制度面对面》[2] 第三集和习近平总书记在全国抗击新冠肺炎疫情表彰大会上的讲话 [3]

1. 典型素材概述

视频用 5 分钟的时间讲述了党的领导制度体系为何放在首位。一艘大

---

[1] 《朝闻晨评：办好 70 年大型成就展有怎样的意义》，央视网 (https://tv.cctv.com/2019/09/24/VIDELVA6UH7pUxvEfjdujZws190924.shtml)。

[2] 《中国制度面对面》第三集：《党的领导制度体系为何摆在首位？》，人民网（http://theory.people.com.cn/n1/2020/0803/c40531-31808481.html）。

[3] 《习近平：在全国抗击新冠肺炎疫情表彰大会上的讲话》，新华网（http://www.xinhuanet.com/politics/leaders/2020-09/08/c_1126467958.htm）

船上，人们正在悠闲地玩耍，突然雷暴来临，全船的人慌作一团，这时掌舵者站了出来，他临危不乱，指挥每个人守好自己的工作岗位，最终大家齐心协力，平安度过。在船上，有个历史博物馆，雷暴过去后，船长带领大家参观。从共产党诞生开始，中国革命就有了领路人；到抗战时期，只要电台的“滴答”声响起，党中央一声令下，全党全军同志都坚决执行命令；到新中国时期，大批科研工作者参与研制工作，一朵巨大的“蘑菇云”腾空而起，中国自行研制的第一颗原子弹爆炸成功了。

2. 思政教育点

思政教育点 1：在那个落后挨打的时代，一群英雄先辈们站了出来，他们主导了中国革命的方向，拯救了处在水深火热中的中华儿女，他们有个共同的名字——中国共产党。要想摆脱苦难，必须斗争，斗争就要有一个强有力的领导，共产党的出现顺应了历史潮流。作为中学生，我们要积极向党组织靠拢，树立共产主义远大理想。

思政教育点 2：20 世纪 50 年代，在国内外形势十分严峻的条件下，毛主席毅然做出了一个重大的指示“我们也要搞出自己的原子弹”，就这样，无数的科研人员和战士前往了西北的茫茫戈壁滩。他们呕心沥血，奋战在科研一线，隐姓埋名，将自己的青春献给了国防事业。作为中学生，我们要学习他们的家国情怀，爱国之心，学习他们不慕名利、潜心研究的科研精神。

思政教育点 3：抗击新冠肺炎疫情的生动实践，让每一个中国人切身体会到有中国共产党执政，是中国、中国人民、中华民族的一大幸事。中国共产党是掌舵者，只有它有能力把全国人民凝聚团结起来，把各方力量拧成一股绳。正是党中央的集中统一领导，中国制度才能发挥出超强的组织力、动员力、指挥力。

素材三：《超级工程》第一集前10分钟[1]和习近平总书记在全国抗击新冠肺炎疫情表彰大会上的讲话[2]

1. 典型素材概述

港珠澳大桥是中国境内一座连接香港、珠海和澳门的跨海大桥，位于中国广东省珠江口伶仃洋海域内，为珠江三角洲地区环线高速公路南环段。港珠澳大桥于2009年12月15日动工建设，于2017年7月7日实现主体工程全线贯通，于2018年2月6日完成主体工程验收，同年10月24日上午9时开通运营。它的建成加深了内地与港澳地区之间的政治经济文化联系，见证了中国工程技术的进步，同时彰显了我国国力不断壮大。[3]

2. 思政教育点

思政教育点1：新中国成立后，我国在重大科技攻关、重大工程建设、重大灾害防治的过程中，逐步形成了集中力量办大事的优势。这在新中国的发展进程中发挥了独特作用，在关键领域取得了高效率发展。港珠澳大桥的建成加深了三地之间的政治经济文化交流与联系，极大地促进了经济发展，同时见证了中国工程技术的进步，代表着我国桥梁建设能力达到世界先进水平。

思政教育点2：建设港珠澳大桥的困难是我们无法想象的，工程前期的沟通、设计方案等就不是简单的事情，最困难的莫过于环境的恶劣、技术问题。但是我们有祖国，有专家和工程技术人员，所有的难题都能迎刃而解。对于中学生来说，现阶段的任务就是利用一切资源来学习，提高自己的文化知识，全面发展，争取早日投身到祖国的建设中去。

---

[1] 《超级工程》第一集：《港珠澳大桥》，央视网(https://tv.cctv.com/2014/10/01/VIDE1415241548060331.shtml)。

[2] 《习近平：在全国抗击新冠肺炎疫情表彰大会上的讲话》，新华网（http://www.xinhuanet.com/politics/leaders/2020-09/08/c_1126467958.htm）。

[3] 《习近平出席开通仪式并宣布港珠澳大桥正式开通》，新华网（http://www.xinhuanet.com/politics/2018-10/23/c_1123600843.htm）。

思政教育点 3：面对突如其来的疫情，全国上下服从指挥，执行规划，坚持全国一盘棋，调动各方面积极性，最大限度地集中了人力、物力、财力、智力，全国迅速形成统一指挥、全面部署、立体防控的战略布局，有效遏制了疫情大面积蔓延，最大限度保护了人民生命安全和身体健康。不管面对多么严重的自然灾害和疫情危害，中国都能以最快的速度战胜它。

素材四：习近平总书记在全国抗击新冠肺炎疫情表彰大会上的讲话 [1]

1. 典型素材概述

病毒突袭而至，疫情来势汹汹，人民生命安全和身体健康面临严重威胁。我们坚持人民至上、生命至上，以坚定果敢的勇气和坚忍不拔的决心，同时间赛跑、与病魔较量，迅速打响疫情防控阻击战，用 1 个多月的时间初步遏制疫情蔓延，用 2 个月左右的时间将本土每日新增病例控制在个位数以内，用 3 个月左右的时间取得武汉保卫战、湖北保卫战的胜利，进而又接连打了几场局部地区聚集性疫情歼灭战，取得了抗疫战争的胜利。

2. 思政教育点

思政教育点：坚持人民至上，以人民为中心，是习近平新时代中国特色社会主义思想的重要内容。面对新冠肺炎疫情，这一思想得到了充分体现。习近平总书记最开始就明确指出把人民生命安全和身体健康放在第一位。在他的亲自指挥下，全国最优秀的医生、最先进的设备、最急需的资源迅速集结，投入灾区，全力以赴救治每一位患者，并且费用全部由国家承担。对比于其他国家对待患者的态度，我们生在这样的国家是何其的幸运。

素材五：习近平总书记主持召开中央全面依法治国委员会第三次会议

1. 典型素材概述

习近平在讲话中强调，当前疫情防控正处于关键时期，依法科学有序防控至关重要。疫情防控越是到最吃劲的时候，越要坚持依法防控，在法

---

[1] 《习近平：在全国抗击新冠肺炎疫情表彰大会上的讲话》，新华网（http://www.xinhuanet.com/politics/leaders/2020-09/08/c_1126467958.htm）。

治轨道上统筹推进各项防控工作，保障疫情防控工作顺利开展。会议强调，坚持全面依法治国，是中国特色社会主义国家制度和国家治理体系的显著优势。中国特色社会主义实践向前推进一步，法治建设就要跟进一步。我国社会主义法治凝聚着我们党治国理政的理论成果和实践经验，是制度之治最基本、最稳定、最可靠的保障。[1]

2. 思政教育点

依法治国是党领导人民治理国家的基本方略，是我们面对重大风险挑战处变不惊的法宝。疫情防控的关键时刻，党中央依法决策。各省市自治区依据《传染病防治法》《突发事件应对法》《突发公共卫生事件应急条例》等规定，启动重大突发卫生公共事件一级响应，实行交通管制，对疑似人群进行检测隔离，每天数据及时更新，同时对于哄抬物价，制造销售假冒伪劣防护用品等违法犯罪行为，多地司法机关严厉打击，维护了社会公平正义。

四、大咖点睛

思政课是一门兼具历史性、时代性与实践性的课程，优秀的思政课要有以史为鉴的历史观照、有紧跟时代的现实关怀，同时要有深入浅出的思想引领与行为塑造。高质量的思政课是润物无声式的滋养与熏陶，用学生可见、可知、可感的素材对其进行道德感化、品行陶冶与行为引导。本教案选用的素材有党史、有疫情，内容丰满且有张力，铭记历史且紧扣时代脉搏，同时贴近学生生活实际，对于主题的思政分析深度适宜，符合中学生的年龄和身心发展特点，容易引起学生共鸣，取得良好的教育效果。

——曲阜师范大学数学科学学院辅导员　张惠

[1] 《习近平主持召开中央全面依法治国委员会第三次会议强调 全面提高依法防控依法治理能力 为疫情防控提供有力法治保障》，央视网（http://tv.cctv.com/2020/02/05/VIDEfyFWO672Mnaoqmbl6sol200205.shtml）。

教案范例

中国奇迹的制度密码

教学目标

1. 了解中国近 70 年来取得的伟大成就。

2. 通过讲授，学生掌握中国制度及其优势。

3. 通过素材及思政点的学习，引导学生坚定制度自信，增强社会责任心和历史使命感，爱党爱国爱人民，拥护党的领导。

教学重难点

中国制度及其优越性。

教法设计

讨论法、问答法、讲授法

教学过程

一、导入

2021 年 3 月 18 日，中美高层进行战略对话，同样是辛丑年，百年之前签订《辛丑条约》丧权辱国，百年后的今天，“你们没资格居高临下同中国说话”令人振奋，是什么导致这前后百年产生如此巨大的变化?

学生各抒己见。

教师：新中国成立 70 年来，党领导人民取得了辉煌成就，创造了“世所罕见的经济快速发展奇迹和社会长期稳定奇迹”，中华民族实现了从站起来、富起来到强起来的伟大飞跃。一个根本原因在党的十九届四中全会《决定》中指出我国国家制度和国家治理体系具有 13 个方面的显著优势。

二、伟大成就

过渡：经过百年的奋斗，党领导人民取得了辉煌成就，书写了波澜壮阔的历史画卷。

探究活动：

观看新中国成立70周年大型成就展相关视频。

思考：大家对这段视频有什么感想？

学生各抒己见。

教师：新中国成立70年来，特别是改革开放40年来，社会经济发展可谓是波澜壮阔，取得了历史性的成就。祖国的发展离不开每个人的艰苦奋斗，正因为这种拼搏，我们才能不断创造中国奇迹。因此，我们要铭记历史，砥砺前行，将祖国建设的更加繁荣富强。作为新时代的中学生，对于民族的复兴，有着不可推卸的责任，所以更要努力学习，立志成才，担当民族复兴的大任。

三、中国特色社会主义制度

过渡：中国特色社会主义制度是当代中国发展进步的根本制度保障，是具有强大自我完善能力的先进制度。

教师：中国特色社会主义制度就是人民代表大会制度这一根本政治制度，中国共产党领导的多党合作和政治协商制度、民族区域自治制度以及基层群众自治制度等基本政治制度，中国特色社会主义法律体系，公有制为主体、多种所有制经济共同发展的基本经济制度以及建立在这些制度上的经济体制、政治体制、文化体制、社会体制等各项具体制度。

四、制度优势

过渡：一场突如其来的疫情影响了每个人的正常生活，但是在全国人民的共同努力下，我们打赢了这场战争。反观西方国家，疫情失控，人民的生命安全受到严重威胁。这是因为中国制度具有显著优势，而衡量一个国家的制度是否优越，一个重要的方面就是要看其在重大风险挑战面前是否能够从容应对。

探究活动一：

观看《中国制度面对面》，学生诵读习近平总书记在全国抗击新冠肺炎疫情表彰大会上的讲话。

思考：上述体现了什么制度优势？

学生各抒己见。

教师：抗击新冠肺炎疫情的生动实践，让每一个中国人切身体会到有中国共产党执政，是中国、中国人民、中华民族的一大幸事。中国共产党是掌舵者，只有它有能力把全国人民凝聚团结起来，把各方力量拧成一股绳。正是党中央的集中统一领导，中国制度才能发挥出超强的组织力、动员力、指挥力。

探究活动二：

观看《超级工程》，学生朗读习近平总书记在全国抗击新冠肺炎疫情表彰大会上的讲话。

思考：上述体现了什么制度优势？

学生各抒己见。

教师：面对突如其来的疫情，全国上下服从指挥，执行规划，坚持全国一盘棋，调动各方面积极性，最大限度地集中了人力、物力、财力、智力，全国迅速形成统一指挥、全面部署、立体防控的战略布局，有效遏制了疫情大面积蔓延，最大限度保护了人民生命安全和身体健康。新中国成立后，我国在重大科技攻关、重大工程建设、重大灾害防治的过程中，逐步形成了集中力量办大事的优势。港珠澳大桥的建成加深了三地之间的政治经济文化交流与联系，极大地促进了经济发展，同时见证了中国工程技术的进步，代表着我国桥梁建设能力达到世界先进水平。有没有同学能给大家分享一下我国还在哪些事件上体现了集中力量办大事的制度优势？

学生分享故事。

探究活动三：

学生朗读习近平总书记在全国抗击新冠肺炎疫情表彰大会上的讲话。

思考：上述体现了什么制度优势？

学生各抒己见。

教师：坚持人民至上，以人民为中心，是习近平新时代中国特色社会主义思想的重要内容。面对新冠肺炎疫情，这一思想得到了充分体现。习近平总书记最开始就明确指出把人民生命安全和身体健康放在第一位。在他的亲自指挥下，全国最优秀的医生、最先进的设备、最急需的资源迅速集结，投入灾区，全力以赴救治每一位患者，并且费用全部由国家承担。对比于其他国家对待患者的态度，我们生在这样的国家是何其的幸运。有没有同学能给大家分享一下抗疫时期有哪些感人事迹？

学生分享故事。

探究活动四：

观看习近平总书记召开中央全面依法治国委员会第三次会议的相关视频。

思考：上述体现了什么制度优势？

学生各抒己见。

教师：依法治国是党领导人民治理国家的基本方略，是我们面对重大风险挑战处变不惊的法宝。习近平总书记强调，疫情防控越是到最吃劲的时候，越要坚持防范防控，从立法、执法、司法、守法各环节发力，全面提高依法防控、依法治理能力，为疫情防控工作提供有力法治保障。

五、歌颂祖国

过渡：因为我国国家制度具有显著优势，国家才一步步发展壮大，才有我们今天幸福的生活，把对祖国的爱大声唱出来。

活动：全体学生歌唱《我和我的祖国》。

六、结束语

同学们，作为新时代的高中生，作为党和国家的新生力量，要勇于担当，不断提高自己的政治觉悟，坚定自己的政治立场，积极向党组织靠拢，以习近平新时代中国特色社会主义思想为指导，努力学习，拼搏奋斗，为实现“中国梦”贡献自己的一份力量。

第四节　坚持党的领导、人民当家作主和依法治国的有机统一

一、主题阐述

坚持党的领导、人民当家作主、依法治国的有机统一，是我国政治制度区别于资本主义国家政治制度的本质特征，集中体现了我国社会主义政治制度的优越性。依法治国是党领导人民治理国家的基本方式，党的领导是人民当家作主和依法治国的根本保障，人民当家作主是社会主义民主政治的本质特征，依法治国是党领导人民治理国家的基本方式，三者统一于我国社会民主政治的伟大实践。通过本课的案例分析，引导青年人坚决拥护党的领导，认同党和国家的路线、方针和政策，从而坚定中国特色社会主义理想信念，增强青年人的政治认同感；引导青年人科学理解依法治国的含义和要求，培养法治意识，做社会主义法治的崇尚者、自觉遵守者、坚定捍卫者。

二、核心素养

政治认同、法治精神、公共参与

三、典型素材

素材一：《当哪吒遇上民法典》[1] 视频

1. 典型素材概述

人民日报新媒体用群众喜闻乐见的动画片短视频的方式，讲述了人们社会生活的四个典型案例：如何保护个人信息安全，高空抛物的法律责任，

---

[1] 《当哪吒遇上民法典》，学习强国（https://www.xuexi.cn/lgpage/detail/index.html?id=10030269857358515007&item_id=10030269857358515007）。

各种名目的高利贷的隐患和夫妻离婚冷静期问题，民法典对这些社会矛盾都做了规定，充分体现了民法典社会生活百科全书的作用。新时代人民对美好生活的向往有了可靠的保障。

2. 思政教育点

民法典是“社会生活的百科全书”，无论是衣食住行、生老病死，还是就业创业，无一不需要民法的规范，为我们一生提供坚实的法律保障。实施好民法典，是坚持以人民为中心的必然要求。民法是由人格权、身份权、物权、债权、知识产权、社员权等构筑起来的权利大厦。实施好民法典，可以创造、完善权利实现的条件，营造良好环境。实施好民法典，是发展社会主义市场经济、巩固社会主义基本经济制度的必然要求。民法典的颁布，为健全社会主义市场经济体制奠定了坚实的制度基础。实施好民法典，是提高我们党治国理政水平的必然要求。民法典开出了需要保障的“权利清单”和“利益清单”，实现好、维护好、发展好这些权利和利益，是对党和政府提出的实实在在的要求。实施好民法典，需要把握好市场和政府作用的边界。民法典对权利的规定，不仅是在为人与人之间划清行为自由的界限，也是为公权力的行使者指示行权履责的边界。

民法典的颁布实施是我国人权事业进步的又一例证，体现了人民民主的真实性。充分体现了我国人民当家做主的社会主义国家性质。

素材二：民法典的制定过程是如何体现三个有机统一的

1. 典型素材概述

民法典的制定过程
1. 2014 年 11 月，党的十八届四中全会明确提出编纂民法典
2. 2017 年 3 月 15 日，全国人民代表大会审议通过《中华人民共和国民法总则》
3. 2018 年 8 月 27 日，民法典各分编草案提请人大会议审议
4. 2019 年 12 月到 2020 年 1 月，民法典草案编纂过程中，先后 10 次通过中国人大网公开征求意见，累计收到 42.5 万人提出的 102 万条意见和建议
5. 2020 年 5 月 28 日，十三届全国人大三次会议表决通过了《中华人民共和国民法典》自 2021 年 1 月 1 日起施行

2. 思政教育点

民法典制定过程体现了党的领导、人民当家做主、依法治国的有机统一。党的领导，主要体现在党的十八届四中全会明确提出编纂民法典。人民当家作主，民法典草案在中国人大网公布，公开征求意见，并且它的制定是保障人权的表现，体现了人民民主的真实性，充分体现了人民当家作主的地位。依法治国，从全国人大常委会组织力量起草民法典到十三届全国人大三次会议表决通过了《中华人民共和国民法典》，整个过程都严格按照法定程序进行。

素材三：国家领导人和国家机构产生的过程是如何体现三个有机统一的

1. 典型素材概述 [1]

2018 年 3 月 17 日上午，出席十三届全国人大一次会议第五次全体会议的 2970 名全国人大代表以无记名投票方式，全票选举习近平总书记继续担任中华人民共和国主席、中华人民共和国中央军事委员会主席。

从 3 月 14 日到 19 日，经过严格法定程序，新一届国家机构和全国政协领导人员相继产生。

2. 思政教育点

在国家领导人和国家机构产生的过程中，具体提现了三个有机统一。党的领导主要体现在党中央在人大选举前提出国家机构领导人员的建议名单。人民当家作主主要体现在无论是讨论候选人，还是投票选举国家机构领导人，都是经过人大代表的参与。在这个过程中，人大代表依法履行职权，参加行使国家权力，充分体现了人民当家作主。依法治国主要体现在党中央的建议名单不是直接交全国人大代表选举，而是通过法定程序，由人大主席团向全国人大会议提出推荐候选人，经过人大代表讨论，充分协商后确定正式候选人，再经过人大代表投票选举产生国家机构领导人。整个过程都严格按照法定程序进行。

---

[1] 《奋力开启新时代伟大征程——新一届国家机构和全国政协领导人员产生纪实》，新华网（http://www.xinhuanet.com/politics/2018lh/2018-03/19/c_1122560628.htm）。

素材四：《“十四五”规划和2035年远景规划目标纲要》的制定过程是怎样体现三个有机统一的

1. 典型素材概述

五年规划主要是对国家重大建设项目、生产力分布和国民经济重要比例关系等作出规划，为国民经济发展远景规定目标和方向。

《“十四五”规划和2035年远景规划目标纲要》制定的主要过程
1. 2020年7月30日，中共中央政治局召开会议，决定2020年10月在北京召开中国共产党第十九届中央委员会第五次全体会议，研究关于制定国民经济和社会发展第十四个五年规划
2. 为贯彻落实习近平总书记重要指示精神，“十四五”规划编制工作自2020年8月16日起开展网上意见征求。征求活动分别在人民日报、新华社、中央广播电视总台所属官网、新闻客户端以及“学习强国”学习平台开设“十四五”规划建言专栏，广大网民可进入相关页面建言献策
3. 2020年10月，党的十九届五中全会审议通过了《中共中央关于制定国民经济和社会发展第十四个五年规划和二〇三五年远景目标的建议》
4. 2020年10月，李克强主持召开国务院“十四五”规划《纲要草案》编制工作领导小组会议。
5. 2021年2月，中共中央政治局召开会议，讨论国务院拟提请第十三届全国人民代表大会第四次会议审查的中华人民共和国国民经济和社会发展第十四个五年规划和二〇三五年远景目标纲要草案稿
6. 2021年3月11日，十三届全国人大四次会议表决通过了关于国民经济和社会发展第十四个五年规划和2035年远景目标纲要的决议

《中华人民共和国国民经济和社会发展第十四个五年规划和2035年远景目标纲要》(简称“十四五”规划)依据《中共中央关于制定国民经济和社会发展第十四个五年规划的建议》编制。“十四五”时期经济社会发展主要目标：经济发展取得新成效；改革开放迈出新步伐；社会文明程度得到新提高；生态文明建设实现新进步；民生福祉达到新水平；国家治理效能得到新提升。

2. 思政教育点

思政教育点1：三个有机统一的具体体现。

党的领导主要体现在两个方面：一是中共中央在全国人大会议之前提

出了关于制定国民经济和社会发展第十四个五年规划的建议；二是在规划纲要草案形成后，中共中央政治局召开会议，讨论规划纲要草案稿，提出意见。

人民当家作主主要体现在全国人大依法履行职权，审议、批准《中华人民共和国国民经济和社会发展第十四个五年规划纲要》。

依法治国主要体现在两个方面：一是党中央的建议是经过法定程序由国务院形成草案，提请全国人大会议审议，并经过全国人大会议批准，整个过程都严格按照法定程序进行；二是规划纲要草案广泛征求意见，尊重和保障了公民的知情权、参与权、表达权、监督权。整个过程中，国家权力依法行使，国家各项工作依法开展。

思政教育点 2：党是如何执政的。

民主执政：从草案的提出到“十四五”规划的具体制定过程，党坚持以人民为中心，为了人民执政、依靠人民执政，实现好维护好发展好最广大人民的根本利益，实现了民主执政。

依法执政：依照法定程序提出建议，并在规划草案稿形成后讨论，提出意见。党坚持在宪法和法律范围内活动，支持人大、政府依法依章程履行职能，党的主张通过法定程序上升为国家意志，实现了依法执政。

科学执政：在整个过程中，中国共产党注重调查研究，增加执政本领，遵循共产党执政规律、社会主义建设规律，按照客观规律执好政掌好权，实现了科学执政。

素材五：政论片《法治中国第一集》视频节选

1. 典型素材概述

改革开放以来，我们党和国家建设取得了历史性的成就，中国特色社会主义进入了新时代。以习近平同志为核心的党中央高瞻远瞩、居安思危，提出依法治国是坚持和发展中国特色社会主义的本质要求和重要保障，依法治国事关我们党执政兴国，事关人民的幸福安康，事关党和国家的长治久安的重要论断。全面推进依法治国必须坚持党的领导，必须坚持以人民为中心，党的十八大以来党领导推进依法治国、运用法治手段维护人民群众利益取得了一系列重大成就。

2. 思政教育点

人无远虑，必有近忧。全面建成小康社会之后路该怎么走？如何跳出“历史周期率”、实现长期执政？如何实现党和国家长治久安？这些都是需要我们深入思考的重大问题。这三个深刻、凝重的发问，是中华民族复兴之路上必须作出正确解答的重大考题。以习近平同志为核心的党中央为这三道重大考题给出了坚定而明晰的答案：全面推进依法治国。全面推进依法治国，必须坚持党的领导，党的领导是社会主义法治之魂。人民是社会主义国家的主人，是社会主义法治的主体和力量源泉，坚持人民主体地位是中国特色社会主义法治的内在要求。

四、大咖点睛

本文自底向上，从有趣的动画视频讲起，用丰富、精彩的案例讲活“坚持党的领导、人民当家作主和依法治国的有机统一”这一堂课，由浅入深，诠释了中国经验、中国精神，让学生在思考中深切地感受到这种优越性，体会到中国特色社会主义的道路自信、理论自信、制度自信和文化自信，内化于心、外化于行，最终增强学生认同中国特色社会主义道路的自信心。

——济南大学水利与环境学院党委副书记、副院长　张良红

教案范例

坚持党的领导、人民当家作主和依法治国的有机统一

教学目标

1. 探讨民法典的颁布，体现人民民主的真实性，号召公民学法懂法守法用法。从我做起、从现在做起、从小事做起，争当社会主义法治的忠实崇尚者、自觉遵守者、坚定捍卫者，争当遵纪守法的标兵和楷模。

2. 探讨国家领导人的产生，我国宪法对国家领导人的产生方式作了规定，全国人大按照法定程序每年举行一次会议，依法履行职权。依法治国是党领导人民治理国家的基本方式，坚持依法治国首先要坚持依宪治国，坚持依法执政首先要坚持依宪执政，直观地让学生感受到依法治国的历史必然性和宪法的权威性。

教学重难点

教学重点：党的领导、人民当家作主、依法治国的有机统一在具体案例中的体现。

教学难点：为什么要坚持党的领导、人民当家和依法治国的有机统一。

教法设计

小组合作讨论法、自主探究法、多媒体教学法

教学过程

环节一：

来自生活的报告：播放视频《当哪吒遇上民法典》[1]。

探究活动一：

根据视频材料，总结一下民法典为什么被称为“社会生活的百科全书”？

民法典的颁布，对公民有哪些积极意义？

学生分享。

教师点评：民法典是“社会生活的百科全书”，无论是衣食住行、生老病死，还是就业创业，无一不需要民法的规范，为我们一生提供坚实的法律保障。实施好民法典，是坚持以人民为中心的必然要求。民法是由人格权、

---

[1] 视频《当哪吒遇上民法典》，学习强国（https://www.xuexi.cn/lgpage/detail/index.html?id=10030269857358515007&item_id=10030269857358515007）。

身份权、物权、债权、知识产权、社员权等构筑起来的权利大厦。实施好民法典，可以创造、完善权利实现的条件，营造良好环境。实施好民法典，是发展社会主义市场经济、巩固社会主义基本经济制度的必然要求。民法典的颁布，为健全社会主义市场经济体制奠定了坚实的制度基础。实施好民法典，是提高我们党治国理政水平的必然要求。民法典开出了需要保障的“权利清单”和“利益清单”，实现好、维护好、发展好这些权利和利益，是对党和政府提出的实实在在的要求。实施好民法典，需要把握好市场和政府作用的边界。民法典对权利的规定，不仅是在为人与人之间划清行为自由的界限，也是为公权力的行使者指示行权履责的边界。

民法典的颁布实施是我国人权事业进步的又一例证，体现了人民民主的真实性，充分体现了我国人民当家做主的社会主义国家性质。

环节二：

过渡：以民法典为代表的法律在我们的生活中有如此重要的作用，下面我们就以民法典为例，具体了解一下我国法律政策出台的过程。

来自生活的报告：了解民法典的制定过程。

民法典的制定过程
1. 2014 年 11 月，党的十八届四中全会明确提出编纂民法典
2. 2017 年 3 月 15 日，全国人民代表大会审议通过《中华人民共和国民法总则》
3. 2018 年 8 月 27 日，民法典各分编草案提请人大会议
4. 2019 年 12 月到 2020 年 1 月，民法典草案编纂过程中，先后 10 次通过中国人大网公开征求意见，累计收到 42.5 万人提出的 102 万条意见和建议
5. 2020 年 5 月 28 日，十三届全国人大三次会议表决通过了《中华人民共和国民法典》自 2021 年 1 月 1 日起施行

探究活动二：

通过对民法典制定过程的了解，回答以下问题：

1. 为什么由党来提出编纂民法典的建议？

2. 为什么要由人民代表大会审议表决民法典？

3. 人民群众在民法典的制定过程中发挥了怎样的作用?

学生各抒己见。

教师点评：民法典制定过程体现了党的领导、人民当家做主、依法治国的有机统一。党的领导，主要体现在党的十八届四中全会明确提出编纂民法典。人民当家作主，主要体现在民法典草案在中国人大网公布，公开征求意见，并且它的制定是保障人权的表现，体现了人民民主的真实性，充分体现了人民当家作主的地位。依法治国，主要体现在从全国人大常委会组织力量起草民法典到十三届全国人大三次会议表决通过了《中华人民共和国民法典》，整个过程都严格按照法定程序进行。

环节三：

过渡："火车跑得快，全靠车头带"国家管理的好不好，人民生活的幸福不幸福，国家机构领导人的作用很关键。我们就以中央国家机关产生的过程为例，了解一下在这一过程中是如何贯穿党的领导、人民当家作主和依法治国的有机统一的。

来自生活的报告：国家领导人和国家机构产生的过程。

材料：2018 年 3 月 17 日上午，人民大会堂。

出席十三届全国人大一次会议第五次全体会议的 2970 名全国人大代表以无记名投票方式，全票选举习近平总书记继续担任中华人民共和国主席、中华人民共和国中央军事委员会主席。

从 3 月 14 日到 19 日，经过严格法定程序，新一届国家机构和全国政协领导人员相继产生。

探究活动三：

通过了解我国国家机构产生的程序思考。

在国家机构产生的过程中，是如何体现党的领导、人民当家做主和依法治国的有机统一的?

学生分享。

教师点评：在国家领导人和国家机构产生的过程中，具体体现了三个有机统一。党的领导主要体现在党中央在人大选举前提出国家机构领导人员的建议名单。人民当家作主主要体现在无论是讨论候选人，还是投票选举国家机构领导人，都是经过人大代表的参与。在这个过程中，人大代表依法履行职权，参加行使国家权力，充分体现了人民当家作主。依法治国主要体现在党中央的建议名单不是直接交全国人大代表选举，而是通过法定程序，由人大主席团向全国人大会议提出推荐候选人，经过人大代表讨论，充分协商后确定正式候选人，再经过人大代表投票选举产生国家机构领导人。整个过程都严格按照法定程序进行。

环节四：

过渡：通过以上探究活动，我们直观地了解了三个有机统一的情况，下面，我们就从理论层面阐释一下，为什么要坚持党的领导、人民当家作主、依法治国的有机统一。

理论总结：

为什么要坚持党的领导、人民当家作主、依法治国的有机统一？

1. 党的领导是人民当家作主和依法治国的根本保证。党的领导是中国特色社会主义法治之魂，是我们的法治同西方资本主义国家的法治最大的区别。中国共产党的性质及其使命决定了党的领导是社会主义事业的核心，也是人民当家作主和依法治国的根本保证和基本前提。党的主张和人民意志的高度统一，并通过法定程序使其成为国家意志，党领导立法、保证执法、支持司法、带头守法，在依法治国的基础之上，有效保证人民实现当家作主。

2. 人民当家作主是党的领导和依法治国的坚实基础。人民民主是社会主义的生命，党领导人民治理国家，就是支持和保证人民实现当家作主，并确保其具体地、现实地体现到治国理政的方方面面。保证人民当家作主，能确保良法善治落到实处，筑牢党的领导和依法治国的根基，使社会主义事业不断积攒力量。

3. 依法治国是党领导人民治理国家的基本方式。全面推进依法治国，坚持把法治作为治国理政的基本方式，有利于加强和改善党的领导，巩固党的执政地位和完成党的执政使命。依法治国为实现人民当家作主提供了制度化、法律化的保障，推动人民依法享有平等参与国家政治生活的权利，确保国家治理中的人民主体地位。

4. 三者统一于我国社会主义民主政治伟大实践。坚持党的领导、人民当家作主、依法治国有机统一，是中国特色社会主义民主政治的集中体现，把这三者统一于我国社会主义民主政治伟大实践，是中国共产党人的伟大创造。我们完全有信心、有能力把我国社会主义民主政治的优势和特点充分发挥出来，为人类政治文明进步作出充满中国智慧的贡献。

环节五：

过渡：实践出真知。三个有机统一体现在我们政治生活的方方面面，课下同学们可以参加一些具体的活动，进一步加深对三个有机统一的理解。下面我就给大家推荐两个。

践行体验

践行体验活动一：

登录人大网或本地政府网站，或者申请列席本地人大会议，参与立法或政策制定的建言献策，体会全过程人民民主的内涵。

践行体验活动二：

登录“中国庭审公开网”，观看庭审直播，体会具体案件中的司法正义。

第五节 人民至上

一、主题分析

中国共产党波澜壮阔的百年奋斗历程中，永葆生机和凝聚力的法宝究竟是什么？答案就是人民。一部中国共产党的百年奋斗史，就是一部为中国人民谋幸福、为中华民族谋复兴的历史。《人民至上》主题团课紧紧围绕“以人民为中心”这条主线，深入挖掘中国共产党在一百年的艰苦奋斗中与人民心连心、同呼吸、共命运的典型事例，阐述江山就是人民，人民就是江山，人心向背关系党的生死存亡。[1]重在引导学生理解中国共产党全心全意为人民服务的根本宗旨，知晓习近平总书记关于人民的重要论述，感悟人民至上的深邃意蕴，培养学生树立群众观点和人民立场，引导学生积极参与各类志愿服务活动，增强学生的社会责任感，做新时代好少年。使学生树立中国特色社会主义制度优势的政治认同、理想信念，成为一名有责任感和使命感的新时代好少年。

二、核心素养

理想信念、政治认同、家国情怀、道德品行、责任担当

---

[1] 《习近平：在党史学习教育动员大会上的讲话》，新华网（http://www.xinhuanet.com/politics/leaders/2021-04/01/c_1127282659.htm）。

三、典型素材

素材一：《中国一分钟》视频[1]

1. 典型素材概述

《中国一分钟》视频素材以“今天的中国，每一分钟会发生什么”为切入点，中国一分钟，就是14亿中国人的一分钟。该视频中运用快速的剪辑、精美的画面、直观的数字，展示中国改革开放40年以来在经济、社会、文化、科技等方面所取得的历史性成就，如中国的新四大发明、中国天眼、北斗卫星、神舟飞船、长征卫星、量子卫星墨子号等中国奇迹，展现出中国人民意气风发的精神风貌。伴随着铿锵的音乐、文字、画面踩点出现，中国的发展变化、每一分钟里的精彩与感动依次展开，见证着我们祖国今天的伟大发展。观看视频让学生就此以“中国取得的辉煌成就是谁创造的”为主题进行辩论赛。

问题探究：
中国取得的辉煌成就是谁创造的？

正方：英雄人物是历史的创造者

反方：人民群众是历史的创造者

2. 思政教育点

思政教育点1：《中国一分钟》展示了中国改革开放四十年以来在经济、社会、文化、科技等方面所取得的历史性成就，中国人民每一分钟都可以创造奇迹。通过视频展播，使学生直观感受到神奇的中国速度，感悟到中国共产党带领中国人民近些年取得的举世瞩目的辉煌成就，带给人民满满

---

[1]　《中国一分钟》，人民网（http://tv.people.com.cn/n1/2018/0313/c239891-29865082.html）。

的幸福感，也感悟到中国的发展成果由全体人民共享。

思政教育点 2：通过课堂辩论赛，使学生明确中国这些举世瞩目成就的取得，不是别人恩赐给我们的，而是人民群众用自己的勤劳和智慧创造出来的。人民群众不仅是物质财富的创造者，也是精神财富的创造者，更是社会变革的决定性力量。领悟到人民群众的历史地位不可撼动，进而充分认同中国共产党始终坚持人民至上的理念。

素材二：习近平关于人民至上的金句、视频《从黄土地走来的人民领袖》[1]

1. 典型素材概述

《从黄土地走来的人民领袖》讲述了 1969 年年仅 15 岁的习近平，从北京来到一个遥远的、人生地不熟的小山村——陕西省延川县梁家河村，度过了 7 年知青岁月，在那里，他和农民们一起挑粪、拉煤、拦河、打坝，什么苦活、累活、脏活都干。从北京到梁家河，生活条件天壤之别，但习近平最终经受住了各种考验。他亲身经历了乡亲们生活的困苦，立下了将来要从政为百姓办好事的志向。此后，习近平始终以人民为中心，坚定不移地践行自己的初心和使命，带领全国人民走向实现中华民族伟大复兴的康庄大道。

2. 思政教育点

视频《从黄土地走来的人民领袖》的展播，向学生讲述了习近平总书记心系人民群众的感人故事，使学生感受到以习近平同志为核心的中国共产党人始终坚持人民至上的理念，不忘初心，牢记使命，使今天的人民群众获得了满满的幸福感、安全感。同时，学生深刻领悟了“从群众中来、到群众中去”的真正含义，明确中国共产党全心全意为人民服务的根本宗旨，自觉增强中国特色社会主义制度自信、理论自信、道路自信，树立起坚定的政治认同。

---

[1] 《从黄土地走来的人民领袖》，人民网（http://tv.people.com.cn/n1/2018/0711/c141029-30140692.html）。

素材三：视频《历史的丰碑——习近平指挥打赢脱贫攻坚战》[1]

1. 典型素材概述

党的十八大以来，以习近平同志为核心的党中央带领人民坚持以人民为中心的脱贫思想，打响了人类历史上规模最大、力度最强的脱贫攻坚战。历时8年，习近平总书记深入全国集中连片特困地区，考察了20多个贫困村，无数党员干部舍小家、顾大家，为百姓脱贫殚精竭虑、笃定前行。9989万农村贫困人口拔掉“穷根”，成为人类发展史上的伟大传奇。2021年2月25日，全国脱贫攻坚总结表彰大会隆重举行，习近平总书记庄严宣告我国脱贫攻坚战取得了全面胜利。

2. 思政教育点

改革开放以来，中国共产党带领中国人民创造了人类有史以来规模最大、持续时间最长、惠及人口最多的减贫奇迹。扶贫路上涌现出了一批批中国共产党党员为百姓谋福祉的感人故事。用生命照亮扶贫路的黄文秀，用教育的光芒照亮别人的张桂梅……视频展播脱贫攻坚路上一个个感人的瞬间更加彰显着中国共产党践行初心使命的大担当，让学生深切感悟到中国共产党始终坚持以人民为中心的发展理念。

素材四：大型党建纪录片《榜样》[2]

1. 典型素材概述

人无精神则不立，国无精神则不强。《榜样》通过中国共产党先进事迹再现，用平凡故事讲述深刻道理，选取张富清、黄文秀、刘锐、张西京等优秀共产党员代表，他们虽然职业不同，经历不同，但他们却有着相同的信仰，用先进典型模范事迹诠释党的崇高理想，既展现出一代又一代中国

---

[1] 《历史的丰碑——习近平指挥打赢脱贫攻坚战》，央视网（http://news.cctv.com/2021/02/26/ARTIHIRJOU7EWRHRPaE8cD0u210226.shtml)。

[2] 《榜样》，央视网（https://tv.cctv.com/2016/10/27/VIDEMfwqWDguSsEz6oN8g7hM161027.shtml?spm=C55953877151.P5RmqTVOTiLV.0.0）。

共产党人不忘初心、牢记使命的执着坚守，又彰显出当代共产党人信仰坚定、心系群众、勇于担当、创新奉献、为民造福的精神风貌，用自己的实际行动诠释着中国共产党全心全意为人民服务的根本宗旨。

2. 思政教育点

思政教育点 1：什么是人民至上？通过组织学生观看纪录片，聆听一位位优秀共产党员的光荣事迹，人民至上的理念体现得淋漓尽致，旨在让学生深刻领悟到中国共产党为人民服务的初心和使命，理解人民对美好生活的向往，就是中国共产党的奋斗目标，也是我们党对全国人民的庄严承诺。

思政教育点 2：通过《榜样》纪录片的展播，旨在引导学生自觉树立远大的理想抱负和深厚的家国情怀。一个时代有一个时代的主旋律，一代人有一代人的使命。作为新时代的青少年要自觉树立起我为人民服务的意识，在平时的学习和生活中向榜样学习，做好表率，当好榜样，培养学生勇担重任、心系他人、乐于奉献的优良品质，为社会的发展进步贡献出自己的一份力量。

素材五：列举名称中带有“人民”称谓的单位、组织、建筑等，并说出它们的背景和故事

1. 典型素材概述

列举名称中带有“人民”称谓的单位、组织、建筑等，如中华人民共和国、人民英雄纪念碑、人民代表大会、人民政府、人民法院、人民医院、人民公安、中国人民银行、人民解放军……并说出它们的背景和故事。例如，人民英雄纪念碑的设计，从碑身东面起，按照历史顺序，8 块浮雕内容分别为虎门销烟、金田起义、武昌起义、五四运动、五卅运动、南昌起义、抗日游击战争、胜利渡长江解放全中国，生动地反映了从鸦片战争到解放战争中国人民反帝反封建的革命历史，追溯新中国成立初期这段鲜为人知的历史，同时缅怀自 1840 年以来为争取民族独立和自由而牺牲的人民英雄们。新生的共和国需要一座丰碑，来祭奠逝者、鼓舞生者，表示全国人民对英雄们的永远怀念和敬仰，并以此指引新的征途，开拓未来。

2. 思政教育点

《人民英雄纪念碑》　作者：滕敬宇

学生列举带有“人民”称谓的实例并讲述其背后的故事，深刻认识到红色政权来之不易、新中国来之不易、中国特色社会主义来之不易，深刻认识到中国共产党崇高的政治理想，从成立之初牢牢坚持以人民为中心的发展理念，时刻将人民利益作为最高的价值追求。感悟到我国是人民民主专政的社会主义国家，本质是人民当家作主，增强对中国特色社会主义的制度自信、道路自信、理论自信、文化自信。引导同学作为祖国新时代的青少年，积极投身为人民服务的伟大实践中去。

素材六：视频《“别怕，有我在！”这就是抗洪一线的军人们》[1]

1. 典型素材概述

2021 年 7 月 20 日，特大暴雨突袭河南，多地受灾严重。在抗洪抢险的过程中，涌现了诸多可歌可泣的人民解放军英雄故事。迎着滔滔洪水，

[1]　《“别怕，有我在！”这就是抗洪一线的军人们》，央视网（http://news.cctv.com/2020/07/19/ARTIioXncqpJXFAI8NhR4M4B200719.shtml）。

各地人民子弟兵从祖国的四面八方顶了上去，逆行冲锋到抢险救援一线，经过长途跋涉，抵达任务区。顾不上休息，就直奔防汛大堤。担当起中流砥柱的重任。他们说："人民至上、生命至上，我们必须争分夺秒赶在前、干在前。"

《抗洪战士》 作者：徐晨皓

战士们昼夜奋战，泥巴裹满裤腿，汗水湿透衣背，双脚泡得肿胀……风雨中，这些不知疲倦的人民子弟兵，奔波于解救被困群众、发放生活物资、清理街巷淤泥等各项工作。在党和人民最需要的时候，他们用实际行动彰显了人民军队为人民的深情大爱。

2. 思政教育点

思政教育点 1：这次抗洪抢险斗争，再一次充分展现了中国共产党无比坚强的领导力，更展现出中国共产党坚持人民至上、生命至上的理念。中国特色社会主义制度展现出非凡的组织动员能力、统筹协调能力、贯彻执行能力，发挥出集中力量办大事、办难事、办急事的独特优势，有力彰显了我国国家制度和国家治理体系的优越性。感人的故事更能引起学生心目中的共鸣，让学生在感动中树立制度自信、道路自信和理论自信，坚决拥护党的领导，积极向党组织靠拢。

思政教育点 2：一方有难，八方支援。故事的讲述，感召学生自觉培育和践行社会主义核心价值观，并使其成为自己今后坚定的行为追求，引导学生养成乐于助人、勇于奉献的优良品质，为实现中华民族伟大复兴添砖加瓦。

素材七：播放抗疫歌曲《你有多美》[1]，讲述抗击疫情路上逆行者们（医生、护士、军人、志愿者、外卖小哥……）的故事

1. 典型素材概述

2020 年初，新冠肺炎疫情突然在中国湖北武汉爆发，疫情暴发后，在中国共产党的有力领导下，中国政府立即采取了强有力的、科学的、有效的一系列措施，举全国之力，调集大量医疗物资运往湖北，在全国抽调四万余名精兵强将医护人员驰援湖北、驰援武汉；十天内新建雷神山、火神山等大量方舱医院，积极救治，很快阻断了疫情蔓延，绝大部分病患已经康复出院，中国做到了不论职务、不论老幼、不论贫富，应检必检、应治必治，一切费用国家“兜底”，保护了国民的生命健康，赢得了全国人民的赞誉，也得到了世界上大多数国家和有识之士的肯定，在全世界展现了中国信心和中国精神。

2. 思政教育点

思政教育点 1：引用抗击疫情的事例，这是每个学生都亲身经历过的，动听的歌声、感人的故事更能引起学生心目中的共鸣。在这次新冠肺炎抗疫中，各级党组织和广大党员、干部冲锋在前、顽强拼搏，广大医务工作者义无反顾、日夜奋战，充分体现了中国共产党一切为了人民的坚定决心，充分体现了社会主义制度的优越性，再一次充分展现了我们党无比坚强的领导力。中国特色社会主义制度展现出非凡的组织动员能力、统筹协调能力、贯彻执行能力，发挥出集中力量办大事、办难事、办急事的独特优势，有力彰显了我国国家制度和国家治理体系的优越性。

---

[1] 《你有多美》，央视网（https://tv.cctv.com/2020/08/18/VIDElDhrWWZzR2eOFTuP26XH200818.shtml?spm=C55953877151.PXXwefeHcOAR.0.0）。

思政教育点 2：故事的讲述，感召学生培训和践行社会主义核心价值观，并使其成为自己今后坚定的行为追求，引导学生养成乐于助人、勇于奉献的优良品质，为实现中华民族伟大复兴添砖加瓦。

素材八：组织学生课前寻访身边那些为人民服务的优秀共产党员，讲出他们的故事

1. 典型素材概述

一个个党员，是一面面飘扬的旗帜；一份份坚守，是一次次梦想的托起。深入挖掘学生所在城市身边优秀共产党员为人民服务先进典型的感人事迹，如学校党员教师在疫情期间下沉社区一线，投身疫情防疫志愿服务工作。虽然恶劣天气增加了执勤的难度，布置检查点、体温监测、车辆登记、非小区人员劝返等工作一样也不能马虎，全力以赴打赢疫情防控攻坚战。哪里任务重，哪里就有党组织；哪里有困难，哪里就有党员。身边的党员们在本职工作岗位上默默奉献、无私无畏、创新工作、勇于担当的精神，用行动书写着人民至上。

我校党员教师疫情期间服务社区

2. 思政教育点

思政教育点 1：通过实地走访的形式，探寻身边的共产党员故事，学生可以更加真切地感受到中国共产党全心全意为人民服务不只是一句口号，更是实实在在的行动，他们的身影并不遥远，就在我们身边。自己身边的党员同志们都在努力践行全心全意为人民服务的根本宗旨，作为新时代的青少年，更应该深刻领悟人民至上的真理，以身边的优秀共产党员为榜样，在中国共产党的带领下，树立坚定的理想信念，尽自己所能，为人民服务，提升学生理想信念、政治认同、家国情怀、道德品行、责任担当的核心素养。

思政教育点 2：学生以小组合作实地走访的形式，讲述身边优秀共产党员的故事，不仅增加了学生团课学习的兴趣和热情，走访的过程也为同学们打开了解社会的窗口，让他们带着思考扎根社会，更加深刻地认识中国共产党为人民服务体现在一点一滴的小事中，而且提升了自身的公共参与素养，有利于培养善于合作、勇于承担责任的道德品质，在社会实践中树理想、长本领、立担当。

素材九：电视剧《人民的名义》[1] 精彩片段

1. 典型素材概述

《人民的名义》电视剧中大胆曝光了一系列损害人民利益的腐败案件，展现了官场腐败与中国共产党坚决反腐的较量，是一场正与邪的斗争。在这场反腐斗争中，纷纷落马的苍蝇老虎，让百姓拍手称快。反腐败是为了得民心，官员廉不廉，人民看在眼里，记在心里。得民心者得天下，真心实意为人民的官员，人民始终是其坚强的后盾；而虚与委蛇对人民的，人民终究会将其唾弃。电视剧展现出的反腐败力度之大、决心之坚无不彰显出中国共产党坚持人民至上的理念。

---

[1] 《人民的名义》，央视网（http://dianshiju.cctv.com/2017/04/16/VIDEttjPYcS2zP3Mixl0CEwJ170416.shtml）。

2. 思政教育点

视频中展示某些公家公职人员以人民为矫饰去谋取私利，最终受到了法律的严厉制裁。反面案例的引用，让学生更加直观地感受到国家反腐决心之坚，力量之强。违背人民的利益，终将绳之以法。我们心中要时刻牢记为人民服务的理念。电视片展播，让学生对中国的政治体制更加充满信心，牢固树立以服务人民为荣，背离人民为耻的理想信念，自觉弘扬社会主义核心价值观。

四、大咖点睛

《人民至上》这节团课素材内容新颖丰盈，分析点评到位。一个个有力而温暖的故事，提升了团课的吸引力和感染力，素材选取的理念是用小切口讲述大故事，更能让学生产生共鸣，也让学生对人民至上的理念有了更深切的认识。可谓走“新”更走心，将团课教育更好地内化于心，外化于行。为曲老师打 call！

——北京大学地球系统与空间科学学院博士后　周公器

教案范例

人民至上

教学目标

1. 通过合作探究和辩论，使学生理解人民群众是实践的主体，历史的创造者。感悟人民至上的深邃意蕴，培养学生树立群众观点和人民立场。

2. 通过讲述中国共产党在一百年的艰苦奋斗中与人民心连心、同呼吸、共命运的典型事例，使学生理解中国共产党全心全意为人民服务的根本宗旨，领会习近平总书记关于以人民为中心的重要论述。

3. 通过角色扮演，使学生树立中国特色社会主义制度优势的政治认同、理想信念，引导学生积极投身各类为人民服务的志愿活动，成为一名有责任感和使命感的好少年。

教学重难点

教学重点：感悟党的根本宗旨，理解中国共产党始终坚持人民至上的发展理念。

教学难点：理解人民群众是历史的创造者，感悟江山就是人民，人民就是江山。

教法设计

合作探究法、角色扮演法、讲授法

教学过程

一、导入

观看《中国一分钟》视频[1]，展示中国改革开放40年以来在经济、社会、文化、科技等方面所取得的历史性成就。

教师：中国共产党成立100周年以来，我们取得了举世瞩目的伟大成就，发生了天翻地覆的变化。伟大成就离不开伟大力量，伟大力量来源于伟大人民。让我们一起走进今天的主题团课《人民至上》。

二、开天辟地，依靠人民

过渡：100年前，我们积贫积弱，被列强欺辱，但在中国共产党的领导下，中华民族实现独立解放，建立了国家工业化、现代化的基础，改革开放以来使中国发展得更快更好了，中华民族以前所未有的姿态屹立在世界东方。

探究活动：

思考《中国一分钟》视频里，中国这些丰功伟绩的取得是谁努力的结果？进行班级辩论赛。

教师活动：将全班分成正反两方进行辩论赛。正方：英雄是历史的创

---

[1]　《中国一分钟》，人民网（http://tv.people.com.cn/n1/2018/0313/c239891-29865082.html）

造者；反方：人民群众是历史的创造者。

学生合作探究，进行正反双方辩论赛。

教师：刚刚同学们的辩论非常精彩。这些成就的取得，不是别人施舍给我们的，而是人民群众用勤劳和智慧换来的。因此，人民群众是历史的创造者，人民群众不仅是物质财富的创造者，也是精神财富的创造者，更是社会变革的决定性力量。

三、一路走来，扎根人民

过渡：从中国共产党诞生那天起，他们就牢牢记住自己的身份是人民的政党，因此，一路走来，中国共产党始终和人民群众站在一起，坚持从群众中来，到群众中去。

探究活动：

播放视频《从黄土地走来的人民领袖》[1]，提出问题，从视频中感悟。

中国共产党波澜壮阔的百年奋斗历程中，永葆生命力和凝聚力的法宝究竟是什么？

教师活动：提出问题，引导学生讨论。

学生分组讨论，各抒己见。

教师：《从黄土地走来的人民领袖》讲述习近平总书记心系人民群众的感人故事，中国共产党波澜壮阔的百年奋斗历程中，永葆生命力和凝聚力的法宝就是扎根人民。40 多年来，习近平总书记在与纯朴的父老乡亲朝夕相处、同甘共苦的过程中，建立起了同人民的血肉联系，“人民”二字已铭刻在习近平的内心深处。

四、不忘初心，人民至上

过渡：什么是人民至上？这不仅仅是一个口号，更是中国共产党一路走来的郑重承诺和用心坚守。不同时期，他们用相同的初心诠释着人民至上。

---

[1] 《从黄土地走来的人民领袖》，人民网（http://tv.people.com.cn/n1/2018/0711/c141029-30140692.html）

探究活动一：

分组展示不同时期中国共产党始终坚持人民至上的感人瞬间。

教师活动：上课之前，将学生分成四组，搜集中国新民主主义革命时期、社会主义建设时期以及中国特色社会主义新时代三个不同时期以及寻访身边的中国共产党坚持人民至上的典型事例，让学生分组展示讲述经典故事。

学生课前搜集、整理相关故事，制作 PPT，分组上台展示并讲述故事。

第一组：选取中国新民主主义革命时期我党的事迹。例如：董存瑞、夏明翰。

第二组：选取社会主义建设时期我党的事迹。例如：王进喜、焦裕禄。

第三组：选取中国特色社会主义新时代我党的事迹。例如：张桂梅、黄文秀。

教师：中国共产党从诞生以来一直坚守人民至上的初心，人民对美好生活的向往，就是中国共产党的奋斗目标，也是我们党对全国人民的庄严承诺。这么多年过去了，中国共产党无论是弱小还是强大，无论是顺境还是逆境，始终初心不改、矢志不渝。从这三位不同时期共产党人身上我们看到了这种品质

过渡：中国共产党不忘初心，坚守人民至上的英雄事迹离我们并不遥远，他们就在我们的身边，让我们一起看看同学们实地寻访身边的党员为人民服务的暖心瞬间。

探究活动二：

实地寻访身边的党员为人民服务的暖心瞬间，讲述故事。

学生课前实地探寻身边的党员，讲述他们的故事。

教师：什么是人民至上？在我们身边的党员同志们身上，人民至上的理念体现得淋漓尽致，他们在自己日常平凡的工作岗位上无私奉献、踏实工作、努力进取、坚忍不拔，哪里有困难，哪里就有我们的中国共产党，中国共产党为人民服务体现在一点一滴的小事中。

五、青春有我，服务人民

过渡：中国共产党坚守人民至上的初心和行动深深地震撼着我们每一个人的心灵，作为新一代青少年的我们还有什么理由不奋斗，还有什么借口不努力，让我们一起携手，用自己的力量为社会、为国家、为民族做出应有的贡献。

探究活动：

进行个人职业生涯规划，角色扮演“十年后的你”活动

教师活动：组织学生进行角色扮演。追问：“你将来的职业规划是什么？如果你是医生、工人、军人……，你会……”

学生角色扮演，畅谈自己在十年后的工作岗位上会做出哪种选择。

教师：对于同学们的回答，我很感动。感动于你们作为青少年所具有的家国情怀。无奋斗，不青春。相信通过你们的奋斗，实现中华民族伟大复兴的中国梦终将实现。

六、结束语

不忘初心，方得始终。中国共产党一百年的历史，就是一部不断践行人民至上理念的奋斗史。作为新时代的青少年，我们要时刻以优秀共产党员为榜样，人民至上，初心不改。在中国共产党的带领下，树立坚定的理想信念，尽自己所能，积极投身于为人民服务的队伍中，让青春在为人民服务中绽放出更耀眼的光芒。

第六节 唱响劳动风尚

一、主题概述

劳动教育不仅是党和国家教育制度的重要内容，对社会以及个人的成长发展都起着至关重要的作用。中国特色社会主义事业大厦是一砖一瓦建成的，人民幸福是靠一点一滴创造得来的，事实证明，劳动是一切幸福的源泉，劳动者最伟大。

该主题旨在让学生真正理解并且认同“劳动最光荣、劳动最伟大、劳动最崇高、劳动最美丽”的思想理念，领会劳模精神和工匠精神的内涵，教育引导学生通过诚实合法劳动创造幸福生活，成长为“懂劳动、会劳动、爱劳动”的时代好少年。

二、核心素养

道德品行、责任担当

三、典型素材

素材一：劳动教育课

1. 典型素材概述

山东省济南第三中学劳动教育的一幕。课上，李仙刚主任为学生们讲解劳动工具的分类和使用，收获、挖穴、作垄、耕垦、盖土、除草、碎土、中耕、培土作业皆可使用锄头，并着重讲解锄草的方法，告诫同学们只有扑下身子认真干才能真正使用好。随后，学生们分组进行劳动体验。劳动课结束后，同学知道了劳动的不易，体会了劳动的辛苦。李主任对本次劳动课进行讲评，肯定同学们的成果，同时希望大家珍惜生活，爱护劳动成果，爱惜粮食，注意节约。[1]

2. 思政教育点

思政教育点 1：近年来，一些中小学生出现了不想劳动、不会劳动以及不珍惜劳动成果的现象。通过回忆自己的劳动经历，引导学生进行反思。

思政教育点 2：通过分享学生的劳动体验，引导学生意识到劳动可以强体、立德、增智，可以提高人的审美观和创新能力，劳动在人的发展过程中起着至关重要的作用。

素材二：央视公益广告《最美奋斗者》[2]

1. 典型素材概述

该视频用短短的一分钟时间，展示了各个时期最美的奋斗者。从抗日战争中一个个往前冲的身影，到新中国成立之初两弹一星的欢呼，再到现在风雨中坚守岗位的交警，坚持不懈的航天人员，疫情中逆向前行的医护工作者，是他们的劳动，造就了“中国奇迹”。幸福源自奋斗，成功在于奉献，平凡造就不凡，每一个奋斗着的你最美。

2. 思政教育点

思政教育点 1：“中国奇迹”的创造，都源于平凡艰辛的劳动。实践证明，梦想要靠劳动去实现，困境需要劳动去解决，成就需要劳动去创造，劳动是一切幸福的来源。

思政教育点 2：学生能够意识到劳动不仅对个人发展起着至关重要的作用，对中国特色社会主义伟大事业的建立，也凝聚着广大劳动者们的辛勤与汗水。作为祖国未来的接班人，学生们能够树立正确的劳动价值观，用自己的劳动报效祖国。

---

[1] 《济南三中深入推进劳动教育》，山东省济南第三中学官网（http://jnsz.jinan.cn/art/2021/5/12/art_289_262662.html）。

[2] 《最美奋斗者》，央视网（http://news.cctv.com/special/zmfdz/index.shtml）。

素材三：大学生就业问题

1. 典型素材概述[1]

2020 年高校毕业生创历史新高达 874 万。面对疫情给大学生带来的各种就业困难，从中央到地方，全国上下出台了“云端招聘”“线上面试”“先应聘后考证”等一系列新政新规。“疫情之下的就业突围”成为高校当前工作的重中之重。《光明日报》刊登的“2020 年大学生就业力报告”显示，75.8% 的人首选单位就业，选择自由择业和升学的分别为 7.7% 和 7.5%，选择创业的仅为 2.8%，6.2% 的人选择暂不就业或慢就业类。多数“飘着”的毕业生不是没有就业渠道，也不乏就业信息，更不是缺乏知识和能力，而是面对各种就业信息和岗位，左顾右盼，精挑细选，高不成低不就，面对驶过的一系列“就业专列”总是犹豫不决，延误了最佳就业时机，最后宁可待业也不屈就就业。形成这种局面的重要原因之一是毕业生的劳动意识。毕业生的劳动意识是就业欲望、就业意识的支撑，是大学生独立生活，摆脱家庭经济依赖的根本。部分大学生认为接受完高等教育就意味着应当从事“职业体面、收入高、活要轻”的职业。

2. 思政教育点

思政教育点 1：通过该素材，引导学生探究大学生在择业时的劳动意识问题，从而挖掘目前社会上更热衷于脑力劳动这一现象。有部分大学生由于种种原因，不仅不屑于劳动，不珍惜劳动，甚至鄙视劳动，将自己置于普通劳动者之上，错误地认为接受完高等教育就意味着应当从事“职业体面、收入高、活要轻”的职业。现代社会，脑力劳动少不了体力劳动的参与，体力劳动也需要脑力劳动的支撑，尤其是大批技术劳动，在体力劳动的同时不仅有脑力劳动还需要创造性劳动。“大国工匠”的成长，无一不是体现了两种劳动的交融，并充分体现了创造性劳动的过程。

思政教育点 2：通过剖析素材，开展以“体力劳动与脑力劳动是否相同”

[1] 素材摘编自刘珊珊：《强化劳动意识拓宽大学生就业渠道》，《中国教育报》，2020 年 6 月 16 日。

为主题的辩论，引导学生树立职业有差别，劳动无贵贱的观念。正如习近平总书记说:“在我们社会主义国家，一切劳动，无论是体力劳动还是脑力劳动，都值得尊重和鼓励；一切创造，无论是个人创造还是集体创造，也都值得尊重和鼓励。全社会都要贯彻尊重劳动、尊重知识、尊重人才、尊重创造的重大方针，全社会都要以辛勤劳动为荣、以好逸恶劳为耻，任何时候任何人都不能看不起普通劳动者，都不能贪图不劳而获的生活。”[1]

素材四：劳动精神

1. 典型素材概述

新型冠状病毒感染的肺炎疫情牵动着每一个中国人的心。面对疫情，千千万万个无名英雄，主动请缨，勇敢向前，为这场共同战“疫”助一臂之力。因为有他们，我们有千万种力量，打败病毒和恐惧！

我国自古就有尊崇和弘扬工匠精神的传统。《诗经》中的“如切如磋，如琢如磨”，反映的就是古代工匠在雕琢器物时执着专注的工作态度。当今时代，传统意义上的工匠虽然日益减少，但工匠精神在各行各业传承不息。小到一颗螺丝钉、一块智能芯片，大到卫星、火箭、高铁、航母，它们背后都离不开新时代劳动者身体力行的工匠精神。

当神舟十二号载人飞船的“太空出差”再次吸引世界目光之时，“时代楷模”“全国五一劳动奖章”获得者徐立平，早已带领中国航天科技集团公司四院固体火箭发动机药面整形班组投入到另外的工作中了。神舟十二号火箭逃逸系统固体燃料药面的微整形，就是由他们班组此前完成的。在火药上动刀，每一次落刀，都能听到心跳。一旦操作不当，就会引起燃烧甚至爆炸。30 多年间，徐立平一直保持着 100% 合格率以及零失误。从青春岁月到年逾半百，徐立平守恒如常，日渐佝偻的脊背，扛得起大国工匠的担当。

作为中国兵器工业集团首席焊接技师，卢仁峰几十年来交出的焊接产

---

[1] 《习近平：在庆祝“五一”国际劳动节暨表彰全国劳动模范和先进工作者大会上的讲话》，中国政府网（http://www.gov.cn/xinwen/2015-04/28/content_2854574.htm)。

品一直是百分之百合格。而这些百分之百，却是他只用一只手来完成的。1986 年，一次操作意外，使焊接能手卢仁峰的左手被机器切断。后经过手术，被切去的左手虽然勉强接上了，但已经完全丧失功能。然而，卢仁峰却做出了一个大家都没有想到的决定：继续做焊接工作。只用一只手，怎么做好焊接工作？整整 5 年，卢仁峰整天泡在车间，顽强坚持练习，愣是靠给自己量身定做手套和牙咬焊帽这些办法，用单手代替双手进行焊接操作，不仅恢复了过去的焊接水平，而且再次成为厂里的焊接技术领军人。

——材料摘编自人民网

2. 思政教育点

思政教育点 1：选取疫情期间、平凡岗位中以及生活中的劳动者，让学生从榜样中领会“崇尚劳动、热爱劳动、辛勤劳动、诚实劳动”的劳动精神，“坚守执着、精益求精、专业专注、追求极致、一丝不苟、自律自省”的工匠精神，以及“爱岗敬业、争创一流，艰苦奋斗、勇于创新，淡泊名利、甘于奉献”的劳模精神内涵。

思政教育点 2：讲好劳模故事和工匠故事，引导学生在学习和生活中培养劳动精神。作为当代新青年，不仅要抓好学习，还要接受动手实践、出力流汗的劳动教育。实践证明，爱劳动、会劳动不仅不会耽误学习，反而有助于学习，有助于人的协调发展。劳动不仅提升就业创业能力，还有助于让学生树立正确的择业观，涵养不畏艰辛、崇尚奋斗、甘于奉献的精神。[1]

素材五：

1. 典型素材概述

2021 年，农历牛年，在中华文化里，牛是勤劳、奉献、奋进、力量的象征。人们把为民服务、无私奉献比喻为孺子牛，把创新发展、攻坚克难比喻为拓荒牛，把艰苦奋斗、吃苦耐劳比喻为老黄牛。前进道路上，我们要大力发扬孺子牛、拓荒牛、老黄牛精神，以不怕苦、能吃苦的牛劲牛力，

---

[1] 《如切如磋，如琢如磨》，《光明日报》，2021 年 9 月 30 日。

不用扬鞭自奋蹄，继续为中华民族伟大复兴辛勤耕耘、勇往直前！对此，联系你的学习生活，写一写自己以后的“牛气之旅”。

——材料摘编自中国青年网

2. 思政教育点

思政教育点 1：领导赋予孺子牛以“为民服务”、拓荒牛以“创新发展”、老黄牛以“艰苦奋斗”的时代精神，引导学生把“三牛”精神自觉应用到开启现代化新征程的实践中，做“更牛”的奋斗者。

思政教育点 2：发扬为民服务孺子牛、创新发展拓荒牛、艰苦奋斗老黄牛的精神，永远保持慎终如始、戒骄戒躁的清醒头脑，永远保持不畏艰险、锐意进取的奋斗韧劲。[1]

四、大咖点睛

教学内容深入浅出，依托多个素材，让学生在“思”“读”“辩”中感悟劳动的意义和价值，深刻领会“劳模精神”和“工匠精神”的内核。

——中国海洋大学基础教学中心辅导员　吴玥玥

教学范例

唱响劳动风尚

教学目标

1. 学生能够理解劳动是什么，劳动的形式虽然不同，但是都值得尊重。

2. 学生能够通过探究活动体会我们为什么要劳动。

3. 学生能够领悟到“劳动精神”“工匠精神”和“劳模精神”的内涵，以及如何在生活学习中发扬劳动精神。

---

[1] 《为民族复兴辛勤耕耘勇往直前——“三牛”精神述评》，光明日报（https://news.gmw.cn/2021-12/03/content_35356020.htm）

教学重难点

学生能够意识到劳动的作用，树立“劳动是一切幸福的源泉”的劳动观，尊重劳动，感受劳动成果来之不易。

教学方法

探究法、任务型教学法

教学过程

一、导入（图片展示与互动）

教师展示几幅学生在劳动课上的图片。

问题互动：同学们，相信大家都记得自己参加的这些劳动教育活动，那自己在这次体验中有什么样的收获？

学生各抒己见。

主旨凝练：近年来，一些中小学生出现了不想劳动、不会劳动以及不珍惜劳动成果的现象。通过回忆自己的劳动体验，引导学生意识到我劳动，我快乐，从而为下一个环节做出铺垫。

二、探究新知

（一）劳动的价值（分组探究）

过渡：每个同学都有对劳动独特的想法，那劳动究竟可以带给我们什么呢？

探究活动一：

围绕“我们为什么要掌握劳动技能”展开讨论。

学生各抒己见。

教师总结：劳动可以强体、立德、增智；劳动可以帮助我们掌握基本生存能力；劳动可以增强审美观；劳动可以增强创新能力；最重要的是我劳动，我快乐。劳动在人的发展过程中起着非常重要的作用。所以，我们要摒弃“不想劳动和不会劳动”的想法，珍惜劳动成果，从一点一滴的劳动中寻找快乐。

探究活动二：

观看央视视频《最美奋斗者》。

学生各抒己见。

在此基础上，教师引导学生关注视频中的劳动者们："在视频中，我们可以发现一群可爱的人们，比如城市的美容师环卫工人，救死扶伤的医生，精益求精的科研人员，是他们用智慧与汗水，创造了'中国奇迹'。劳动不仅对个人发展起着至关重要的作用，中国特色社会主义伟大事业的建立，都凝聚着广大劳动者们的辛勤与汗水。作为祖国未来的接班人，我们要用劳动实现梦想，用劳动解决困境，用劳动报效祖国。"

主旨凝练：此环节旨在帮助学生理解我们为什么要劳动，劳动可以推进个人以及社会的发展，是一切幸福的来源。

（二）劳动的"差异"（课堂辩论）

过渡：正如大家讨论得出的，劳动推动自我发展和社会进步，那大家坐在教室里学习，算是劳动吗？劳动的形式都有哪些呢？

学生发表自己的观点并得出结论，劳动不仅有体力劳动，还有脑力劳动。

教师：那大家以后择业时更倾向于哪种劳动呢？在《光明日报》刊登的"2020 大学生就业报告"中显示，多数应届毕业生更青睐单位就业，部分大学生由于种种原因，排斥体力劳动工作，将自己置于普通劳动者之上。这样的看法正确吗？体力劳动和脑力劳动是否有好坏之分呢？

探究活动三：

全班分成两大组，分别为正方和反方，首先以小组讨论的形式总结出各组的观点，然后邀请一名学生为主持，正方和反方各两名代表为辩手，针对"脑力劳动和体力劳动是否相同"进行答辩。

最后教师总结："职业有差别，劳动无贵贱。"正如习近平总书记说的："在我们社会主义国家，一切劳动，无论是体力劳动还是脑力劳动，都值得尊重和鼓励。全社会都要以辛勤劳动为荣、以好逸恶劳为耻，任何时候任何人都不能看不起普通劳动者，都不能贪图不劳而获的生活。”[1]而且，传统的体力劳动与脑力劳动早已不适应现在社会的区分标准。因为现代脑力劳动少不了体力劳动的支撑，体力劳动也需要脑力劳动的支撑。所以，我们在抓好学习的同时，还要多参加劳动实践。

主旨凝练：本环节旨在让学生明白劳动没有高低贵贱之分，任何一份职业都很光荣。

（三）劳动精神、工匠精神和劳模精神（诵读事迹）

过渡：不管是体力劳动还是脑力劳动，都值得尊敬，都推动着个人以及社会的发展。广大劳动者手不停歇，脚不停步，真抓实干，才创造了今日祖国的繁荣昌盛。那我们应该抱着一种什么样的态度去劳动呢？让我们来诵读感人事迹，探寻劳动精神。

探究活动四：

学生上台诵读感人事迹，分别有疫情期间用生命守护生命的张定宇医生，有防护手套下双手布满血口的女护士，有零失误的航天工作人员徐立平，还有坚守执着的焊接技师卢仁峰等。

学生对劳动精神的内涵各抒己见。

教师总结：从疫情期间以及社会的各行各业劳动者中，我们领会到了“崇尚劳动、热爱劳动、辛勤劳动、诚实劳动”的劳动精神，“坚守执着、精益求精、专业专注、追求极致、一丝不苟、自律自省”的工匠精神，以及“爱岗敬业、争创一流，艰苦奋斗、勇于创新，淡泊名利、甘于奉献”的劳模精神。他们用自己的行动把劳动做到了极致，向他们致敬！

探究活动五：

除了疫情期间以及平凡岗位中的感人事迹，在我们的身边还有哪些劳动模范呢？

---

[1]　《习近平：在庆祝“五一”国际劳动节暨表彰全国劳动模范和先进工作者大会上的讲话》，新华社（http://www.gov.cn/xinwen/2015-04/28/content_2854574.htm）。

学生各抒己见。

教师：在我们身边，有那么一群辛勤劳动的奋斗者们，起早贪黑的班主任、任劳任怨的清洁阿姨、坚守岗位的门卫老师，是他们为我们创造了更好的学习环境，让我们一起对他们说一句“您辛苦了”。

主旨凝练：聆听感人事迹，体悟劳动精神。

三、自我反思与规划

过渡：大家在听了那么多的劳动模范事迹后，那在我们的学习生活中，应该怎样贯彻劳动精神呢？

教师：2021 年，农历牛年，在中华文化里，牛是勤劳、奉献、奋进、力量的象征。人们把为民服务、无私奉献比喻为孺子牛，把创新发展、攻坚克难比喻为拓荒牛，把艰苦奋斗、吃苦耐劳比喻为老黄牛。前进道路上，我们要大力发扬孺子牛、拓荒牛、老黄牛精神，以不怕苦、能吃苦的牛劲牛力，不用扬鞭自奋蹄，继续为中华民族伟大复兴辛勤耕耘、勇往直前！对此，联系你的学习生活，写一写自己以后的“牛气之旅”。

主旨凝练：引导学生把“三牛”精神自觉应用到实践中，做“更牛”的奋斗者。

四、结束语

本节课，我们知道了劳动的重要性，理解了体力劳动和脑力劳动的区别与联系，感悟了劳动精神的内涵。我们因为那些平凡劳动者的不平凡作为而感动，我们因为疫情中的感人事迹而落泪。我想告诉大家：劳动，是创造财富的手，更是点亮幸福的光。我们坚信，劳动是活力，是梦想，劳动者最光荣。

五、课后作业

1. 观看系列纪录片《大国工匠》。

2. 探究活动：寻找身边那些值得尊敬的劳动者，进一步感悟劳动精神。

第七节　做诚实守信中国人

一、主题概述

本节课主要是要让学生明确诚信的含义，知道诚信是中华民族的传统美德，是社会主义核心价值观的内容之一。了解诚信对个人、企业、国家和社会的重要作用。让学生认识到诚实守信的重要性，懂得怎样做一个诚实守信的人，知道诚实守信是人的高尚品性，是最重要的交往品德，是社会立足的通行证。一个人要想在社会立足，干出一番事业，就必须具有诚实守信的品德。培养学生树立诚信意识，学会运用诚信的智慧解决生活中的问题，做到知行合一，珍惜个人诚信记录。

二、核心素养

道德品行、责任担当

三、典型素材

素材一：第七届全国诚实守信道德模范窦兰英事迹介绍（视频）

1. 典型素材概述

窦兰英老人是甘肃张掖肃南县红湾寺镇隆畅社区的普通居民。1985 年，她的丈夫因肝癌去世，她以一己之力承担起抚养两个女儿和照顾婆婆的重担。2006 年，她的大女儿结婚了，但孩子出生 28 天后女婿就离家出走，从此杳无音信。2013 年，患直肠癌的大女儿不幸去世，留下年幼的外孙女和 12 万元看病欠款。许多人看着年迈的老人拉扯幼小的外孙女生活不易，想着不再提债务的事了，窦兰英却做出了决定：替女还债！

她用田字格本做了个小账本，把看病所欠的 12 万元账目全都罗列出来，甚至女儿生前所欠一些小商铺数额不大的柴米油盐钱也都被列了进去，记在本上、装在心里。

为信守替女还债的承诺，60 多岁的老人当起保姆、干起钟点工，捡废品卖破烂，省吃俭用把每一分钱都攒下来。每还完一笔，窦兰英就在债主名字旁边打个小勾，每打下一个勾，心里也就轻松了一分。6 年时间里，在老人的努力和社会各界帮助下，12 万元债务已还得只剩下 1 万多元了。

在她的影响下，外孙女无论家务还是学习，样样拿手，多次获得“三好学生”等奖项。外孙女常说：“姥姥不仅抚养我长大，更教会了我做人，真想快快长大挣钱，让姥姥享福。”

——摘编自中国文明网

2. 思政教育点

思政教育点 1：质朴之心，诠释“诚信”真谛。窦兰英奶奶最打动人的一句话是：“我只是做了应该做的事，党和国家却给了我这么高的荣誉，我感到十分的荣幸。”在她的认知里信守承诺，欠债还钱这是再平常不过的一件事，而这种发于内的最质朴的诚信之心，才是最难能可贵的。在她人生遇到波折之时，她没有放弃“做人要有诚信，有良心”的信念，以诚待人，一诺千金，也换得别人对她的真心相待。以诚心换诚心，用最平凡不过的行动，诠释了诚实守信的真谛。

思政教育点 2：勇于担当，铸就“诚信”基石。在我国法律上父母并没有替去世子女还债的义务，而窦兰英奶奶主动承担下了女儿看病欠下的钱，甚至连女儿生前所欠一些小商铺数额不大的钱也都一一记在本上、装在心里，承担起了还款的责任。为了一个承诺，她不顾年迈辛苦打拼，替女儿还债，用年迈的肩膀挑起一份沉甸甸的责任，她的事迹也许并不感天动地，却于平凡中见伟大，于危难处见担当。因此她的事迹最能引起人们的情感共鸣。

思政教育点 3：树立榜样，引领“诚信”道德风尚。榜样的力量是无穷的，身教胜于言传，窦兰英奶奶用实际行动践行了社会主义核心价值观。她恪守承诺、勇于担当的优秀品质不但影响到她的外孙女，使其在她的培养下成为一名品学兼优，知恩图报的好少年。更是在社会上起到一种引领示范作用，使“学好人、做好人、赞好人”的价值导向更加深入人心。窦兰英奶奶的事迹像一颗种子在向典型学习的春风中悄然播下，引领诚实守信社会道德新风尚。

素材二：视频素材 海尔砸冰箱事件

1. 典型素材概述

电影《首席执行官》是以海尔首席执行官张瑞敏为原型创作的。1985年春，有用户反映海尔生产的电冰箱有质量问题。于是张瑞敏突击检查了仓库，发现不合格的冰箱还有76台！在研究如何处理这批不合格的产品时，有干部提出可将其作为福利处理给本厂的员工的建议。作为首席执行官的张瑞敏坚决不同意。就在很多员工十分犹豫时，张瑞敏做出了决定，开一个全体员工的现场会，当众把76台不合格的冰箱全部砸掉！而且，必须由生产这些冰箱的员工亲自砸掉！

听到这个决定，有老员工当场就哭了。当时企业正处于濒临倒闭的边缘，连开工资都非常困难。如此“糟践”，大家“心疼”啊！

但张瑞敏清楚，若放行这批产品，就谈不上质量意识！如果我们不砸掉这批冰箱，就相当于告诉大家可以生产这种带缺陷的冰箱。今天是76台，明天就可以是760台、7600台……所以必须实行强制，必须要有震撼作用！最终张瑞敏依然选择当众砸掉这批冰箱。

最终，海尔从一家资不抵债、濒临倒闭的集体小厂发展成为全球最大的家用电器制造商之一，成为中国第一个走出国门的品牌。

2. 思政教育点

思政教育点1：诚信是企业生存的基石。人无信不立，业无信不兴。诚信是一个企业生存和发展的重要条件，是企业经营的基本准则。企业的诚信首先体现在对产品质量的负责上。2008年三鹿毒奶粉事件的发生，不但影响了企业自身的发展，甚至重创了整个中国乳业。当时多个国家禁止了中国乳业的进口，甚至几年过去仍有近半的国人不愿意买国产牛奶。2020年的瑞幸咖啡退市事件也给中概股带来了不小的负面影响。而海尔正是秉承“以质量求生存、靠信用闯天下”的经营理念，才走出国门，成为国际知名品牌。可见诚信经营，信守规则才是企业的立业之本，发展之基。

思政教育点 2：诚信是企业获得最大利益的保障。商人逐利，作为企业与企业家似乎应该是唯利是图。然而，真正目光远大的企业家都懂得“信比金贵”的道理。例如香港富豪李嘉诚曾说过：“一生之中，最重要的是守信。”为了追求眼前利益而放弃诚信的准则，势必走不长远。随着社会信用体系的建设和完善，信用已经成为个人和企业的第二张身份证，是个人干事创业、企业高质高效运行的刚需。所以企业要想获得最大的经济利益就必须强化企业的规则意识和责任担当，提高契约精神，树立遵规守法，诚实守信的企业价值观。

思政教育点 3：诚信是企业发展的动力。在“一带一路”战略背景下，中国企业走出去布局全球已成常态。但与之不匹配的是中国品牌的“弱势”。而如何抓住机遇，打造有世界影响力的品牌，是每个企业所共同期望的。著名品牌专家大卫·艾克提出品牌资产由五项组成：品牌忠诚度、品牌知名度、品质认知、品牌联想和专有资产。前四组都和企业倾注在品牌中的诚信程度有关，第五组则更要看企业的市场行为能否长期履行承诺，始终给消费者带来利益。诚信一事易，事事诚信难。而品牌的创建更是需要几代人持之以恒的努力，所以不论是创建品牌还是提高品牌价值，诚信都是最重要的。

素材三：材料素材

1. 典型素材概述

材料 1：一个人也好，一个政党也好，最难得的就是历经沧桑而初心不改、饱经风霜而本色依旧。党的初心和使命是党的性质宗旨、理想信念、奋斗目标的集中体现，激励着我们党永远坚守，砥砺着我们党坚毅前行。从石库门到天安门，从兴业路到复兴路，我们党近百年来所付出的一切努力、进行的一切斗争、作出的一切牺牲，都是为了人民幸福和民族复兴。正是由于始终坚守这个初心和使命，我们党才能在极端困境中发展壮大，才能在濒临绝境中突出重围，才能在困顿逆境中毅然奋起。

——2020 年 1 月 8 日，习近平《在“不忘初心，牢记使命”主题教育总结大会上的讲话》

材料 2：2020 年是脱贫攻坚决战决胜之年，站在“两个一百年”奋斗目标的历史交汇点上，回顾这场脱贫攻坚战役，1650 万、1232 万、1442 万、1240 万、1289 万、1386 万、1109 万，是 2013 年至 2019 年中国农村减贫人数，每个数字的背后都有一部中国共产党人锐意进取、勠力减贫的奋斗史，这部奋斗史书写了全面建成小康社会的庄严承诺，记录了中国共产党人矢志不渝践行诺言的使命担当。

承诺，始于“全心全意为人民服务”的立党宗旨。“一切依靠人民，一切为了人民”“从群众中来，到群众中去”，栉风沐雨近百年的中国共产党人，始终坚持站稳群众立场、践行群众路线，把人民群众的利益置于一切工作的最高位置和最大追求，涌现出王进喜、雷锋、焦裕禄、孔繁森等一大批对人民群众无限赤诚的中国共产党人，以人民群众之心为心，以人民群众之利为利。源浚者流长，根深者叶茂。正是牢牢植根于人民群众，中国共产党人才有了生存和成长的“养分”，面对未知挑战能够从容应对，面对荆棘障碍敢于勇往直前，面对大风大浪做到处变不惊，实现了一次又一次突破、取得了一个又一个胜利。

——《中国共产党人对人民敢承诺、能践诺》，光明网

材料 3：面对世界百年未有之大变局和世纪疫情，二十国集团作为国际经济合作主要论坛，要负起应有的责任，为了人类未来、人民福祉，坚持开放包容、合作共赢，践行真正的多边主义，推动构建人类命运共同体。

……

中国一直主动承担与国情相符合的国际责任，积极推进经济绿色转型，不断自主提高应对气候变化行动力度……中国将力争 2030 年前实现碳达峰、2060 年前实现碳中和。我们将践信守诺，携手各国走绿色、低碳、可

持续发展之路。

……

中国古人说："诚信者，天下之结也。"就是说诚信是结交天下的根本。中国将坚持对外开放的基本国策，发挥超大规模市场优势和内需潜力，着力推动规则、规制、管理、标准等制度型开放，不断加大知识产权保护力度，持续打造市场化、法治化、国际化营商环境，为中外企业提供公平公正的市场秩序。我相信，中国发展将为各国带来更多新机遇，为世界经济注入更多新动能。

——2021 年 10 月 30 日，习近平《团结行动　共创未来——在二十国集团领导人第十六次峰会第一阶段会议上的重要讲话》

2. 思政教育点

思政教育点 1：诚信是立国的根本。人民是国家的主体。古人云："得民心者得天下，失民心者失天下。"一个政权或一个政党的前途和命运取决于能否得到人民的信任，获得人民的支持。中国共产党能够永葆青春和活力的秘诀就是始终坚持把人民的利益放在第一位，坚守建党之初对人民许下的承诺，从"红军是为劳苦工农谋利益的先锋队"到"共产党就是自己有一条被子，也要剪下半条给老百姓的人"，再到"脱贫攻坚、决战小康"。这一路走来，时代在变而初心不变，党始终把为最广大人民群众谋利益作为党的最高宗旨，对人民敢承诺，能践诺，因此必然得到广大人民的支持。

思政教育点 2：诚信国家发展的保障。"人无信难立，国无信难兴。"安定、有序的社会环境是推动生产力发展的重要保证。诚信是形成和谐和睦社会的基础。诚实守信的社会风尚，健全的社会信用机制，是激发经济发展的动力。古有商鞅"立木建信"，取信于民，才使法令顺利施行，从而促进了秦国的发展，为秦统一六国奠定了基础。在现代经济社会，也只有具备信任的基础，社会资本才可以有序有效流动，社会主义市场经济才能获得高速、可持续发展。

思政教育点 3：诚信是国际交往的金字招牌。“人与人交往在于言而有信，国与国相处讲究诚信为本。” 诚信是一个国家的名片，大国邦交诚信先行。面对新冠疫情，我们及时武汉封城，全国禁足，防止病毒扩散，人们也秉承诚信，有状况及时上报，及时隔离，有效了抑制了疫情的发展，把病毒锁在有限的区域，向世界彰显了中国的大国诚信，展现大国担当。获得各国人民的赞许和认同。反观美国政府出尔反尔、言而无信，只享利益、不担责任，换来的是世界各国人民的愤慨和反对。

四、大咖点睛

《做诚实守信中国人》的教学设计，教学目标明确详细，观点鲜明正确，材料典型充分，内容紧扣社会主义核心价值观，密切联系治国理政、人际关系及国际关系，经济社会发展等方面，深入浅出地阐述了诚信是立身之本，诚信是立业之本，诚信是立国之本的道理，具有较强的现实意义和时代特性，对进一步提高学生对坚守诚信重要意义的认识，自觉践行社会主义核心价值观具有积极的引导教育作用。教学方法上采用引经据典、研究讨论、讲故事、多媒体、调查问卷、唱歌、宣誓等灵活多样、科学合理的方式方法，能有效地保证教学质量，巩固教学成果。教学过程紧紧围绕“做诚实守信中国人”这一主题，坚持以学生为中心，鼓励学生踊跃发言，各抒己见。同时，老师以参与者的身份不失时机地与学生互动，从而随时掌握学生的思想动态，发现存在的问题并及时给予正确的引导，这样不仅可以活跃课堂学习氛围，刺激学生的学习兴趣，进一步锻炼和提高学生的独立思考能力，还可以保证教学的针对性和有效性。

——华南师范大学量子物质研究院博士生导师　李衡讷

教学范例：

做诚实守信中国人

教学目标

1. 明确诚信含义，知道诚信是中华民族的传统美德，是社会主义核心价值观的内容之一。

2. 了解诚信对个人、企业、国家和社会的重要作用。

3. 培养学生树立诚信意识，做到知行合一，珍惜个人诚信记录。

教学重难点：

深刻体会诚信对于个人、企业、国家的重要作用，树立诚信意识做到知行合一。

教法设计

研讨法、多媒体教学法

教学过程

一、引入

展示社会主义核心价值观的图片，播放《诚信歌》。

教师：诚信是社会主义核心价值观的内容之一，更是中华民族的传统美德。作为一名中国人我们从小就被教育要诚实守信，那同学们知道“诚信”的含义吗？请大家说说你对诚信的理解。

学生各抒己见。

过渡：感谢同学们的发言，我们一起看一下字典里对“诚信”的解释。

二、诚信的含义

教师：《说文解字》中对“诚”“信”的解释：“诚，信也”“信，诚也”。由此可见二字可以相互解释，字义相通。在现代汉语中我们通常将两字连用，

《现代汉语词典》中对诚信的解释为“诚实，守信用”。实际上，“诚”和“信”两字语义的侧重点不同“诚”更侧重于内心层面，指内心的真实无妄。《大学》中有“欲正其心者，先诚其意”，指要想端正自己的心思，先要使自己的意念真诚。而“信”是“诚”的外化，更侧重于人与人之间交往要言而有信、遵守承诺。所以“诚”与“信”相互依托、缺一不可，内诚于心，方能外信于人。

过渡：古今中外很多名人都留下了关于诚信的金句，让我们一起学习一下。

三、关于诚信的名家名言

“人而无信，不知其可也”（孔子），是指一个人如果不讲信用，不知他该如何立足。

“民无信不立”（孔子），是指一个国家不能得到老百姓的信任就会垮掉。

“诚信为人之本”。（鲁迅）

“失去了诚信，就等同于敌人毁灭了自己”。（莎士比亚）

教师：同学们还知道哪些有关诚信的名人名言吗?

学生各抒己见。

教师：感谢同学们的发言。习近平总书记也曾在国内外多个重要场合强调诚信的重要性。例如，习近平总书记 2013 年在印度尼西亚国会的演讲中提到“坚持讲信修睦。人与人交往在于言而有信，国与国相处讲究诚信为本”，2016 年 3 月在全国政协十二届四次会议民建、工商联界委员联组会时讲到“各类企业都要把守法诚信作为安身立命之本”。可见诚信不论对个人、企业、还是国家都非常重要。这是为什么呢? 首先我们一起学习一下“第七届全国诚实守信道德模范窦兰英事迹”。

四、为什么要诚信

（一）诚信是立身之本

探究活动一：

观看视频素材——第七届全国诚实守信道德模范窦兰英事迹介绍。

窦兰英老人是甘肃张掖肃南县一位普通居民。她在丈夫因去世，女婿就离家出走，女儿也因患直肠癌不幸去世后，毅然承担起养育年幼的外孙女和偿还女儿看病所欠的 12 万元债务的责任。

为信守替女还债的承诺，60 多岁的老人当起保姆、干起钟点工，捡废品卖破烂，省吃俭用把每一分钱都攒下来。每还完一笔，窦兰英就在债主名字旁边打个小勾，每打下一个勾，心里也就轻松了一分。6 年时间里，在老人的努力和社会各界帮助下，12 万元债务已还得只剩下 1 万多元了。

在她的影响下，外孙女无论家务还是学习，样样拿手，多次获得“三好学生”等奖项。外孙女常说：“姥姥不仅抚养我长大，更教会了我做人，真想快快长大挣钱，让姥姥享福。”

观看了窦兰英奶奶的事迹，最打动你的是什么？

学生各抒己见。

教师：窦兰英奶奶最打动我的地方是她的勇于担当和发于内的最质朴的诚信之心。在我国法律上父母并没有替去世子女还债的义务，窦兰英奶奶主动承担下了女儿看病欠下的钱，甚至连女儿生前所欠一些小商铺数额不大的钱也都一一记在本上、装在心里，承担起了还款的责任。为了一个承诺，她不顾年迈辛苦打拼，替女儿还债，用年迈的肩膀挑起一份沉甸甸的责任。这份勇于担当的精神令人动容，而她却说“我只是做了应该做的事，党和国家却给了我这么高的荣誉，我感到十分的荣幸”。在她的认知里信守承诺，欠债还钱这是再平常不过的一件事。她并没有想通过这件事来获得赞扬和奖励，而是出于对自我最朴素的道德要求。外界监督约束下的诚信是被动行为，而发于内的诚信才是最难能可贵的。这也是诚信的最高境界——慎独。人无信不立，以诚待人才能换来别人的以诚相待。

（二）诚信是立业之本

过渡：请同学们观看下面一段视频，思考通过这件事你得到什么启示。

探究活动二：

播放视频素材：海尔砸冰箱事件。

电视剧《首席执行官》是以海尔首席执行官张瑞敏为原型创作的。

1985年春，有用户反映海尔生产的电冰箱有质量问题。于是张瑞敏突击检查了仓库，发现不合格的冰箱还有76台！在研究如何处理这批不合格的产品时，有干部提出可将其作为福利处理给本厂的员工的建议。作为首席执行官的张瑞敏坚决不同意。就在很多员工十分犹豫时，张瑞敏做出了决定，开一个全体员工的现场会，当众把76台不合格的冰箱全部砸掉！而且，必须由生产这些冰箱的员工亲自砸掉！

听到这个决定，有老员工当场就哭了。当时企业正处于濒临倒闭的边缘，连开工资都非常困难。如此“糟践”，大家“心疼”啊！

但张瑞敏清楚，若放行这批产品，就谈不上质量意识！如果我们不砸掉这批冰箱，就相当于告诉大家可以生产这种带缺陷的冰箱。今天是76台，明天就可以是760台、7600台……所以必须实行强制，必须要有震撼作用！最终张瑞敏依然选择当众砸掉这批冰箱。

最终，海尔从一家资不抵债、濒临倒闭的集体小厂发展成为全球最大的家用电器制造商之一，成为中国第一个走出国门的品牌。

学生各抒己见。

教师：在“一带一路”战略背景下，中国企业走出去布局全球已成常态。与之不匹配的是中国品牌的“弱势”。而如何抓住机遇，打造有世界影响力的品牌，是每个企业所共同期望的。品牌的创建需要企业的市场行为可以长期履行他对消费者的承诺，更需要几代人持之以恒的努力。商人逐利，作为企业与企业家似乎应该是唯利是图。然而，真正目光远大的企业家都懂得“信比金贵”的道理。香港富豪李嘉诚曾说过：“一生之中，最重要的是守信。”为了追求眼前利益而放弃诚信的准则，势必走不长远。2008年三鹿毒奶粉事件的发生，不但影响了企业自身的发展，甚至重创了整个中国乳业。当时多个国家禁止了中国乳业的进口，甚至几年过去仍有近半的国人不愿意买国产牛奶。2020年的瑞幸咖啡退市事件也给中概股带来了不小的负面影响。而海尔正是秉承“以质量求生存、靠信用闯天下”的经营理念，才走出国门，成为国际知名品牌。可见诚信经营，信守规则才是企业的立业之本，发展之基。人无信不立，业无信不兴。信用已经成为个人和企业的第二张身份证，是提高品牌价值的软实力。

（三）诚信是立国之本

过渡：诚信对于个人和企业都有着重要的意义，那么国家是否也要信守承诺呢？

探究活动三：

请阅读下面三段材料，思考为什么国家也要坚守诚信？

材料 1：一个人也好，一个政党也好，最难得的就是历经沧桑而初心不改、饱经风霜而本色依旧。党的初心和使命是党的性质宗旨、理想信念、奋斗目标的集中体现，激励着我们党永远坚守，砥砺着我们党坚毅前行。从石库门到天安门，从兴业路到复兴路，我们党近百年来所付出的一切努力、进行的一切斗争、作出的一切牺牲，都是为了人民幸福和民族复兴。正是由于始终坚守这个初心和使命，我们党才能在极端困境中发展壮大，才能在濒临绝境中突出重围，才能在困顿逆境中毅然奋起。

——2020 年 1 月 8 日，习近平《在“不忘初心，牢记使命”主题教育总结大会上的讲话》

材料 2：2020 年是脱贫攻坚决战决胜之年，站在“两个一百年”奋斗目标的历史交汇点上，回顾这场脱贫攻坚战役，1650 万、1232 万、1442 万、1240 万、1289 万、1386 万、1109 万，是 2013 年至 2019 年中国农村减贫人数，每个数字的背后都有一部中国共产党人锐意进取、勠力减贫的奋斗史，这部奋斗史书写了全面建成小康社会的庄严承诺，记录了中国共产党人矢志不渝践行诺言的使命担当。

承诺，始于“全心全意为人民服务”的立党宗旨。“一切依靠人民，一切为了人民”“从群众中来，到群众中去”，栉风沐雨近百年的中国共产党人，始终坚持站稳群众立场、践行群众路线，把人民群众的利益置于一切工作的最高位置和最大追求，涌现出王进喜、雷锋、焦裕禄、孔繁森等一大批对人民群众无限赤诚的中国共产党人，以人民群众之心为心，以人民群众之利为利。源浚者流长，根深者叶茂。正是牢牢植根于人民群众，中国共产党人才有了生存和成长的“养分”，面对未知挑战能够从容应对，面对荆棘障碍敢于勇往直前，面对大风大浪做到处变不惊，实现了一次又一次突破、取得了一个又一个胜利。

——《中国共产党人对人民敢承诺、能践诺》，光明网

材料 3：面对世界百年未有之大变局和世纪疫情，二十国集团作为国际经济合作主要论坛，要负起应有的责任，为了人类未来、人民福祉，坚持开放包容、合作共赢，践行真正的多边主义，推动构建人类命运共同体。

……

中国一直主动承担与国情相符合的国际责任，积极推进经济绿色转型，不断自主提高应对气候变化行动力度……中国将力争 2030 年前实现碳达峰、2060 年前实现碳中和。我们将践信守诺，携手各国走绿色、低碳、可持续发展之路。

……

中国古人说：“诚信者，天下之结也。”就是说诚信是结交天下的根本。中国将坚持对外开放的基本国策，发挥超大规模市场优势和内需潜力，着力推动规则、规制、管理、标准等制度型开放，不断加大知识产权保护力度，持续打造市场化、法治化、国际化营商环境，为中外企业提供公平公正的市场秩序。我相信，中国发展将为各国带来更多新机遇，为世界经济注入更多新动能。

——2021 年 10 月 30 日，习近平《团结行动　共创未来——在二十国集团领导人第十六次峰会第一阶段会议上的重要讲话》

学生各抒己见。

教师：习近平总书记在系列讲话中曾多次引用了“民惟邦本，本固邦宁”的政治格言，充分表达了习近平总书记一贯坚持的“以民为本，执政为民”的治国理念。中国共产党建党之初对人民许下“以人民为中心，全心全意为人民服务”的承诺，从“红军是为劳苦工农谋利益的先锋队”到“共产

党就是自己有一条被子，也要剪下半条给老百姓的人”，再到“脱贫攻坚、决战小康”。这一路走来，时代在变而初心不变，党始终把为最广大人民群众谋利益作为党的最高宗旨，对人民敢承诺，能践诺，因此必然得到广大人民的信任和支持。

“国无信难兴。”安定、有序的社会环境是推动生产力发展的重要保障。诚实守信的社会风尚，建立健全的社会信用机制，是激发经济持续发展的动力。古有商鞅“立木建信”，取信于民，才使法令顺利施行，从而促进了秦国的发展，为秦统一六国奠定了基础。在现代经济社会，也只有具备信任的基础，社会资本才可以有序有效流动，社会主义市场经济才能获得高速、可持续发展。

“人与人交往在于言而有信，国与国相处讲究诚信为本。” 诚信是一个国家的名片，大国邦交诚信先行。我国一直是一个重信践诺的国家，不论是对外承诺的“碳达峰、碳中和”，还是对内承诺的“全部脱贫”，我们有的不仅仅是雄心壮志的诺言，更多的是脚踏实地的行动。面对新冠疫情，我们及时武汉封城，全国禁足，防止病毒扩散，人们也秉承诚信，有状况及时上报，及时隔离，有效了抑制了疫情的发展，把病毒锁在有限的区域，向世界展现中国责任担当，彰显了大国风范。将“中国承诺”做成一块响当当的金字招牌，获得各国人民的赞许和认同。反观美国政府出尔反尔、言而无信，只享利益、不担责任，换来的是世界各国人民的愤慨和反对。

过渡：通过交流讨论我们知道，诚信对于个人、企业、国家都有着举足轻重的意义，那么我们要如何践行诚信呢？

五、如何守诚信

请同学们反思一下自己日常的行为，据实完成下面的诚信调查问卷。

1. 老师布置的作业你是否每次都是自己独立完成？ 是（ ）否（ ）

2. 自习课或晚休你是否能够自觉的遵规守纪？ 是（ ）否（ ）

3. 考试中你是否从来没有作过弊？ 是（ ）否（ ）

4. 面对朋友、同学你是否直言不讳说出自己的想法？ 是（　）否（　）

5. 如果借了他人的钱或物，你是否总能按时归还？ 是（　）否（　）

6. 你是否从来没有欺骗过他人？ 是（　）否（　）

7. 做出的承诺你是否能全部兑现？ 是（　）否（　）

8. 你是否喜欢和诚实守信的人做朋友？ 是（　）否（　）

9. 当个人利益和守诚信冲突时，你是否会坚守诚信放弃利益？

是（　）否（　）

10. 你认为自己是诚实守信的人吗？ 是（　）否（　）

教师：面对十个小问题有些同学会毫不犹豫地回答“是”，也有些同学会在某些问题上犹豫不决。以第一条独立完成作业为例，有同学绝大多数时间可以独立完成，但也有个别时候有抄袭的情况，那能否回答“是”呢？——不能。

这虽然是一份调查问卷，但从某种意义上来说又何尝不是一份诚信试卷呢？能否如实回答，是对每位答卷人的自我考量。（注：常言道，人无完人，孰能无过。这里如果能为人师表，敢于公开或部分公开老师自己的答卷情况会极大地扩大教育成果，引起学生的共鸣，有可能收到意想不到的效果，可以说是“神来之笔”。如：“毋庸讳言，这份问卷可能会使我们感到一定程度的尴尬，说实在的，不仅同学们感到尴尬，我也感到不好意思，因为我也没有完全做到。咱就以第 × 条为例，我上学的时候……当遇到……我也曾经……”）没有做到并不可怕，可怕的是不敢承认自己存在的问题，不敢坦坦荡荡，亮亮堂堂地做人。

通过这份调查试卷，同学们应该能够体会到“一时诚信易，一世诚信难；一事诚信易，事事诚信难”。特别是当个人利益和守诚信冲突时，还能放弃利益而坚守诚信，更是对人的考验。在个人信用已经成为人们的第二张身份证的今天，同学们应该怎么做呢？

学生各抒己见。

教师：同学们都说得非常好。希望大家真正可以“以诚实守信为荣”

从小事做起，从自我做起，将诚信内化于心，践之以行，做一名守诚信的中学生。

个人的诚信依靠自我约束和道德修养的提升，而要使整个社会都能形成诚信之风，还需要有健全的社会信用体系和相应的法律支撑。让我们共同努力，打造不能、不敢、不愿失信的社会环境，真正做到“让守信者处处受益、让失信者寸步难行”。

最后请大家和我一起喊出我们的誓言：

我们要真诚无妄，至诚无息；

我们要严以律己，表里如一；

我们要信守承诺，说到做到；

做光明磊落，诚实守信中国人！

五、结束：

播放《诚信中国人》MV，师生可一起合唱。

同学们，下课！

第八节　青春信仰 唱响中国梦

一、主题阐述

“这个世界属于青年，就让青年改变世界”。1919 年，五四运动爆发，爱国青年慷慨赴难、舍生取义，为国家之独立、民族之复兴，不惜此身的将生命绽放在救亡图存的道路上。有志青年用生命和信念，践行他们对祖国的爱。董存瑞、黄旭华、杜富国等等所有的中国青年，总还在黑暗的时刻绽放出属于他们的光，为过去照亮希望，为将来留下火种，引导着一代又一代的青年，为实现中华民族的伟大复兴砥砺前行。而当代的青年，不仅仅肩负着开创未来、实现“中国梦”的使命，也肩负着继承过去先烈们意志的责任。这要求作为当代青年的我们，要坚定信念，不惧艰苦、坚定不移地跟随着中国共产党，为实现中华民族的伟大复兴，贡献出中国青年的光与热。

二、核心素养

理想信念、家国情怀、责任担当

三、典型素材

素材一：视频《一分钟看五四运动》[1]

1. 典型素材概述

该素材，在一分钟的时间内，用 19 张照片，向我们阐释了在 1919 年那个丧权辱国、被列强压迫的黑暗年代，一群有知识、有理想的爱国青年们，

[1] 《一分钟看五四运动》，哔哩哔哩网（https://www.bilibili.com/medialist/play/ml1599091478/BV12b411M7Xj?Oid=48528937&otype=2）。

用一腔为国的热血、不妥协的反帝反封建的爱国精神，以及不惧牺牲、救亡图存的爱国行动，为振兴中华民族而进行的一系列努力奋斗。“一寸山河一寸血，十万青年十万兵”，在国家危难之际，一位位优秀的中国知识青年，以自己的知识、文化、思想和精神，用行动乃至生命，肩负起了对于这个国家的历史责任。开拓、奋进、奉献、探索、创新、解放，中国青年必将为实现祖国繁荣富强、民族伟大复兴的目标而绽放其最强烈的光与热。

2. 思政教育点

思政教育点 1：2020 年 5 月 4 日，五四青年节之际，共青团中央举办“让青春为祖国绽放”的主题团日活动，旨在激励和引领广大团员，时刻继承和发扬五四精神。通过视频展播，使学生们直观地感受到五四运动整个过程的跌宕起伏，感受这一场以先进青年和知识分子为先锋、广大人民群众参加的彻底反帝反封建的伟大爱国革命运动，感受这一场中国人民为拯救民族危亡、捍卫民族尊严、凝聚民族力量而掀起的伟大社会革命运动，感悟五四运动的伟大历史意义、时代意义。

思政教育点 2：五四运动时，面对国家和民族的生死存亡，一批爱国青年挺身而出，以自己热血的青春推动历史的进步。五四运动，孕育了以爱国、进步、民主、科学为主要内容的伟大五四精神，其核心是爱国主义，它推动着中华民族的崛起。作为当代青年人，我们要继承和发扬五四精神，坚定理想信念，为实现中华民族伟大复兴中国梦贡献青春力量。

素材二：习近平总书记讲话金句

1. 典型素材概述

青年是整个社会力量中最积极、最有生气的力量，国家的希望在青年，民族的未来在青年。今天，新时代中国青年处在中华民族发展的最好时期，既面临着难得的建功立业的人生际遇，也面临着“天将降大任于斯人”的时代使命。新时代中国青年要继续发扬五四精神，以实现中华民族伟大复兴为己任，不辜负党的期望、人民期待、民族重托，不辜负我们这个伟大时代。

——2019 年 4 月 30 日，习近平《在纪念五四运动 100 周年大会上的讲话》

青年最富有朝气、最富有梦想。近代以来，我国青年不懈追求的美好梦想，始终与振兴中华的历史进程紧密相联。在革命战争年代，广大青年满怀革命理想，为争取民族独立、人民解放冲锋陷阵、抛洒热血。在社会主义革命和建设时期，广大青年响应党的号召，向困难进军，向荒原进军，保卫祖国，建设祖国，在新中国的广阔天地忘我劳动、艰苦创业。在改革开放历史新时期，广大青年发出团结起来、振兴中华的时代强音，为祖国繁荣富强开拓奋进、锐意创新。在最近的芦山抗震救灾中，大批青年临危不惧、顽强拼搏，广大青年心系灾区、无私奉献，为抗震救灾作出了重要贡献。

——2013 年 5 月 14 日，习近平《在同各界优秀青年代表座谈时的讲话》

2. 思政教育点

思政教育点 1：习近平总书记在不同场合对青年的寄语，为新时代青年人继承和发扬五四精神指明了前进方向。新时代中国青年要继承和发扬五四精神，坚定理想信念，站稳人民立场，练就过硬本领，肩负起新时代的新使命，为实现中华民族伟大复兴的中国梦不懈奋斗。

思政教育点 2：学习习近平总书记关于中国梦与青年梦的重要论述，有助于广大青年人理解中国梦与个人梦的关系。引导当代广大青年把个人梦、成才梦、青春梦融入中国梦之中，在各行各业发挥突击队和生力军作用。青年人要同人民一道拼搏、同祖国一道前进。

素材三：视频《致敬青春的力量》[1]

1. 典型素材概述

青春是什么？是责任，是奉献，是担当，是使命。是手托炸药包炸毁敌军暗堡，牺牲时未满 19 岁的董存瑞；是 32 岁便告别家人，隐姓埋名 30 年的“中国核潜艇之父”黄旭华；是排雷中为掩护战友，27 岁时失去双手双眼的杜富国；是疫情下选择挺身而出的中国青年。若我是医生，我会以奋战抗疫第一线为荣；若我是军人，以我之性命、御敌于外，便是我的荣光；若我是科学家，“七

[1] 《致敬青春的力量》，CCTV4、人民网联合出品。

尺躯已许国，再难许卿”是对我青春最好的阐释。为实现中华民族的伟大复兴，总有人在奉献着一切，于我们而言，这份责任，也是不容推脱的。

2. 思政教育点

思政教育点 1：五四以来的青年运动史，就是一部中国梦引领青年梦、青年梦融入中国梦的历史。中国的历史是一部奋斗史，也是一部青年成长史，在祖国建设的路上，无数青年人抛头颅、洒热血，贡献着自己的力量乃至生命，他们是时代的精英，是民族的脊梁，铭记历史、铭记英雄，向他们致敬。

思政教育点 2：让学生们记得，在每个年代，中国都有这样的青年，他们嘴上沾了墨水的模样，腿上全是泥点的模样，艰苦岁月里衣衫褴褛的模样，奋斗岁月里不眠不休的模样，这就是中国最美的模样。而我们，则需要学着去做这样的青年。时间的长河奔腾不息，中国的脚步奋勇向前。百余年，没有人永远年轻，却总有人正年轻，青年永在。

思政教育点 3：中国青年用自己美好的青春，不畏牺牲，甘作中华民族伟大复兴的奠基石。作为当代青年人，虽然人生目标会有不同，职业选择也有差异，但只有把小我融入祖国的大我、人民的大我之中，与时代同步伐、与人民共命运，才能更好的实现人生价值、升华人生境界。

素材四：《让青春为祖国绽放》青年 100 五四特辑视频 [1]

1. 典型素材概述

愿中国青年都摆脱冷气，只是向上走，不必听自暴自弃者流的话，能做事的做事，能发声的发声，有一分热，发一分光，就令萤火一般，也可以在黑暗里发一点光，不必等候炬火，此后如竟没有炬火，我便是

[1] 《让青春为祖国绽放》青年 100 五四特辑，共青团中央，哔哩哔哩网（https://www.bilibili.com/video/BV1RQ4y1N74g/?spm_id_from=333.337.search-card.all.click）。

唯一的光。[1]

让青春为祖国绽放，让热血为祖国流淌，做好自己能做的充满正能量的事，就是为祖国做出贡献。视频里的每一位中国青年，为了自己的梦想坚持不懈、努力奋斗，让他们抵达更远的远方，这是他们的梦，也是中国梦。每一个青年都是这个时代的一部分，而当所有的青年聚在一起时，就叫作时代。视频里的青年人，有的可能家喻户晓，有的也许不为人知，但他们都有着责任与担当，都在用自己的方式，为中华民族的伟大复兴绽放出自己最大的那一分光与热。

2. 思政教育点

思政教育点 1：在每一位同学心中刻下“青年一代有理想、有本领、有担当，国家就有前途，民族就有希望”的观念。在每一个时期，总有一些青年作为先锋力量闯关夺隘、攻城拔寨。他们心系国家命运、敢于担当，他们肩负重任、勇毅前行，是每个时代最可爱的人。青年一代是祖国的希望、民族的未来，是必须奋斗的一代。青年兴则国家兴，青年强则国家强。

思政教育点 2：作为新时代青年，我们身逢其时，百年恰是风华正茂，站在第二个一百年奋斗目标的历史关口，国家和民族比以往任何时候都更需要青年肩负起重任。青年人要不忘初心，树立理想信念，脚踏实地，迎难而上，奋勇担当，为祖国建设添砖加瓦，让青春之花在祖国最需要的地方绽放。

素材五：中国共青团入团誓词

1. 典型素材概述

我志愿加入中国共产主义青年团，坚决拥护中国共产党的领导，遵守团的章程，执行团的决议，履行团员义务，严守团的纪律，勤奋学习，积

[1]　鲁迅《热风・随感录四十一》，中国作家网（http://www.chinawriter.com.cn/n1/2021/0908/c440988-32221431.html）。

极工作，吃苦在前，享受在后，为共产主义事业而奋斗。[1]

2. 思政教育点

思政教育点 1：作为党的助手和后备军，作为青年组织，要铭记入团初心，铭记团员身份。坚定信念，做有理想的青年；遵规守纪，做有正气的青年；勤学苦练，做有才气的青年，用奋斗的激情为祖国绽放青春。

思政教育点 2：通过宣誓，让青年学生牢记自己的使命，牢记自己的义务，牢记自己的责任。保持奋斗不息的精神，坚定自己的理想信念，忠实践行自己的入团誓词，时刻提醒自己，作为一名中国青年，我有责任有义务，为了中华民族的伟大复兴而奋斗终生。

四、大咖点睛

《一分钟看五四运动》的有关视频，让当代青年学生了解感悟那时的中国有志青年是如何为了救亡图存而努力奋斗的，从而激励当代青年继承和发扬“五四”精神，不断“开拓、奋进、奉献，探索、创新、解放”。习近平总书记讲话金句及视频《致敬青春力量》，能够唤醒当代青年学生对中华民族伟大复兴中国梦的责任、担当与奉献。《让青春为祖国绽放》的视频及共青团入团誓词，更是能够鼓舞青年学生树立正确世界观、人生观、价值观，树立坚定的理想信念，把个人梦想融入伟大中国梦之中，为实现中华民族伟大复兴而刻苦学习，奋发成才。该团课图文并茂，内容具体鲜活，具有很强的针对性和实效性；形式新颖多样，增强了吸引力和感染力；寓教于乐，在潜移默化中提升青年学生的思想政治觉悟，引领青年学生在新时代新征程中谱写新的青春篇章，充分发挥了共青团思想教育阵地的作用。

——山东交通学院国际教育学院、顿河学院党委书记　孙照波

---

[1] 《中国共产主义青年团章程》，中国共青团网（https://www.gqt.org.cn/tngz/zc/202204/t20220419_787355.htm）。

教案范例

让青春为祖国绽放

学习目标

1. 了解五四运动，传承五四精神，理解中国梦与青年的重要关系。

2. 了解不同时代有志青年将“小我”融入“大我”的故事，呼吁青年们展现青春担当，明白“青年兴则国兴，青年强则国强”的意义。

3. 探讨生活学习中青年人如何做中国梦的践行者，让青春为祖国绽放。

教学重难点

如何用实际行动让青春为祖国绽放。

教法设计

小组合作讨论法、自主探究法、多媒体教学法

教学过程

一、导入

歌曲导入：《我们都是追梦人》。

教师：不论是国家民族，还是个人家庭，梦想都是保持生机、激发活力的源泉。实现中华民族伟大复兴的中国梦，就是要实现国家富强、民族振兴、人民幸福。 实现中国梦必须凝聚中国力量，实现民族复兴的“中国梦”，当代青年不可能置身事外。让我们一起走入今天的团课主题《让青春为祖国绽放》。

二、沿着复兴路 探寻中国梦

过渡：梦想实现不易，复兴之路艰辛。中国近代史，是一部艰难求索史，也是一部不懈奋斗史。

探究活动一：

近代中国强国之梦的历史轨迹

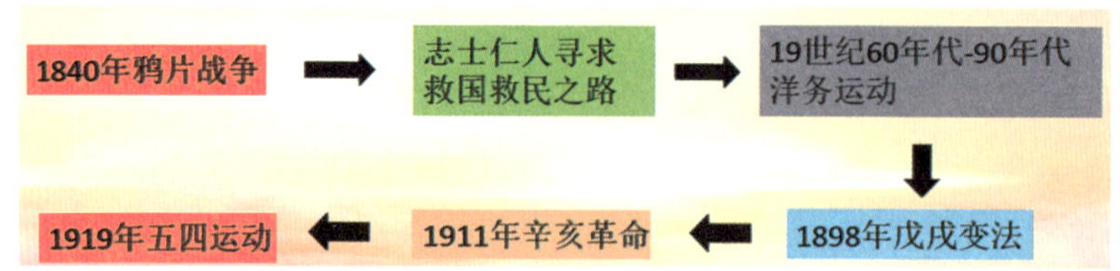

探究活动二：

多媒体播放视频《一分钟看五四运动》。

思考：视频里哪一个片段最能打动你？他们身上的哪一种品质最吸引你？

学生各抒己见。

教师：刚刚同学们分享了很多。1919年的五四运动，一群年轻人义无反顾地走到反帝反封建的爱国运动前列。为中华民族发声，在那个黑暗的时代，成为点燃时代的一把火炬，照亮黑暗的前路，帮助人们不断前行。五四运动促进了马克思主义在中国的传播及其与中国工人运动的结合。中国青年洒热血在五四运动中换来了中国进步。“国家兴亡，匹夫有责。”国家是由一个个有生命有情感的个体组成，而青年正是这些个体中的强劲力量。他们为国家的兴盛牺牲了自己的生命，才有了从五四运动渐渐走向改革开放的伟大进步，也形成了伟大的五四精神。

探究活动三：

多媒体展示：习近平总书记关于中国梦与青年的重要论述。

青年是整个社会力量中最积极、最有生气的力量，国家的希望在青年，民族的未来在青年。今天，新时代中国青年处在中华民族发展的最好时期，既面临着难得的建功立业的人生际遇，也面临着“天将降大任于斯人”的时代使命。新时代中国青年要继续发扬五四精神，以实现中华民族伟大复兴为己任，不辜负党的期望、人民期待、民族重托，不辜负我们这个伟大时代。

——2019年4月30日，习近平《在纪念五四运动100周年大会上的讲话》

青年最富有朝气、最富有梦想。近代以来，我国青年不懈追求的美好梦想，始终与振兴中华的历史进程紧密相联。在革命战争年代，广大青年满怀革命理想，为争取民族独立、人民解放冲锋陷阵、抛洒热血。在社会主义革命和建设时期，广大青年响应党的号召，向困难进军，向荒原进军，保卫祖国，建设祖国，在新中国的广阔天地忘我劳动、艰苦创业。在改革开放历史新时期，广大青年发出团结起来、振兴中华的时代强音，为祖国繁荣富强开拓奋进、锐意创新。在最近的芦山抗震救灾中，大批青年临危不惧、顽强拼搏，广大青年心系灾区、无私奉献，为抗震救灾作出了重要贡献。

——2013 年 5 月 4 日，习近平《在同各界优秀青年代表座谈时的讲话》

学生感悟理解。

教师：中国梦和当代青年是相辅相成，相互促进的。中国梦的理论基础为当代青年指明了方向，提供了精神支柱，揭示了具体方法。而当代青年的梦的实现过程又为中国梦的实现提供了动力和活力。

三、实干有志人 托起中国梦

过渡：在中国特色社会主义道路上实现中华民族的伟大复兴，寄托着无数仁人志士、革命先烈的理想和夙愿。青年兴则国兴，青年强则国强，无数实干青年有志人，托起中国梦。

探究活动一：

分享感悟：青年是时代和社会的产物，青年的作用、使命由特定的时代条件和社会关系决定。分享不同时代有志青年将“小我”融入“大我”的故事。

学生分享故事。

教师：青年一代的理想信念、精神状态、综合素质，是一个国家发展活力的重要体现，也是一个国家核心竞争力的重要因素。今日之中国，早已摆脱了积贫积弱、任人宰割的悲惨命运，近 14 亿人民正奋进在民族复兴的大道上。

多媒体播放视频《致敬青春的力量》。

教师：“有信念、有梦想、有奋斗、有奉献的人生才是有意义的人生。”

当代青年应该接过革命的接力棒，牢记我党的宗旨，继续先辈的光荣事业，沿着先辈光荣的足迹，为实现中华民族的伟大的复兴矢志前行。

探究活动二：

梦的翅膀

时间	我的岁数	我的梦想	祖国的梦想
2035			
2050			

学生分享。

教师：每一个中国人都需要把个人的梦想和“中国梦”结合起来，把个人的梦想融入到“中国梦”中去。

四、青年正当时 共筑中国梦

过渡：青年正当时，青年人不仅是“中国梦”建设成果的收获者、享用者，更是“中国梦”的建设者。

探究活动：

青年是祖国的希望，是中国梦的践行者，应当坚定马克思主义信仰，紧跟中国共产党的脚步，矢志学习，为建设中国特色社会主义而奋斗，为实现中华民族伟大复兴的中国梦贡献力量。在生活学习中，我们应该如何做？

小组合作探究。

教师总结：坚定理想信念、练就过硬本领、矢志艰苦奋斗、锤炼高尚品格。

过渡：作为新一代年轻人的我们代表了民族的希望，代表了民族的未来，成了民族的脊梁。在这历史性的征程里，中国青年大有可为！

活动二：学生弹唱《少年中国说》，全体学生朗诵：

故今日之责任，不在他人，而全在我少年。

少年智则国智，少年富则国富，

少年强则国强，少年独立则国独立，

少年自由则国自由，少年进步则国进步，

少年胜于欧洲，则国胜于欧洲，

少年雄于地球，则国雄于地球。

美哉，我少年中国，与天不老！

壮哉，我中国少年，与国无疆！

五、结语

以梦为马，方知前路坦荡。在追求中华民族伟大复兴的道路上，不仅仅要有梦想，更要有顽强的意志、担当时代职责的认知和砥砺奋斗的决心。作为当代青年，应对新的形势和任务、新的机遇和挑战，我们必须要勇立潮头、开风气之先，奋发进取、创时代伟业，做出青年应有的贡献，让青春为祖国绽放！

第九节　争做新时代好团员

一、主题分析

无论身处哪个时代，青年人都有符合时代特征的理想信念和责任担当。战争年代，他们浴血奋战、宁死不屈、保家卫国；社会主义建设时代，他们艰苦奋斗、勇于开拓、无私奉献；改革开放年代，他们大胆探索、克难攻坚、敢为人先；科技时代，他们无畏失败，自主创新。“两个一百年”奋斗目标的历史交汇期，我们进入了中国特色社会主义新时代，新时代的青年团员们在建设有中国特色的社会主义事业中应该做什么和怎样做，如何更好地发挥团员的模范带头作用，勇立潮头，担负起新时代青年的使命和责任，为实现中华民族伟大复兴，贡献自己的力量。

二、核心素养

理想信念、责任担当

三、典型素材概述

素材一：七一讲话中对青年的期望

未来属于青年，希望寄予青年。一百年前，一群新青年高举马克思主义思想火炬，在风雨如晦的中国苦苦探寻民族复兴的前途。一百年来，在中国共产党的旗帜下，一代代中国青年把青春奋斗融入党和人民事业，成为实现中华民族伟大复兴的先锋力量。新时代的中国青年要以实现中华民族伟大复兴为己任，增强做中国人的志气、骨气、底气，不负时代，不负韶华，不负党和人民的殷切期望！[1]

1. 典型素材概述

这是习近平总书记 2021 年 7 月 1 日在庆祝中国共产党成立 100 周年大会上发表重要讲话中的一段，它凝聚了习近平总书记对新时代中国青年的殷切期望，也发出了对新时代青年团员的号召与要求。“志气、骨气、底气”六个朴素的字眼高度概括了新时代团员应该成为的样子。

2. 思政教育点

思政教育点 1：墨子曰“志不强者智不达”。回望建党百年风云历史，一批又一批中国青年为了实现国家富强、民族复兴、人民幸福的理想接续奋斗，为了建设他们理想中的美好中国，不惜献上年轻的生命。支撑他们前仆后继走下去的动力来自哪里？北宋大儒张载的“为天地立心，为生民立命，为往圣继绝学，为万世开天平”说出了答案。习总书记的“志气”二字概括了青年一代应有的志向和追求。有志气，就是有坚定的理想信念，立足于国家民族，立志于做大事，才能更好地成就未来的自己。

思政教育点 2：以青春之我，创造青春之中国。100 多年前，李大钊先生曾“以青春之我，创建青春之家庭，青春之国家，青春之民族，青春之人类，青春之地球，青春之宇宙，资以乐其无涯之生”为己任，百年前的青年人尚且有着如此的责任担当，新时代的青年团员们，更要接过他们的接力棒，为中华民族的伟大复兴挺身而出、勇挑重担，奉献我们的青春，彰显我们的骨气。

素材二：视频《神舟十三号发射成功》

1. 典型素材概述

北京时间 2021 年 10 月 16 日 0 时 23 分，搭载神舟十三号载人飞船的长征二号 F 遥十三运载火箭，在酒泉卫星发射中心按照预定时间精准点火

[1] 习近平《在庆祝中国共产党成立 100 周年大会上的讲话》，《人民日报》，2021 年 7 月 2 日。

发射，约582秒后，神舟十三号载人飞船与火箭成功分离，进入预定轨道，顺利将翟志刚、王亚平、叶光富3名航天员送入太空，飞行乘组状态良好，发射取得圆满成功。[1]

2. 思政教育点

航天人的责任与担当。2003年10月15日，杨利伟乘坐神舟五号一飞冲天，他成为我国第一位进入太空的航天员，实现了中华民族千年的飞天愿望。18年后，神州十三号发射成功，翟志刚、王亚平和叶光富三位宇航员将在天宫空间站驻扎半年。从神舟五号的“一人只能一天”，到神州十三的“三人可以半年”，中国载人航天从无到有、从弱到强。越来越多的青年航天人开始出现在屏幕中、大众前，所有的成功来自哪里？来自一代代航天人的接续奋斗，来自航天人对祖国的热爱，来自对理想的不放弃。从青年到暮年，他们共筑航天梦，用行动来诠释责任与担当。

素材三：图片《贾法里的无奈》

1. 典型素材概述

《贾法里的无奈》 作者：王鲁宁

2018年4月9日，联合国安理会曾就叙利亚化学武器问题召开紧急会议，叙利亚驻联合国代表贾法里在会上怒斥美国以谎言为由发动侵略战争，劣迹斑斑。但他发言一开始，美

[1] 《新华全媒 | 神舟十三号载人飞船发射取得圆满成功》，新华网（http://m.news.cn/2021-10/16/c_1127963045.htm）。

英代表就已经离席。这篇“檄文”也没有能阻止 13 日美英法联军对叙利亚发动空袭。15 日，美英法三国对叙利亚发动军事打击后，贾法里在联合国总部大楼休息区怅然独坐。

2. 思政教育点

思政教育点 1：弱国无外交。100 年前，五四运动爆发缘于“弱国无外交”，百年后的世界依然如此，叙利亚驻联合国代表巴沙尔·贾法里的无奈、无助、悲哀，和 100 多年前的巴黎和会上中国代表团如出一辙。没有青年一代良好的素质、渊博的知识、过硬的本领，国家怎么会强大？怎么会在国际上有话语权？“落后就要挨打”这么浅显的道理，我们每个人都懂。新时代青年团员要努力学习，练就过硬本领，把我们的国家建设的强大，谁也不敢小觑。

思政教育点 2：过硬的本领是我们的底气。面对急剧变化的时代，科技进步日新月异，各种新知识、新情况、新事物层出不穷，不努力就会被时代无情淘汰。过硬本领是青年成长成才的牢固根基，是青年迈入社会、成就事业必备的基本素质。就像习近平总书记说的那样“珍惜韶华、不负青春，努力学习掌握科学知识，提高内在素质，锤炼过硬本领，使自己的思维视野、思想观念、认识水平跟上越来越快的时代发展。”[1]

素材四：视频《我想成为这样的新时代青年》[2]

1. 典型素材概述

视频中，来自不同大学的青年学子们纷纷阐述应该成为什么样的新时代青年：我期待中的自己，拥有澎湃的理想，但没有好高骛远的空想；我当燃则燃，也不为人生设限；我敢于冒险，也敢于试错；我会为每一个小

[1] 2019 年 4 月 30 日，习近平《在纪念五四运动 100 周年大会上的讲话》，新华网（http://www.xinhuanet.com/politics/leaders/2019-04/30/c_1124440193.htm）。

[2] 视频《我想成为这样的新时代青年》，中国共青团网（http://qnzz.youth.cn/vod/202107/t20210709_13083487.htm）。

进步而欢欣雀跃，也从来不因为一点挫折就停滞不前；我汲取榜样的力量，也有自己的独立思考；我向往自由，也勇担责任；我的心中有星辰大海，也依然脚踏实地；我热爱我的祖国，也热爱这片土地上每一个可爱的人；我希望让更多人拥抱美好的生活，也期待自己能为此贡献一份力量；我就算是一粒微光，也以照亮一处角落为荣；我想成为怎样的新时代青年？其实哪有什么标准答案。看来人生没有定论，才是唯一的答案。每一位鲜活的新时代青年都大有可为，你呢？你想成为怎样的新时代青年？

2. 思政教育点

星光不负赶路人，时光不负有心人。来自各个大学的青年团员们诠释了新时代青年的人生观、世界观和价值观。他们不拘泥于条条框框，坚信只要心中有阳光，脚下就有力量。新时代的青年，无论从事哪个行业，身处哪个岗位，依然眼中有光，心中有爱，去寻找青年人在新时代的意义，在这个时代留下属于他们的印记。他们用新时代青年的朝气和力量，助力国家强盛，民族复兴。

四、大咖点睛

虽然我们处在新时代，但是很多青年团员们对于中国特色社会主义新时代的内涵了解的并不是特别透彻，本节课结合各种讲话精神和案例深入浅出的给青年团员介绍了什么是新时代、新时代的内涵、新时代要求我们青年团员怎么做？并展现了当代中国青年的担当精神、让青年团员们心怀理想，立足当下，为中华民族的伟大复兴贡献自己的力量。

——西安体育学院教研室 王秋苹

教案范例

争做新时代好团员

教学目标

1. 学习习近平有关中国特色社会主义新时代讲话精神，了解新时代的内涵。

2. 了解中国特色社会主义新时代对青年团员的要求。

3. 当今社会，如何做一名新时代的好团员。

教学重难点

了解新时代的内涵，思考如何做一名新时代好团员。

教法设计

自主探究法、小组合作讨论法、多媒体教学法

教学过程

一、导入

视频导入：1- 新时代 .mp4

教师：短短一分钟，带领我们回溯了中国共产党带领全国人民浴血奋战、艰苦奋斗的历程，从新民主主义革命、社会主义建设、改革开放，到社会主义现代化建设，经历了从量的积累到质的飞跃的不同发展阶段，中国快速迈进了特色社会主义新时代。什么是中国特色社会主义新时代？新时代是从什么时候开始的？新时代对我们团员提出了什么样的要求？怎样做一名新时代的好团员？让我们带着问题开始今天的团课《争做新时代好团员》。

二、什么是中国特色社会主义新时代?

过渡：“经过长期努力，中国特色社会主义进入了新时代，这是我国发展新的历史方位。”2017 年 10 月 18 日，在中国共产党第十九次全国代

表大会上，习近平同志郑重宣示。这一宣示，概括了中华民族的伟大飞跃，坚定了中国共产党的时代使命，明确了旗帜，更预示了未来。

探究活动一：

PPT 展示新时代的内涵。

你是如何理解这五个内涵?

学生各抒己见。

教师：这个新时代，是承前启后、继往开来、在新的历史条件下继续夺取中国特色社会主义伟大胜利的时代。改革开放以来特别是党的十八大以来，党带领人民走中国特色社会主义道路，在此期间苏联解体，有人妄称中国也将随着“多米诺骨牌”效应倒下，将近三十年过去了，中国不但没有倒下，还举高了、举稳了社会主义旗帜。第二个内涵是决胜全面建成小康社会、进而全面建设社会主义现代化强国的时代。大家学政治都知道十八大提出的“五位一体”（此处可提问哪“五位”），大大丰富了“现代化”的理论体系，这个总体布局意味着中国进入二十一世纪后，从局部现代化到全面现代化。第三个内涵是全国各族人民团结奋斗、不断创造美好生活、逐步实现全体人民共同富裕的时代。人民对美好生活的向往，始终是我们党的奋斗目标，体现了以人民为中心的发展思想。第四个内涵是全体中华儿女勠力同心、奋力实现中华民族伟大复兴中国梦的时代。新中国的成立，为民族复兴奠定了坚实的基础，改革开放为民族复兴注入了强大生机活力。第五个内涵是我国日益走近世界舞台中央、不断为人类作出更大贡献的时代。能力越大，责任越大，中国特色社会主义进入新时代，为解决人类问题贡献了中国智慧和中国方案，从一带一路、全球疫情应对、全球气候问题、能源问题、生物多样性问题等方面做出了大国的表率。

新时代的主题就是为中国人民谋幸福、就是为中华民族谋复兴。这正是中国共产党人的初心和使命。近代以来的中华民族，历经了战乱频发、山河破碎、民不聊生，无数仁人志士前仆后继，探求着救国救民之路，却始终未能改变中华民族的命运。为什么取得伟大成功的只有中国共产党？因为它一经成立就把实现共产主义作为最高理想和最终目标，就把“人民”和“民族”写在自己的旗帜上，义无反顾肩负起实现中华民族伟大复兴的历史使命。

探究活动二：

你认为新时代究竟新在何处？

学生各抒己见。

教师：1. 新的发展阶段：通过几十年来的发展，我国已经从“未发展起来”时期进入到“发展起来”时期。近年来，我国经济一直保持中高速增长，在世界主要国家中名列前茅，对世界经济增长贡献率超过 30%。即便是在疫情严重的 2020 年，我国经济依然保持正增长。2. 新的社会主要矛盾：新时代我国社会主要矛盾已经转化为人民日益增长的美好生活需要和不平衡不充分的发展之间的矛盾。新中国成立初期，我们国内的主要矛盾，是人民对于建立先进的工业国的要求同落后的农业国的现实之间的矛盾，是人民对于经济文化迅速发展的需要同当前经济文化不能满足人民需要的状况之间的矛盾。改革开放初期，我国社会的主要矛盾是人民日益增长的物质文化需要同落后的社会生产之间的矛盾。新时代我国社会主要矛盾的转化源于发展，又最终归结于发展，从“发展”的角度正确看待主要矛盾的转化，分析社情国情，尊重和正视社会发展客观规律。3. 新的奋斗目标：经过长期努力，中华民族迎来了从站起来、富起来到强起来的伟大飞跃，全面建成小康社会、踏上全面建设社会主义现代化国家的新征程，我们比历史上任何时期都更接近、更有信心和能力实现中华民族伟大复兴的目标。4. 风清气正的新环境：党中央坚持反腐败无禁区、全覆盖、零容忍，坚定不移“打虎”“拍蝇”“猎狐”，“不敢腐”的目标初步实现，“不能腐”的笼子越扎越牢，“不想腐”的堤坝正在构筑，反腐败斗争压倒性态势已经形成并巩固发展，党中央反腐的决定营造了一个风清气正的新环境。受到了全社会的一致好评。有一次，我坐公交车，碰到两位老大妈拉着家常，用济南话聊着国家的反腐倡廉，他们用最淳朴的话语表达了对习近平同志反腐倡廉行动的高度赞赏。

三、新时代对我们团员提出了什么样的要求?

过渡：虽然我们已经取得了巨大的成就，但当今的中国，处在一个比以往任何时代都要复杂的环境中。世界经济复苏乏力，不稳定性、不确定性突出，能源价格的持续上涨，贫富分化日益严重，局部冲突和动荡频发，新冠疫情、恐怖主义、气候变化等全球性问题加剧。如此复杂的环境下，外有霸权主义国家对于中国的崛起不遗余力的打压遏制，内有疫情、经济发展迟缓、新旧动能转化的过程中创新动力不足等，我们国家如何应对存在的种种问题？作为一名共青团员，我们应该为国家做些什么？新时代对我们团员提出了什么样的要求？

探究活动个：

视频：2– 习近平总书记对青年的期望 .mp4

学生感悟理解。

教师：这是习近平总书记对青年的期望，更是对青年团员、青年党员的期望，也是新时代对我们青年团员的要求：要以实现中华民族伟大复兴为己任，树立崇高的信仰和理想。

探究活动分工：

视频：3– 疫情 .mp4

学生感悟理解。

教师：从习近平总书记的评价中，也体现了新时代对于我们团员的另一个要求：不怕苦、不畏难、不惧牺牲，勇于担当。国家的发展靠的是青年一代，如果我们青年一代拈轻怕重，不能吃苦，不愿做出牺牲，没有担当，我们的国家就没有希望。

一百多年前，五四运动让中国的青年学生第一次以群体方式登上中国政治舞台，体现了青年“天下兴亡，匹夫有责”的担当精神。毛泽东同志曾说，“世界是你们的，也是我们的，但归根结底是你们的。”习近平总书记指出：“中国梦是历史的、现实的，也是未来的；是我们这一代的，更是青年一代的。”两位领袖的话如出一辙。国家的前途、民族的希望始终落在青年一代的肩上，新时代青年要担当时代重任。“家事国事天下事，事事关心”是一代代极具责任感的青年真实写照，五四青年的担当精神是我们当代青年团员在成长过程中必须遵循的。要担当，就要有一颗勇于担当的心，敢于担当的意识，善于担当的责任。在实现中华民族伟大复兴的新征程上，应对重大挑战、抵御重大风险、克服重大阻力、解决重大矛盾，迫切需要迎难而上、挺身而出的担当精神。

探究活动三：

你认为在我们的日常生活中有哪些行为能体现青年一代的担当精神？

学生各抒己见。

教师：同学们分享得非常好，从抗击洪涝灾害最前线，到抗击疫情的主战场，从脱贫攻坚的偏远地区，到攻克技术难关的教科研，他们扎根边疆建功立业，支教乡村托起梦想……青春之花，绽放在党和人民最需要的地方。面对困难、苦累，他们不惧、不退，处处体现了他们的勇于担当。

四、怎样做一名新时代的好团员

过渡：“请党放心、强国有我”，青年团员们发出这样的铮铮誓言。

探究活动一：

作为新时代的青年团员应该怎么做，才能担负起“强国有我”的责任？

小组合作探究。

教师：同学们的想法很切合自己的实际，说明你们认真思考了这个问题，咱们一起来看看袁隆平院士是怎么说的？

视频：4- 袁隆平寄语 .mp4

教师：这是中国“杂交水稻之父”、中国工程院院士、“共和国勋章”获得者袁隆平院士对年轻一代的寄语。在 2004 年，被评选为“感动中国人物”时，给袁隆平院士的颁奖词是：他是一位真正的耕耘者。当他还是一个乡村教师的时候，已经具有颠覆世界权威的胆识；当他名满天下的时候，却仍然只是专注于田畴，淡泊名利，一介农夫，播撒智慧，收获富足。他毕生的梦想，就是让所有的人远离饥饿。

就像他所说的那样，“青年一代，首先要有理想，为国家、为社会做出贡献的理想……”。青年一代有理想、有志气、有担当，国家就有前途，民族就有希望。为什么理想信念这么重要，看看专家是怎么说的？

视频：5– 理想信念的作用 .mp4

教师：崇高的理想信念是支持你长长久久走下去的力量的源泉，而不是空洞的口号。

探究活动二：

视频：6– 神州十三 .mp4

学生感悟理解。

教师: 神州十三的整个发射过程,相信同学们都看过,2021 年 10 月 15 日，正好是星期五，我从晚上 8 点到 16 日凌晨一直在看直播，收看的过程中我的心情一直很激动。2003 年 10 月 15 日，杨利伟乘坐神舟五号一飞冲天，他成为我国第一位进入太空的航天员，实现了中华民族千年的飞天愿望。神州十三号发射，翟志刚、王亚平和叶光富三位宇航员将在天宫空间站驻扎半年。调度室里均为“90 后”的“北京明白”们一张张年轻的面孔，更是给观众留下了深刻的印象，无数个如“北京明白”一样的团队在日夜奋战，让中国航天始终沿着高标准、高水准、高成功率行进。2003 到 2021，18 年来，从神舟五号的“一人只能一天”，到神州十三的“三人可以半年”，中国载人航天技术从弱到强的历史背后，来自他们从青年到暮年默默无闻、脚踏实地、克难攻坚，来自他们对国家的热爱和责任担当。祖国呼唤青年担当，时代赋予青年重任，一代人有一代人的使命。国家的前途，民族的命运，人民的幸福，是当代中国青年必须和必将承担的重任。在实现中华民族伟大复兴的历史征程上，迫切需要当代中国青年具备迎难而上、挺身而出的担当精神。作为普通的我们，应该具有怎样的责任担当？

探究活动三：

视频：7– 我想成为这样的新时代青年 .mp4

学生感悟理解。

教师：风华正茂、意气风发的青年们诠释了新时代青年的人生观、世界观和价值观。他们坚信只要心中有阳光，脚下就有力量。新时代的青年，无论从事那个行业，身处哪个岗位，依然眼中有光，心中有爱，去寻找青年人在新时代的意义，在这个时代留下属于他们的印记。他们用新时代青年的朝气和力量，助力国家强盛，民族复兴。

探究活动四：

为什么贾法里在联合国面对美英没有话语权？

学生各抒己见。

教师：百年前，五四运动爆发缘于“弱国无外交”，百年后的世界依然如此，叙利亚驻联合国代表巴沙尔·贾法里的无奈、无助、悲哀，和一百多年前的巴黎和会上中国代表团如出一辙。没有青年一代良好的素质、渊博的知识、过硬的本领，国家怎么会强大？怎么会在国际上有话语权？“落后就要挨打”这么浅显的道理，我们每个人都懂，不想挨打，新时代青年就要努力学习，练就过硬本领。把我们的国家建设的强大，谁也不敢小觑。过硬本领是青年成长、成才的牢固根基，是青年迈入社会、成就事业必备的基本素质。面对急剧变化的时代，科技进步日新月异，各种新知识、新情况、新事物层出不穷，不努力就会被时代无情淘汰。就像习近平总书记说的那样，“珍惜韶华、不负青春，努力学习掌握科学知识，提高内在素质，锤炼过硬本领，使自己的思维视野、思想观念、认识水平跟上越来越快的时代发展”[1]。同学们，历史证明，学习新知识，吸收新思想，掌握新本领，才能推动国家发展。

探究活动五：

除了以上的内容，同学们认为还有哪些是我们青年团员应该做的？

学生各抒己见。

---

[1]　2019年4月30日习近平《在纪念五四运动100周年大会上的讲话》，新华网（http://www.xinhuanet.com/politics/leaders/2019-04/30/c_1124440193.htm）。

教师：同学们分享得特别好，在这里，我给大家提个醒，作为共青团员，团章里规定的团员必须履行的义务，同学们还记得吗？规定团员的义务，就是为了使团员们明确自己在建设有中国特色的社会主义的事业中应该做什么和怎样去做，在社会生活中更好地发挥模范带头作用，使团组织成为团结教育青年的坚强集体。

五、结束语

新时代的青年团员们，你们将昂首站立在天地之间，在璀璨的星河中追云逐月，去实现你们的人生意义。要坚信，没有比脚更长的路，没有比人更高的山，只有努力，你们才能够成为那个更好的自己，成为新时代社会主义建设者和接班人，须知少时凌云志，曾许人间第一流，国家的未来在你们手中，中华民族伟大复兴的大业在你们的肩上，愿你们都能够树立坚定的理想，实现自己的人生目标，都能够成为想要成为的人，在这个时代留下属于你们的印记。

第四章

坚定信仰　领航前行

本章课程面向团学干部，聚焦学生领导力提升，增强团学干部把握大局、做好本职工作的能力，为更好服务青年、不断提高共青团工作水平做好人才准备。

第一节　展现团干风采——时间管理

一、主题阐述

管理大师彼得·德鲁克说“时间是最高贵而有限的资源，不能管理时间便什么也不能管理。”由此可见时间管理的重要性。合理的管理时间，是管理自我的基础，就是为自己的生活、为自己的人生负责。人生在世，必然是为某种东西而活，相信每个人心中都有一个答案，我的答案是责任。

二、核心素养

责任担当

三、典型素材

素材一：德尔菲神庙箴言——认识你自己

1. 典型素材概述

德尔菲在距雅典150公里的帕那索斯深山里，是世界闻名的著名古迹。主要由阿波罗太阳神庙、雅典女神庙、剧场、体育训练场和运动场组成，其中最有名的是古代希腊象征光明和青春并且主管音乐、诗歌及医药、畜牧的太阳神阿波罗的神庙。古希腊人认为，德尔菲是地球的中心，是“地球的肚脐”。在德尔菲神庙中有一句箴言——认识你自己，这是人类哲学的基础命题也是终极命题，生活中我们总是向外看太多，向内窥太少。认识你自己，明确特点，是制定时间管理方案的前提。

2. 思政教育点

你真的认识自己吗？我们大多数人总是向外看太多，旅游逛街等等，增加见识开阔眼界，但是我们面对自己内心世界的时间很少，其实我们并不了解自己，不了解自己的优势劣势、不了解自己的性格特点。个人认为身体与灵魂是分开的，我们并没有与心灵深处的那个自己对话，认识了解并分析自己才能制定符合自己的自我管理方案，这也是自我管理、时间管理的基础。认识自己是对人生的一种负责，我们有义务也有责任与自己对话，充分认识自我，改善劣势发挥优势，制定方案不断成长，例如我性格懦弱，执行力弱，可以为自己制定方案：每天锻炼身体跑步 5 公里。每次只需要一个目标且要求自己从不与目标妥协，5 公里就是 5 公里，一米也不能少。为什么这里强调对自己负责不要妥协呢？因为时间管理的本质是自我管理，而管理必不可缺的就是执行力。

素材二：第一代时间管理理论——“公鸡型”时间管理

1. 典型素材概述

第一代时间理论是“公鸡型”，顾名思义就像公鸡一样，时间观念非常强，每天按时打鸣。它的工作方式是这样的，准备一个备忘录或者便签，将每天要做的事一件一件罗列记录，每完成一件事情就在便签上划掉，直至便签上的事情全部划掉，即当日事当日毕。

2. 思政教育点

忙，未必有效。第一代时间管理过度注重每一个事件的完成，机械地按照记录去做，但到底需不需要做，该不该做都不清楚，人变成了时间的奴隶。为什么说认识自己是时间管理的基础，缘由在此，认识自我才能掌控自我，才能在做每一件事之前，向自己发问，这件事真是特别紧急需要立刻完成吗？这件事真是我的职责所在吗？这件事对自己真的很重要吗？要学会选择，高中课桌上总是有一大堆书，但不可能同时浏览学习这十几本书，一次只能拿起一本，那么该选择哪一本呢？答案很显然：最重要的那本。对于第二重要的那本，坚决不看，等浏览完第一本后，再去选择剩下中最重要的那本。这样做的原则就是确保自己一直在做最重要的事，保证时间始终高效利用。

素材三：第二代时间管理理论——“仓鼠型”时间管理

1. 典型素材概述

老鼠是一种非常狡猾、非常肮脏又非常懒的动物，但是田鼠(仓鼠)却相当干净，两者最大的分别就在于田鼠会“攒仓”，它在夏秋季节到田里偷粮食，然后搬到洞里储存起来，准备过冬。所以在农村要是挖到一个田鼠仓，那里几乎有一麻袋的粮食。“仓鼠型”时间管理工作方式：事先有一个详细的工作计划，未雨绸缪，然后按照这个工作计划，逐项办理，有条不紊，强调行事历与日程表。

2. 思政教育点

第二种时间管理已注意到规划未来的重要，开始着眼未来。它的优点是方向性强，知道在什么时间做什么事。事先安排计划，能在做事的时候有明确的目标，有顺序地做事，提高工作效率。缺点是虽然有计划，但是计划的方向性不一定正确，另外由于不确定因素的干扰，自己费心制作的计划跟不上变化。

这种管理方法考虑了未来，是对未来的自我负责，体现了一定的自主性，相对第一代管理方法有所进步。但是没有对事情本身的重要性进行思考，所有的事情都是按顺序一项项排列，我们的大脑并没有从中挑选出重要且紧急的事情立刻去做，也没有去除不紧急不重要的事情来减轻负担。这是对自我精力的一种不负责，在做计划行动之前，思考下事情的轻重缓急程度。

素材四：“生命罐”游戏

1. 典型素材概述

每个参与者准备一个空罐子和一些鹅卵石、细沙及水，现在要求大家将这些材料尽可能多地放到空罐子。

2. 思政教育点

这个游戏的目的是让大家高效利用时间，学会时间管理，合理安排事情顺序保证成果最大化。同学们的时间就像这个罐子，而需要做的任务就像这些形状大小各不相同的材料。每天在同样的时间内完成任务，就像把所有材料都装进罐子里一样。我们需要做的就是安排好顺序，将任务严丝合缝地塞进每一天。这个游戏的意义在于让我们感受安排事情顺序和不注重顺序的差别，有的同学先倒入水和沙子，一部分石头就放不下去。映射到工作中，我们常会因为一些无关紧要的小事而错过了重要任务。因此明确工作重要性与先后顺序至关重要。

素材五：第三代时间管理理论——“效率型”时间管理

1. 典型素材概述

第三代是正流行、讲求优先顺序的观念。即依据轻重缓急安排事情，将有限的时间、精力加以分配，争取最高的效率。第三代时间管理理论的一个典型代表就是工作四象限方法。这种方法至今很流行。它根据轻重缓急程度将事情分成重要且紧急、不重要且紧急、重要且不紧急、不重要不紧急。重要且紧急的，这个象限表示非常重要的，把当下最要紧的事情放进来，方法是马上去做；重要但不紧急的。所谓的重要但不紧急，主要与生活品质有关，意思就是说这个任务很重要，但没有时间期限的压力；不重要且紧急的，意思就是说这件事情对自己而言并不重要，只是小事情，但有时间的限定或者催促；不重要也不紧急的，这个象限代表浪费生命或消磨时间的事情，这个区间尽量不做。

2. 思政教育点

第三代时间管理的主旨是“规划、制定优先顺序”。对事物本身的轻重缓急程度开始思考，对事情进行分类，有选择地进行各项工作，这一代时间管理法看起来大有成效。目前也是比较流行的方法，一些人甚至认为已经是时间管理研究的终点了，但是在操行起来并不是这么回事，一方面许多人的认知有限，不容易区分各类事情的轻重缓急，在不够理解的情况下容易框住自己；再者，有时候确实是提高了效率，但是对自身提升却不是最大的，比如快速完成语文的句子抄写但是自己却没有收获多少，要学会从自身提升的角度出发去安排事情。

素材六：第四代时间管理理论——“价值型”时间管理

1. 典型素材概述

强调个人的自主管理。时间管理的关注焦点从事情本身转移到个人价值。即如何提高个人价值和能力。第四代时间管理提高了人的自主性。在安排事情优先顺序之前，思考的角度是如何安排对自己提升最大。例如你面前有一张数学试卷与历史试卷。数学试卷即使做俩小时也做不了 5 个题，如果钻牛角尖还不如花费半小时完成历史试卷，然后回顾数学知识，慢慢琢磨思考数学题。价值型时间管理的优点是充分尊重人比事情更重要的原则，根据自身的状态合理做事，保证自己的产出最大化，将重心放在维持投入与产出的比值上。缺点是并不是每个人都很清楚地了解自己，不了解自身的身体状态，不知道自己精力旺盛的时间段，而且也不是所有人都以自身提升为中心在面对生活学习的一切，所以这种时间管理方式不适用于所有人。

2. 思政教育点

“价值型”时间管理强调人的自主性，强调人的价值提升。它有两个核心原则：人永远比事情重要，人不能成为时间管理的奴隶，时刻为计划表奔波忙碌。要学会分配自身精力，适当休息；二八定律：20% 的投入产生 80% 的学习效果，用最有效率的时间去做那 20% 最重要的工作，确保时间产出比最大化。在这些时间段，注意力要高度集中，不要中间停止，一鼓作气完成目标。它对于事情顺序的安排原则是如何最大化的提高自身产出。

其实经过实践发现无论哪一种理论，都有自己的优势和不足。在实际操作过程中，灵活运用四种理论才是最有效的。另外无论用哪种方法，都需要一定的执行力，这是时间管理的前提，也是对自己计划的负责。

四、大咖点睛

时间管理，是一项重要的技能。利用时间管理，管理自我，为自己负责。通过五则素材，通过阅读作者的文章，能让我们深入探究自我、有效率的利用时间、着眼于要事、减负增效、提升价值。相信掌握了时间管理的你我，都能够取得事半功倍的效果，从折磨到享受到愉悦，踏上时间管理的旅程，一路丰收到终点！

——山东师范大学优秀研究生　吴莹

教案范例

展现团干风采——时间管理

学习目标

1. 了解时间管理的理论发展历史。

2. 理解并应用时间管理的第四代理论。

教学重难点

应用并实践时间管理理论。

教法设计

小组合作讨论法、教师讲授法

教学过程

一、导入

欢迎来自全国各地的同学们，很高兴与大家一同学习分享《追随信仰卓越人生——思政团课》的第 4 章第 1 讲《展现团干风采——时间管理》，在座的每一位都是共青团干部。在共青团这个大家庭中会有很多挑战性的、繁杂的工作等着大家，有时候会忙得焦头烂额，因此时间管理就显得尤为重要。同学们听过这段话吗？许多作业要做，许多知识已忘，许多书本与笔记，开了又合合了又开，如此的慌张。我来来往往，我匆匆忙忙；从宿舍到课室又从课室到饭堂；忙忙忙盲盲盲；盲得已经没有主张；盲得已经失去方向；忙得分不清欢喜和忧伤；忙得没有时间痛哭一场；成绩却还是老样。那这段话体现了什么样的生活啊？对！繁忙无序。每天都会有许多事情等待着我们去做，那怎样安排才能让自己的生活有条不紊呢？这就需要学习今天的内容——时间管理。

二、概念解析

什么叫时间管理？时间管理是指通过事先规划和运用一定的技巧方法与工具实现对时间的灵活以及有效运用，从而实现个人或组织的既定目标的过程。我们来感受一下时间管理的作用。

探究活动：

现在老师桌子上有一玻璃罐子，旁边有一些恰好可以从罐口放进罐子里的鹅卵石。现在将鹅卵石全部放到罐子里，直至充满整个罐子，老师想问，这个罐子满了吗？嗯，同学们都说满了。好，老师接着从桌底下拿出一袋碎石子，从罐口倒下去，摇一摇，问现在满了吗？哈哈同学们都不敢回答了，其实还没有满，接着从桌子下面拿出一袋沙子，慢慢倒进罐子里："现在呢？对，还没有满！"接着又从桌子下面拿出一大瓶水，缓缓倒了进去。请同学们仔细观察这个已经被鹅卵石、小碎石、沙子填满的玻璃罐，如果老师不先将最大的鹅卵石放进罐子，也许再也没机会将它们放进去了。好，同学们思考下这个探究活动，从时间管理的角度，你最大的感受是什么？我听到有同学说，顺序！很好，这个故事应用到我们生活中，就是可以将需要做的事情进行级别分类，按照"轻重缓急"的标准确定先后顺序，做到有条不紊，不遗不漏。

过渡：刚才这种确定优先级的时间管理理念正是第三代时间理论。那么前两代的理念什么呢？目前发展到第几代了呢？我们接下来简单了解下时间理论的研究历史。

三、理论介绍

探究活动一：

在介绍理论之前，老师想问大家，对于高中生活中的诸多事情，同学们是怎么安排处理的？

同学们各抒己见。

教师：同学们各抒己见，有的用小笔记本制作一个便签和备忘录，将每天要做的事情一一罗列，每完成一个就划掉一个，直至便签的事情全部划掉；有的同学是喜欢做未来计划，着眼未来几天或者一周，制作详细的学习计划，并严格执行；还有的同学喜欢在做计划的过程中思考事情的轻重缓急，明确优先顺序，再去执行计划。其实同学们说的这些方法都是非常好的，而且分别对应着时间管理的第一代、第二代、第三代理论。

第一代时间管理理论：第一代时间理论是“公鸡型”，顾名思义就像公鸡一样，时间观念非常强，每天按时打鸣。它的工作方式是这样的，准备一个备忘录或者便签，将每天要做的事情一件一件罗列记录，每完成一件事情就在便签上划掉，直至便签上的事情全部划掉。即当日事当日毕。同学们思考下这样的好处是什么？对！每天要完成的事情都会有记录，能够清楚地知道自己每天做的事情，完成一天的事情会有满满的成就感。那么坏处呢？对，有什么事做什么事。事情控制了人，不是人控制了事情，人没有更多的自主空间。我们应该在做每一件事之前，向自己发问，这件事真是特别紧急需要立刻完成吗？这件事真是我的职责所在吗？这件事对自己真的很重要吗？深度思考后有选择地去完成任务。

第二代时间管理理论：“仓鼠型”时间管理。老鼠是一种非常狡猾、非常肮脏又非常懒的动物，但是田鼠(仓鼠)却相当干净，两者最大的分别就在于田鼠会“攒仓”，它在夏秋季节到田里偷粮食，然后搬到洞里储存起来，准备过冬。所以在农村要是挖到一个田鼠仓，那里几乎有一麻袋的粮食。“仓鼠型”时间管理工作方式：事先有一个详细的工作计划，未雨绸缪，然后按照这个工作计划，逐项办理，有条不紊。强调行事历与日程表。

探究活动二：

同学们思考下第二代时间管理理论相比第一代最大的特点是什么？那第二代的优点缺点是什么呢？

教师：对，已注意到规划未来的重要，开始着眼未来。它的优点是方向性强，知道在什么时间做什么事。事先安排计划，能在做事的时候有明确的目标，有顺序地做事，提高工作效率。缺点呢？ 1. 虽然有计划，但是计划的方向性不一定正确。2. 不确定因素的干扰，有时候经常计划跟不上变化。

第三代时间管理理论："效率型"时间管理。第三代是正流行、讲求优先顺序的观念。即依据轻重缓急安排事情，将有限的时间、精力加以分配，争取最高的效率。第三代时间管理理论的一个典型代表就是工作四象限方法。这种方法至今很流行，因此老师简单介绍下：

我们可以看到根据轻重缓急程度对事情进行了分类：重要且紧急、不重要且紧急、重要且不紧急、不重要不紧急。

1. 重要且紧急的。这个象限表示非常重要的，把当下最要紧的事情放进来，方法是马上去做，例如上午 9 点要交语文作业。

2. 重要但不紧急的。所谓的重要但不紧急，主要与生活品质有关。意思就是说这个任务很重要，但没有时间期限的压力，例如锻炼健身与阅读。

3. 不重要且紧急的。意思就是说这件事情对自已而言并不重要，只是小事情，但有时间的限定或者催促。

4. 不重要也不紧急的。这个象限代表浪费生命或消磨时间的事情。这个区间尽量不做，例如无建设性的闲聊。

好，同学们大致了解这四种事情的特点了，接下来我们实践一下。

探究活动三：

下列有几项事情，请同学们根据工作四象限法对事情进行分门别类。

1. 刷抖音；

2. 制定这个周的目标与计划；

3. 阅读名著《红楼梦》；

4. 帮同学带落在餐厅的饭卡；

5. 填写每天下早自习后上交的体温自测表；

6. 每天练字；

7. 与舍友聊八卦；

8. 背第一节上课要检查背诵的语文课文；

9. 给同学将落在操场的衣服带回。

教师：第一类重要且紧急的是5和8，第二类重要不紧急的是2、3、6，第三类紧急不重要的是4和9，第四类不重要不紧急的是1和7。通过分类，我们具体的工作顺序是：先填体温自测表、背诵语文课文；让餐厅的同学和操场的同学帮忙带回来别人的衣服与饭卡；晚自习期间练字、阅读、制定一周计划；不做刷抖音、聊八卦的事情。这样，是不是一天的计划就清晰了呢！

第三代时间管理的主旨是“规划、制定优先顺序”。对事物本身的重要程度开始思考，对事情进行分类，有选择地进行各项工作，这一代时间管理法看起来大有成效。但是也有一些缺点，比如许多人不容易区分各类事情的轻重缓急，在不够理解的情况下容易框住自己；再者，有时候确实是提高了效率，但是对自身提升却不是最大的。这就出现了第四代理论。

第四代时间管理理论：“价值型”时间管理也叫个人管理。第四代时间管理理论从根本上否定“时间管理”这个名词，主张关键不在于时间管理，而在于个人管理。与其着重时间与事务的安排，不如将重心放在维持产出与产能的平衡上。它有两个核心原则：人永远比事情重要，人不能成为时间管理的奴隶，时刻为计划表奔波忙碌。要学会分配自身精力，适当休息。二八定律：20%的投入产生80%的学习效果，用最有效率的时间去做那20%最重要的工作，确保时间产出比最大化。在这些时间段，注意力要高度集中，不要中间停止，一鼓作气完成目标。它对于事情顺序的安排原则是如何最大化的提高自身产出。

四、理论实践

那么如何进行价值型时间管理呢？其实有两个维度，人的维度与事的维度，人的维度主要是个人精力的管理，即了解自身精力旺盛的时间段，学会分配精力，恢复精力、扩充精力等等，我们接下来主要从事的维度上来实践这个理论。核心原则：如何安排事情保证产出最大化。

探究活动一：

同学们在学习的时候，面前总放着一大堆书，但你每次只能拿起一本书，你会选择哪一本书呢？第二个问题，如果今晚有三张试卷，语文、数学、英语，你会选择做哪一张呢？（同学们思考作答）

教师：答案很简单，最重要的那本。对第二重要的那本书坚决不看，这种做事原则是一段时间只做一件事情，并且做对自己最重要的那一件，确保自身时间一直被高效利用，确保产出最大化。那根据这个原则同学们思考下第二个问题，你会选择先做哪一张呢？理由是什么呢？

教师：同学们各抒己见，但是都体现了一个原则：对自己提升最大。同学们学习得真快！

探究活动二：

同学们面前有一套数学试卷和历史试卷，数学试卷的题很难，很可能两小时都做不完，历史试卷的题目不是很难，你会如何处理这两套试卷呢？

教师：同学们各抒己见，刚才我听到许多同学都说，先做历史试卷在做数学试卷，很好，但是还不具体，数学试卷不做了吗，或是做完历史试卷后数学试卷的每一道都要做吗？其实最有学习效率的做法是做完历史试卷后，对于数学试卷的题要审视，有选择地做，太简单的题目不要去做，太难的题目也不要去做，多做和自己水平相适应的题目，既有成就感又能提高自己的解题能力。等我们把中等难度的题目做熟练之后，你自然会发现，原来很难的题目已经不那么难了。这一做事的原则是选择处理处于“最近发展区”的事，即做“跳一跳就能摘到桃子”的事情，保证始终在提升自己的能力。

探究活动三：

晚自习期间需要背 50 个英语单词、3 个数学公式和做一套物理试卷，如何安排在哪个时间段做哪件事情呢？

教师：同学们各抒己见，从事情特点来说物理试题需要思考时间比较长，难度比较大，而且思考不能中断，所以应该安排时间比较长、精力比较充沛、不容易受到干扰的时间段来做。而数学公式、英语单词这种不需要深入思考的事情适合零散时间来重复做。看书亦是如此，看书从翻开书本到进入状态需要一个时间，大约五到十分钟的样子。你花了十来分钟好不容易开始专心致志了，突然被什么事情打断，比如接个电话之类，然后回到书桌前来看书，你又需要花五到十分钟来集中注意力，如此反复被打断，最后你感觉看了两个小时的书，实际上真正"看进去"的时间不足一个小时。所以看书的时间最好不要被随便打扰。总而言之，我们应该根据不同学习内容的特点来安排时间段学习，以确保一天的时间得到有效利用，有所产出。

好，同学们我们来总结一下第四代时间管理，它的核心是人的管理，保证投入产出的最大化，依据理论是二八定律，如何用 20% 的高效时间实现 80% 的学习效果。具体来说，始终在做最重要的事；做处于"最近发展区"的题目；根据事件特点安排特定时间学习；三个原则处于平行性的位置。

探究活动四：

现在有以下几个事情，请同学们自行安排。

1. 做数学课本练习（数学不太好，题目不是很难）；

2. 英语做完两篇阅读（英语一直很好）；

3. 抄写被罚的一段语文课文 (5 分钟就可以抄完）；

4. 写每天的日记；

5. 找化学老师解决自己的一个疑难问题。

教师：同学们各抒己见，那高效率的计划应该这样安排，首先做数学，因为迫切需要提高数学且思考后能解决，这是最重要的；其次在晚自习期间做英语阅读，英语阅读需要静下心思考，必须选择安静的时间段，这样效率才会高；第三，课间问化学老师解决自己疑难问题，疑难问题不会持续时间很长，可以很好地利用课间 10 分钟，且产出比抄课文大；第四，选择在自习期间写日记；第五，下一个课间抄写课文。总之一个原则，保证自己的投入产出比最大化。

五、结束语

我们简单回顾一下本节课知识要点。第一，我们简单了解了四代时间管理理论：便签时代、计划时代、效率时代、价值时代；第二，学习了第三代的典型代表工作四象限方法；第三，实践应用了第四代理论，这也是本节课的重点。希望这节课能为在座的团干部带来一点思考与启发，游刃有余的处理团的工作，发挥好团干部的带头作用。

第二节　展现团干风采——沟通高手之路

一、主题分析

良好的沟通力是良好人际关系的基础，更是宝贵的人生财富。美国石油大王洛克菲勒曾说:“假如人际沟通能力也是同糖和咖啡一样的商品的话，我愿意付出比太阳底下任何东西都珍贵的价格来购买这种能力。”随着信息技术的发展，社会更加开放，人与人之间交往更加频繁，市场经济进一步推进贸易往来，繁荣发展离不开有效沟通，让协作更简单，让自己更具向心力，团队更有竞争力，“路漫漫其修远兮，吾将上下而求索”，同学们应立鸿鹄之志，做奋斗少年，在沟通高手的路上砥砺前行。

二、核心素养

沟通协调 团队合作 责任担当

三、典型素材

素材一:

1. 典型素材概述 [1]

视频讲述了警察谈判人员为救人质，从容淡定的与劫匪进行谈判，经过一系列有效沟通，劫匪最终放下武器，向警方投降，谈判员除了超级强的心理承受能力外，还需要阅读大量书籍，最重要的是超强的口才沟通能力。

2. 思政教育点

沟通能力是生活以及工作中常用到的一种能力，无论在什么场合下，

[1]　《持枪歹徒胁迫女性永不放，谈判专家陈绍丹获歹徒尊重放人质》，广东卫视。

跟什么样的人接触，有效的沟通能力，都是生存技能必备的因素之一。世上哪有什么岁月静好，不过是有人替我们负重前行。作为祖国新一代的接班人，沟通是为人民服务工作成败的纽带和关键。

素材二：游戏——你说我画

1. 典型素材概述

游戏规则：请一位团员到前面，给他看已经准备好的图。

让这位同学背对着大家站立，请他描述出他看到的内容，大家根据他的描述画出图形。只能做口头描述，不能有任何动作提示。其他同学不能提问，只能按照前面那位学员的描述画图。画完后，同学们展示图画。再请另一位团员到前面重新开始游戏，这次允许他和大家充分沟通。同学们画完后，展示图画。

2. 思政教育点

学生通过游戏体会单向沟通与双向沟通的不同效果，启示学生与他人的沟通方式。积极主动的双向沟通可以让信息交互准确性提高，交流过程中我们彼此间要注意尊重与倾听，提问与互动，当大家共同参与进来时，自信心和责任心增长，任务的完成事半功倍。

素材三：体验与采访，游戏选自《从班会课到成长课程》，略有改变

1. 典型素材概述

选男女各一位学生戴上眼罩，扮盲人，让两位学生各请一位同学扮聋哑人，作为自己前行的引路人，聋哑人带着盲人全场绕一圈，需要跨过 5 道障碍物。引导过程中聋哑人只可以用肢体语言与盲人交流沟通，然后将其带回原位，采访与交流。

问盲人（被引路者）：①你为什么要请这位同学扮演你的引路人？②被他搀扶着走的时候你在想什么？③你是否相信他会带着你顺利绕过障碍物？④游戏中你学到了什么？

问聋人（引路人）：①你得到邀请感觉如何？②你搀扶着他的时候你认为他是怎样的感觉？③你有信心帮助他完成任务吗？④活动下来你的感受是什么？

2. 思政教育点

信任与需要让沟通会更加顺畅，从而更有助于建立良好的关系，在合作中完成某项任务。作为团干指导工作，也要努力做一个值得信任的人，及时了解他人需求，全力以赴，是良好沟通必不可少的桥梁。

素材四：沟通的六大步骤

1. 典型素材概述

第一步：事前准备。“机会都是留给有准备的人。”提前做足功课，可以提高沟通时的效率。①首先设定好沟通的目标，希望达成一个什么样的效果。②制定好沟通的顺序，先说什么，后说什么。③预测沟通时可能遇到的异议和争执。④对情况进行 SWTO 分析，根据双方的优劣势，威胁机会，设定合理的目标值。

第二步：确认需求。沟通过程中主要就是挖掘别人需求，不明白这一点最终无法达成协议。挖掘需求就必须通过提问来达到。沟通中有三种行为：说、听、问。其中提问和聆听是沟通中常用的技巧。

第三步：阐述观点。把你的意图清楚地表达出来，并且让对方能明白你的意思。观点阐述时可以用 FAB 原则——F(Feature 属性)、A(Advantage 作用)、B(Benefit 利益)。

第四步：处理异议。沟通过程中总会有些异议，可能你激动地说了半天对方就是不同意你的观点。这时可以采用“柔道法”来借力打力，不要试图强行说服对方，而是用对方的观点来说服对方。了解对方的观点，当对方说了一个对你有利的观点时再用这个说服他。

第五步：达成协议。是否完成了沟通还要看最后是否达成了协议，当协议达成时要做到以下几点：①感谢善于发现别人的支持；②赞美；③庆祝。

第六步：共同实施。达成协议后还要共同实施，达成协议是沟通的一个结果。但在工作中任何沟通的结果都意味着一项工作的开始。如果没有按照协议共同实施，就是不守信用。信任是沟通的基础，失信与人，也将失去下次沟通的机会。

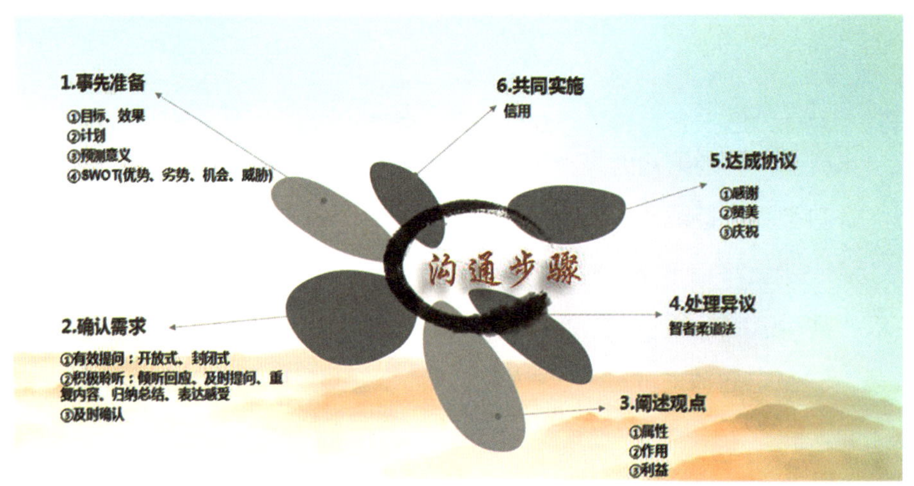

2. 思政教育点

本素材详细记录了沟通过程中很多细小的过程步骤，可操作性较强。中国共青团肩负着党和国家赋予我们的历史使命，伟大的使命要求与之相适应的能力，共青团组织如何有效地、广泛地获取资源去引导、组织、服务青年，对于团干而言，正确处理好各种关系中的沟通协调工作，是实现共青团组织目标的重要手段。

素材五：讨论创作活动

1. 典型素材概述

根据所学知识，小组成员进行讨论，共同完成一幅主题是《沟通》的画，组内每一位成员必须都要添加自己的素材，让画变得完整，最后请推选一名组员上台进行展示讲解。

2、思政教育点

有句谚语说得好，“力量不在胳膊上，而在团结上”。同学间坦诚深入的沟通交流，增进互信，积极合作，挑战创新，共同创作，积极面对工作压力与挑战，利于青年一代的成长成才。

四、大咖点睛

沟通本身就是一种艺术，掌握这种艺术需要团干自身具有一定的底蕴，这种底蕴来源于平日坚持不懈地读书和工作经验的积累，以及在工作中将读书与工作融合、互动的心得体会。与青年沟通注重真诚，在沟通中靠魅力得到钦佩；与上级沟通注重技巧，在沟通中得到赏识。任何沟通，都是能力和处事态度的集合。

——辽宁省辽阳市团市委原书记　陈奇夫

教案范例

展现团干风采——沟通高手之路

学习目标

1. 理解沟通的重要性，掌握沟通协作思维与沟通步骤。

2. 学习与人沟通交流的技巧，学会恰当地表达、耐心地倾听。

3. 利用沟通方式，提高化解矛盾冲突的能力，学会沟通中合作。

教学重难点

学习与人沟通交流的技巧，学会恰当地表达、耐心地倾听，沟通后的合作双赢。

教法设计

游戏体验、小组合作、激情讨论、项目完成

教学过程

（一）掌控谈话氛围，化解矛盾冲突

教师：我们在电视中常常看到这样的场景，正义勇敢的谈判专家，面对一帮手持枪支的劫匪，从容淡定的与劫匪进行谈判，经过一系列有效沟通，劫匪软化，最终放下武器，向警方投降，一场灾难不费一枪一弹便化险为夷，我们一起看一段视频。

播放《持枪歹徒胁迫女性永不放，谈判专家陈绍丹获歹徒尊重放人质》。

老师：世界上从不缺少会做事的人，缺少的是会说话懂沟通的人，美国石油大王洛克菲勒曾说："假如人际沟通能力也是同糖和咖啡一样的商品的话，我愿意付出比太阳底下任何东西都珍贵的价格来购买这种能力。"可见沟通能力的重要性。有效的沟通能让对方接收到准确信息，准确定位双方目标，从而使对方行动并作出改变，掌控谈话氛围，化解矛盾冲突。小沟通，大学问，让我们一起走进沟通力的世界。

（二）尊重与倾听，用心并感悟

探究活动一：

谈判专家对劫匪说的一句话——"我是来帮你的！"，体会这句话的沟通意义。

学生各抒己见。

老师：尊重是沟通的前提与开始，从对方的视角出发去看他眼中的一切，去共情，去倾听，去接纳，懂得尊重沟通的对象，才能让沟通更加顺畅，在对方心理上更容易接受。作为一名团干部，具备较强的与群众沟通和交流的能力，要从尊重他人，倾听群众开始。

探究活动二：你说我画

游戏规则：

1. 请一位同学到前面，给他看已经准备好的图。

让这位同学背对着大家站立，请他描述出他看到的内容，大家根据他的描述画出图形。只能做口头描述，不能有任何动作提示。其他同学不能提问，只能按照前面那位学员的描述画图。画完后，同学们展示图画。

2. 请另一位同学到前面重新开始游戏，这次允许他和大家充分沟通。同学们画完后，展示图画。

游戏体验，讨论反思：

① 如果只靠感觉沟通，大家会有怎样的体验？

② 单向沟通的缺点有哪些？生活中是否存在这种现象？

③ 通过双向沟通画图时，是否仍有人出错？如果有，原因是什么？

学生各抒己见。

教师：积极主动的双向沟通可以让信息交互准确性更强，我们在交流过程中彼此注意尊重与倾听，提问与互动，当大家共同参与进来时，培养了自信心和责任心，提高了工作绩效，增强团队的凝聚力和竞争力。

(三) 了解需求、相互信任

老师：你生活中有没有这样的体验，同一件事情，对方愿意配合别人而不愿与自己合作，这是为什么？下面我们请同学上台做一个体验活动：选男女各一位学生戴上眼罩，扮盲人，让两位学生各请一位同学扮聋哑人，作为自己前行的引路人，聋哑人需要带着盲人全场绕一圈，需要跨过 5 道障碍物。引导过程中聋哑人只可以用肢体语言与盲人交流沟通，最后将其带回原位，进行采访与交流。

探究活动一：问盲人（被引路者）

1. 你为什么要请这位同学扮演你的引路人？

2. 被他搀扶着走的时候你在想什么？

3. 你是否相信他会带着你顺利绕过障碍物？

4. 游戏中你学到了什么？

学生各抒己见。

探究活动二：问聋人（引路人）

1. 你得到邀请感觉如何？

2. 你搀扶着他的时候你认为他是怎样的感觉？

3. 你有信心帮助他顺利完成吗？

4. 活动下来你的感受是什么？

学生各抒己见。

老师：扮演盲人的学生表示，请的是了解自己、信任的人，相信对方能够帮助自己顺利完成任务。扮演聋哑人的学生因为被他人信任而感动、自豪，并竭尽全力帮助对方。需要与被需要两者的帮助和幸福感是相互传递的，所以沟通会更加顺畅，从而更有助于建立良好的关系，完成任务。作为团干指导工作，也要努力做一个值得信任的人，及时了解他人需求，全力以赴，这也是良好沟通必不可少的桥梁。

（四）沟通协作、学以致用

提供资料“沟通的六大步骤”，自主学习，仔细领悟。

第一步：事前准备。“机会都是留给有准备的人”。提前做足功课，可以提高沟通时的效率。①首先设定好沟通的目标，希望达成一个什么样的效果；②制定好沟通的顺序，先说什么，后说什么；③预测沟通时可能遇到的异议和争执；④对情况进行 SWTO 分析，根据双方的优劣势，威胁机会，设定合理的目标值。

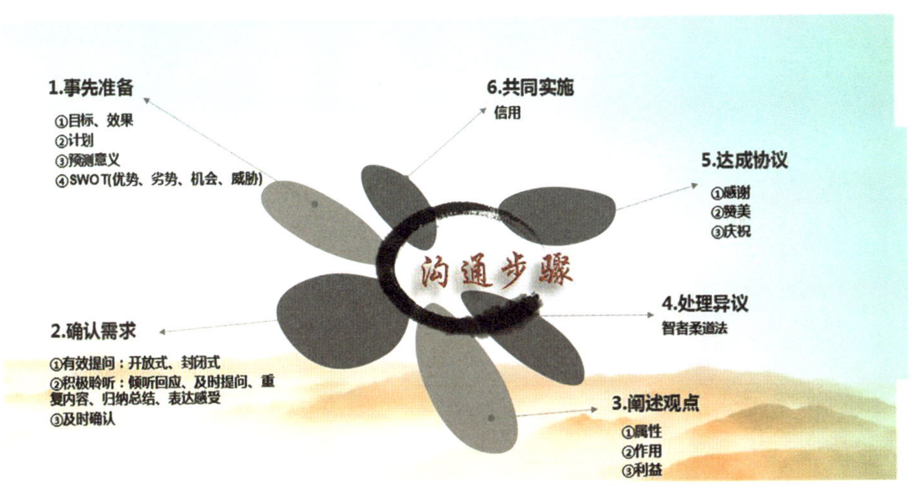

第二步：确认需求。沟通过程中主要就是挖掘别人需求，不明白这一点最终无法达成协议。挖掘需求就必须通过提问来达到。沟通中有三种行为：说、听、问。其中提问和聆听是沟通中常用的技巧。

第三步：阐述观点。把你的意图清楚地表达出来，并且让对方能明白你的意思。观点阐述时可以用 FAB 原则——F(Feature 属性)、A(Advantage 作用)、B(Benefit 利益)。

第四步：处理异议。沟通过程中总会有些异议，可能你激动地说了半天对方就是不同意你的观点。这时可以采用“柔道法”来借力打力，不要试图强行说服对方，而是用对方的观点来说服对方。了解对方的观点，当对方说了一个对你有利的观点时再用这个说服他。

第五步：达成协议。是否完成了沟通还要看最后是否达成了协议，当协议达成时要做到以下几点：①感谢善于发现别人的支持；②赞美；③庆祝。

第六步：共同实施。达成协议后还要共同实施，达成协议是沟通的一个结果。但在工作中任何沟通的结果都意味着一项工作的开始。如果没有按照协议共同实施，就是不守信用。信任是沟通的基础，失信与人，也将失去下次沟通的机会。

探究活动：讨论创作

请你根据今天所学以及提供沟通步骤相关资料，组内进行统一讨论，共同完成一幅主题为《沟通》的图画，要求组内每一位成员都要添加自己的素材，画需要填涂完整，组内最后请推选一名同学上台进行展示讲解。

学生各抒己见。

小组讨论，各组展示。

老师：（一一点评）感谢同学们精彩的分享，回顾打造精彩作品的整个过程你会发现，我们先后经历了分析目标、确认需求、阐述观点、处理异议、达成协议、共同实施这一系列的交流沟通，最终达成共识，分工合作，乐在其中，通过良好沟通、提升了团队决策力，同学们为大家呈现了一场精彩的演讲，我们回味无穷并收获了满满的友谊，周汉晖曾经说过这样的一段话，在此，把它送给大家，“最理想的朋友，是气质上互相倾慕，心灵上互相沟通，世界观上互相合拍，事业上目标一致的人”。

五、总结反思、提升自我

探究活动：个人总结

学有所思、思有所获，请总结一下自己本节课的学习心得。

学生各抒己见。

老师：沟通是人们思想交流传情达意的重要过程，掌握沟通艺术需要团干自身具有一定的底蕴，这种底蕴来源于平日坚持不懈地读书和工作经验的积累，以及在工作中将读书与工作融合、互动的心得体会。与同学沟通注重真诚，在沟通中靠魅力得到钦佩；与上级沟通注重技巧，在沟通中得到赏识。任何沟通，都是能力和处事态度的结合。沟通是成功源泉，理解他人、悦纳自己让你走得更远，期待每一位同学都能在勤加苦练中成为善于交流的沟通高手！

第三节　展现团干风采——凝心聚力，团队一致性目标建立

一、主题分析

团队是一支队伍，是一个共同体。无论是因为共同兴趣而自愿成队，还是因为外部力量而形成的固定班队，大家聚在一起只有形成一个共同目标，每一名团体成员都为之不懈努力，才能形成一支主动、高效、合作的优秀团体。因此，打造团队思想与行动的一致性成了一支卓越团队形成的关键因素。

二、核心素养

责任担当

三、典型素材

素材一：

视频《开讲了（20140308 期）》[1]

1. 典型素材概述

《西游记》中能力超绝但不受管束的孙悟空、贪懒馋滑时刻想着散伙分行李的猪八戒、能力有限胜在忠诚的沙和尚、有犯罪前科但已洗心革面的白龙马，三徒弟一白马在强力领队唐僧的带领下，组成了无坚不摧、无险不克的战斗团队，一路降妖伏魔，完成了团队的终极目标——取经，全体成佛，普度众生。

[1]　视频《开讲了（20140308 期）》，央视网（https://tv.cctv.com/lm/kjl）。

2. 思政教育点

思政教育点 1：在团队中，要随时随地向队员传达团队的目标，这有利于打造一致性。但天天念经是会让队员麻木的，所以时机很重要。第一，最好的时机是队员认真听的时候，也就是希望得到反馈的时候。所以在给队员反馈信息的时候是打造团队一致性的最好时机。第二，如果有队员离队的时候，要明确表明离队队员的发展方向和目标与整个团队不太一致，所以我们选择让他离开。要用一致性这个标准将离队队员与整个团体划清界限，这样不会对现有队员造成负面影响。

思政教育点 2：把团队发展和个人发展统一起来。强化队员是为自己努力工作的观念，增加我的能力、我的接触、丰富我的经验。

思政教育点 3：目标的确定一定不是队长的目标或者不是支部委员会（或主席团）的目标，而是团队里所有人共同的目标，让队员看到目标实现后可能带来的变化，让他们心甘情愿地做好自己的事情。

素材二：京都陶瓷企业的发展历程

1. 典型素材概述

京都陶瓷创办之际，百业待举。出于快速发展的目的，稻盛和夫不断要求员工加班。他的初衷是为企业着想，但却遭遇了一次大罢工。这是因为当时企业目标只存在于几个少数的管理者心中，员工并不清楚。员工只知道每天加班、加班，还是加班。久而久之，身心俱疲，最终爆发了罢工现象。员工的态度非常坚决，必须加薪、增加奖金。经过三天三夜的艰难谈判，企业终于和员工达成了共识。

作为员工，如果没有更高层次的追求，就会在低层次中跟团队管理者斗智斗勇，以追求自身利益的最大化。正是汲取了这次失败的教训，稻盛和夫在领导日航破产重建时，上任的第一天就说了一句激励人心的话，让无比消沉的日航员工瞬间激情澎湃："让我们为了日航而奋斗吧。"有了这个目标的激励，员工迅速恢复工作热情，站在生死边缘的日航也在不到 3 年的时间里起死回生，于 2013 年 9 月在东京证券交易所重新上市。

2. 思政教育点

如果有成员不知道团队目标，那么他就可能成为团队的“负力”。团队不只是队长的平台，更是所有团队成员的共同平台。要想让队员在目标管理的作用下爆发最大的激情和干劲，首先就要保证这个目标是在全体团队成员的共同参与下制定出来的。共同参与有几个要点：首先整个目标管理的过程必须以团队成员为主导，这个目标基本反映出团队成员的意志；其次在目标管理的过程中必须进行充分的目标对话，对话的过程中需要注意队长和队员在目标管理的过程中地位平等；最后必须确认这个目标是双方都认可的，这一点很重要，它是团队一致性目标建立的关键因素。

素材三：明确量化的目标才是好目标

1. 典型素材概述

在西方管理学中，目标管理有一个非常著名的 SMART 法则。通过这个法则，管理者可以较为容易地为团队成员制定出科学、合理、可实现的目标。

S—Specific，这里指的是目标一定要明确的（specific）。

M—Measurable，目标的可度量性。制定的目标一定是可以度量的。

A—Attainable，目标的可实现性。一个目标必须是可以实现的，或者说经过努力是可以实现的。

R—Relevant，目标必须和其他目标具有相关性。

T—Time-based，目标必须具有明确的截止期限。即一个目标只有在一定的时间内达成才有意义。

2. 思政教育点

对于一个团队，建立合理、科学的一致性目标应考虑以下几方面因素，我们把它称为 SMART 法则。通过该法则，可以帮助团队领导者较为容易地制定出团队一致性目标。可以举一个最简单的例子，假设对于一个团支部，团支书需要组织成员完成一项团活动，而这个活动需要每一名成员共同努力，这时候需要将这个目标传达到每一名成员。对不同的成员树立目标时，可以遵循这个法则，每一名成员的目标的建立，每一名成员都会围绕这个团体的目标而努力，从领导者的角度来看，其实团队一致性目标也就随之建立起来了。

素材四：建立团队一致性思维训练

1. 典型素材概述

成员将扮演团队中的不同角色，他们会产生不同的意识。我们每个人都有许多角色与我们的性格相对应，尽管绝大部分时间我们并没有考虑过这些，所以我们通过一个思维训练来体会团队一致性目标的建立过程。

首先，个人通过特定情景，设想三类不同性格类型的成员进入到自己的团队，假定问成员你们感觉谁最被误解，言外之意是询问来到这个团队的动机是什么，而不同的人给出的回答是不同的，这时需要自己考虑对每一个人的回答，反问的内容可能包括每个成员的思想，或者企图，这时作为一个团队的领导者，将考虑如何真正地将他们联合起来，最后看看几个人拿到的“礼物”，通过该种形式的活动对每一个人树立了目标，而这个目标一定反映团队的整体意志，可以通过团队领导者的带领建立起团队一致性目标。

2. 思政教育点

该活动旨在通过个人自己的思考，模拟建立一个团队，并且通过个人的思维活动，分析出个人作为团队领导者在建立团队目标一致性过程中思维的矛盾，并且认识到如何改变这些情况，从而帮助掌握建立团队一致性目标的方法。在实际应用过程中，可以通过个人的思维过程实现，也可以进行多人之间的互动，总之这是一种思维训练，形式可能有不同，但蕴含的思维方式对建立团队一致性目标有着重要意义。

素材五：寓言小故事

1. 典型素材概述

有三只老鼠一同去偷油喝，到了油缸边一看，油缸里的油只剩一点点在缸底，并且缸身太高，谁也喝不到。于是它们想出办法：一个咬着另一个的尾巴，吊下去喝，第一只喝饱了，上来，再吊第二只下去喝……第一只老鼠最先吊下去喝，它在下面想："油只有这么一点点，今天总算我幸运，可以喝个饱。"第二只老鼠在中间想："下面的油是有限的，假如让它喝完了，我还有什么可喝的呢？还是放了它，自己跳下去喝吧！"第三只老鼠在上面想："油很少，等它俩喝饱，还有我的份吗？不如早点放了它们，自己跳下去喝吧！"于是，第二只放了第一只的尾巴，第三只放了第二只的尾巴，都只管自己抢先跳下去。结果它们都落在油缸里，由于永远逃不出来而饿死了。

2. 思政教育点

这是一个反面的典型例子，可以通过这个例子展示如下两点：第一，由于团队成员追逐着与团队总目标不一致的个体小目标而造成不好结果，大家对于共同目标达成一致并获得承诺，不需要命令、监督，用自己的执行力去行动，是团队取得成功的关键，这也是本节团课的主题——团队一致性目标的建立。第二，对于三只老鼠的例子，三只老鼠显然是一盘散沙，没有凝聚力，倘若一只老鼠能够充当小团体的领导者的角色，安排三只老鼠依次"喝油"，那么个人目标与团体一致性目标并不冲突，而且是全体成员的共同意志，这就是一种团体一致性目标，尽管可能有某只老鼠想多"喝油"，但在团队一致性目标的影响下，这种行为可能性也会降低，换句话说，团队一致性目标的建立增强了团队的凝聚力，为团队的发展产生了积极影响。

教案范例

团队一致性目标的建立

教学目标

1. 提升青年学生干部思想觉悟，增强青年学生干部的整体素质与工作能力。

2. 提升青年学生干部团队领导力。

3. 树立团队一致性目标，增强团队凝聚力。

教学重难点

重点：通过实例分析与讲解，增强青年学生干部对自身工作重要性的认识，增强青年学生干部的语言表达能力，培养青年学生干部担当责任意识。

难点：团队一致性目标的建立。

教学方法

讲授法、讨论法、实际锻炼法

教学过程

一、导入

探究活动：

观看《开讲了（20140308 期）》视频，分析西游记中师徒四人各有什么性格特点？师徒四人与白龙马组成一支团队，请大家思考，为什么这样一支团队最终可以“取得真经”？

学生各抒己见。学生思考后回答问题，教师记录学生的回答，并进行归纳总结。

过渡：团队能够“取得真经”的关键因素是团队需要一个像唐僧这样的人来带领大家一起向前走，那么唐僧发挥了怎样的作用呢？

二、新课讲授

探究活动一：

唐僧到底发挥了什么作用呢？

学生各抒己见。

教师：师徒四人虽然认知方式与思维模式存在明显差异，在团队中所发挥的作用也有不同，但他们都有一个共同的目标——取经，而这种目标是谁带给他们的呢？当然是唐僧带给他们的。所以一个优秀卓越的团队，是需要一个共同的目标的，我们把它称为团队一致性目标，这种目标的建立与这个团体的领导者有着十分紧密的联系。

探究活动二：

以下素材对团队一致性目标的建立有什么启发？

京都陶瓷创办之际，百业待举。出于快速发展的目的，稻盛和夫不断要求员工加班。他的初衷是为企业着想，但却遭遇了一次大罢工。这是因为当时企业目标只存在于几个少数的管理者心中，员工并不清楚。员工只知道每天加班、加班，还是加班。久而久之，身心俱疲，最终爆发了罢工。员工的态度非常坚决，必须加薪、增加奖金。经过三天三夜的艰难谈判，企业终于和员工达成了共识。

作为员工，如果没有更高层次的追求，就会在低层次中跟团队管理者斗智斗勇，以追求自身利益的最大化。正是汲取了这次失败的教训，稻盛和夫在领导日航破产重建时，上任的第一天就说了一句激励人心的话，让无比消沉的日航员工瞬间激情澎湃："让我们为了日航而奋斗吧。"有了这个目标的激励，员工迅速恢复工作热情，站在生死边缘的日航也在不到3年的时间里起死回生，于2013年9月在东京证券交易所重新上市。

问题1：团队一致性目标有什么要求？（学生思考后回答）

教师：引导学生思考问题，主要从以下几个方面：目标是什么？目标怎么评价反馈？目标需要多久可以完成？实现这个目标需要什么条件？

学生各抒己见。

教师：团队一致性目标的建立法则——SMART法则。

S—Specific，指的是目标一定要明确的(specific)。

M—Measurable，指目标的可度量性，即制定的目标一定是可以度量的。

A—Attainable，指目标的可实现性。一个目标必须是可以实现的，或者说经过努力是可以实现的。

R—Relevant，指目标必须和其他目标具有相关性。

T—Time-based，指目标必须具有明确的截止期限，即一个目标只有在一定的时间内达成才有意义。

问题2：假如你作为一个团队的领导者，你应该怎么做才能将一致性目

标带给你的队员？（学生思考后回答）

教师：首先，在团队中，要随时随地向队员传达团队的目标，这有利于打造一致性。但天天念经是会让队员麻木的，所以时机很重要。第一，最好的时机是队员认真听的时候，也就是希望得到反馈的时候。所以在给队员反馈信息的时候是打造团队一致性的最好时机。第二，如果有队员离队的时候，要明确表明离队队员的发展方向和目标与整个团队不太一致，所以我们选择让他离开。要用一致性这个标准将离队队员与整个团体划清界限，这样不会对现有队员造成负面影响。其次，把团队发展和个人发展统一起来。强化队员是为自己努力工作的观念，增加我的能力、我的接触、丰富我的经验。最后，目标的确定一定不是队长的目标或者不是支部委员会（或主席团）的目标，而是团队里所有人共同的目标，让队员看到目标实现后可能带来的变化，让他们心甘情愿地做好自己的事情。

三、实践体验活动

过渡：我们已经学习了建立团队目标一致性的方法，下面让我们做个小游戏，亲自感受团队一致性目标建立的过程。

探究活动：

体会打造团队思想的一致性，树立团队一致性目标。

教师：你将扮演团队中的不同角色，他们会产生不同的意识。比如，一个角色你也许认为有最高的学历，在社会交往中，总是品行端正，而且彬彬有礼；另一个角色可能举止唐突，而且有点粗鲁。一个角色似乎永远都有耐心，说话像个孩子；另一个角色可能是个急性子，等等。我们每个人都有许多角色与我们的性格相对应，尽管绝大部分时间我们并没有考虑过这些，针对这种情况我们试着建立团队一致性目标。

首先请同学试着整合你的内部团队，先思考这些你曾扮演过的不同角色——有益或无益的，公众或私密的，授权或未授权的等等。根据前提假设，每一个都代表你完成一个真实的、有利的动机。有必要的话，你可以使用前面清单里列举的角色，但是，通常情况下，你只需考虑你生活的不同方面，如工作或家庭。下面我们开始这个游戏：

1. 闭上你的眼睛，设想去某个你感到十分放松而且舒适的地方——也许是大自然，一个最喜欢的房间，或者一个完全虚构的、安全的、令人身心愉悦的地方。然后，设想有一张桌子，在它周围放了六把椅子。

2. 邀请你潜意识中的两个角色，你真正乐意它们到来。当它们光临时，表示欢迎并且让它们在桌子边坐下。

3. 现在，又邀请你潜意识中的另两个角色，你会认为它们很有益处或者说非常实用。当它们到达时，迎到桌边让它们坐下，并向每一个人做介绍。

4. 最后，邀请你潜意识的两个角色，你特别“讨厌”它们，你常把它们当作是“不高兴”. 同样在它们加入时表示欢迎。

5. 现在，对你所有的客人讲：“请告诉我，这儿谁最感到被误解？”其中的一个在回应：“你的真实动机是什么，你对我真正的意图是什么？你想给我的礼物是什么。”仔细听答案。注意，其余者听到，明白并且赞赏这位特殊客人的礼物的重要性。例如，一个唐突、粗鲁的角色也许会认为“有啥说啥”才是最真实的，而且它“不能同意伪善”。一个“急性子”角色可能觉得它自己表达起来平白易懂而且观点开放，没有任何社交上的优雅，并且认为我们不应压抑我们的情感。你的这种角色可能想吸引注意力，表现得强烈些，或者只是“倾吐一下心声”。仔细听每一种解释或目的。

6. 接下来问其他五位：“你们中谁最被误解？”被问的人反问道：“你的真正企图是什么，你想给我什么礼物？”听完答案后，注意到其他人表示理解并赞赏这位客人礼物的重要作用。

7. 在剩下的四位、三位依次重复上面的过程。

8. 当只剩下最后两位时，你说，“我希望充当这张桌旁的其他几位角色。请告诉我你们给我带来什么礼物。”仔细听每一个人的回答。注意到其他人的理解和对这些所带来的礼物的重要性表现的赞赏。

9. 最后，看着六个角色把礼物举在手里围成一圈，让内部团队在你的内心渐渐呈现。

教师：我们看到，通过一些方法，可以发现不同的人的不同动机，在刚才同学试着了解每一个成员的动机时已经建立了某种联系，这种联系在团队中是非常关键的，作为一个团队的领导者的角色，可以根据不同的性格的人采用不同的策略，从而将这种联系扩大至整个团队，这样团队一致性目标也就随之建立了。

四、总结

教师：通过刚才的小游戏，我们可以感受到团队一致性目标的建立的过程，这种特殊的模式让你能辨别出你内心的许多角色，放到实际中，这一简单过程将帮助你改变对一切行为的态度，比如一个不好的习惯，在过去一直困扰着你的错误，或者一些在工作生活中，一再发生却无益的行为。更特别的是，它试图将不同的欲念和目的统一起来，还可以帮助解释不愉快的行为。作为一个团队的领导者，你会发现，你的团队角色是服从于你的。它们“是”你，并且想为你争取好处。在我们平时处理团支部的问题时，当然也可以采取这样的方法，建立起团支部的一致性目标，激发团队凝聚力，打造一支思想、行动高度一致的团支部。

第四节 展现团干风采——6S精益管理

一、主题阐述

6S 管理最初始于生产制造业领域，但在实践中发现，6S 管理不仅适用于企业管理，同样适用于教育领域。中学阶段，尤其是高中阶段是学生形成个性、自主发展的关键时期，是培养学生的理想信念、责任担当的重要阶段。该主题首先主要是面向团干部，将 6S 管理应用于学习工作中，提高自我管理能力，做到个人学习与团支部工作两不误，提高工作效率。从而展现团干部的工作魅力，借助团干部的风采，来带动整个团支部的每一个个体的发展，打造良好的学习环境。

二、核心素养

理想信念、责任担当

三、典型素材

素材一：海尔 6S 大脚印[1]

1. 典型素材概述

“6S 大脚印”方法其实是由日本的 5S 发展而来，后来成为海尔在加强生产现场管理方面独创的一种方法。海尔集团认为 6S 是现场管理之基石，如果连 6S 都做不好那么企业就不可能成为优秀的企业，所以海尔集团一直坚持将 6S 管理作为重要的经营原则。

---

[1] 赵春香:《浅谈在高职英语教学中引入海尔管理理念》,《长春理工大学学报》，2012 年 07 期。

海尔要求每天每位员工站在“6S 大脚印”上，对自己一天的工作进行总结。站在“6S 大脚印”上，跟大家分享自己的成绩与体会，跟大家一起交流，得到同事的肯定，激励自己做得更好，从而能够更快地提高自己。海尔在 5S 的基础上加了一个 S 即安全（Safe），形成了独特的“6S 大脚印法”。

2. 思政教育点

思政教育点：海尔，一个家喻户晓的名字，创立于 1984 年，是一家全球领先的美好生活解决方案服务商。之所以会取得如此大的成就，离不开企业文化的支撑，更离不开每个海尔人的坚持。我们常说没有一个人能随随便便成功，更何况是一个企业，一个优秀的企业。6S 的实行为企业注入了力量，不仅仅在中国推广，在不同文化背景的海外工厂也得到了施行，可见 6S 的强大。理论虽简单，环节很明确，但贵在坚持。只有将这几个环节贯穿在日常生活中，并不断重复，坚持下去，才会渗入到血液中，内化为自身的一种素养。我们要向优秀看齐，将 6S 应用于我们的自身管理中，长期坚持下去，成为一种优秀的象征。

素材二：数字游戏 [1]

1. 典型素材概述

借助一张布满符号的杂乱无章的表来表示工作台（上面的每个符号代表我们的工作），在 30 秒内，从 1 数到 30，记录下数出的个数，几个就对应几分。然后利用6S 理论来改进表格（工作台），再记录下成绩。然后对比下两次的成绩。

经过 6S 改善后的工作台，能迅速发现有哪些数据不见了，而未经 6S 处理的工作台，你能找到这里少了哪些数字吗？

2. 思政教育点

思政教育点 1：用带有符号的表来表示工作台，上面的符号代表工作，我们要完成的工作就是从 1 数到 30。在第一张表中，既有数字又有一些其他的符

---

[1] 《6S 互动游戏 PPT 讲座》，淘豆网（https://www.taodocs.com/p-311888969.html）。

号，而且摆放杂乱无章，要找到 1 到 30 的数字是比较困难的，耗时比较多，让学生体会一下“乱”无形之中增加了工作量。通过利用 6S 管理理论对上面的表加以处理，通过整理丢掉无关的符号，减少了检索范围，提高了效率。紧接着再对表进行整顿，将数字摆正，大小进行调整，并按一定的顺序排好，这样处理完后的表格中的数字便一目了然，我们就能很快地找出 30 个数字。通过简单的数字游戏，使学生体会 6S 为我们的工作所带来的便利，大大提高了工作效率。

思政教育点 2：差错源于混乱。后面的两张表是缺少两个数字的表，我们要从杂乱无章，堆满符号的表中找出缺少的数字这是相当困难的，而经过 6S 处理后的条理的表中就能一目了然，明确知道缺少了哪个。所以要保证一个安全的工作生活环境，必须保持现场的干净整洁，整洁的环境才有利于问题的发现，以便及时补救。而混乱的环境中即使出现了问题，也不方便查找，这就埋下了安全隐患。

素材三：收集学生物品摆放图片

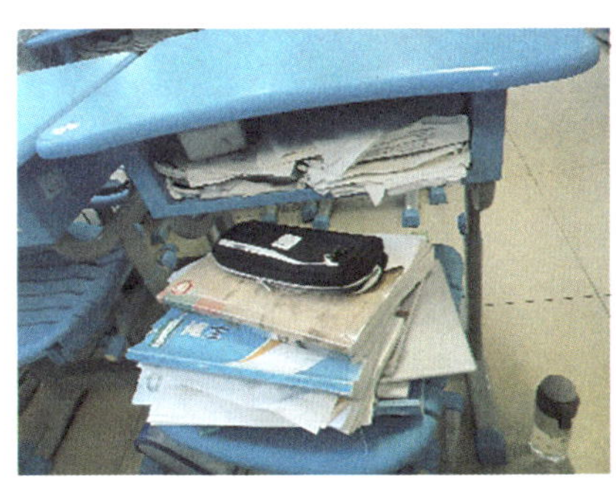

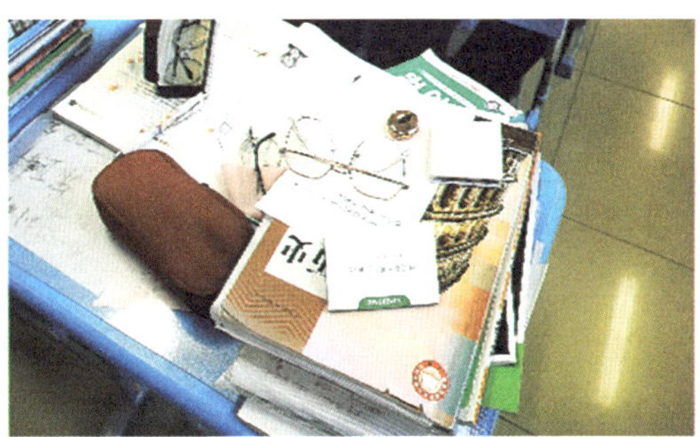

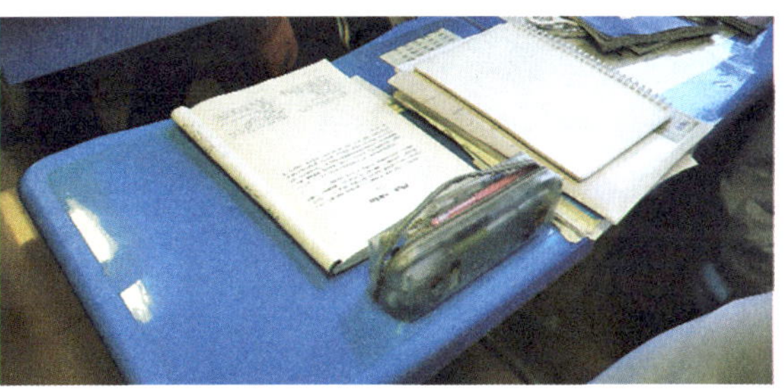

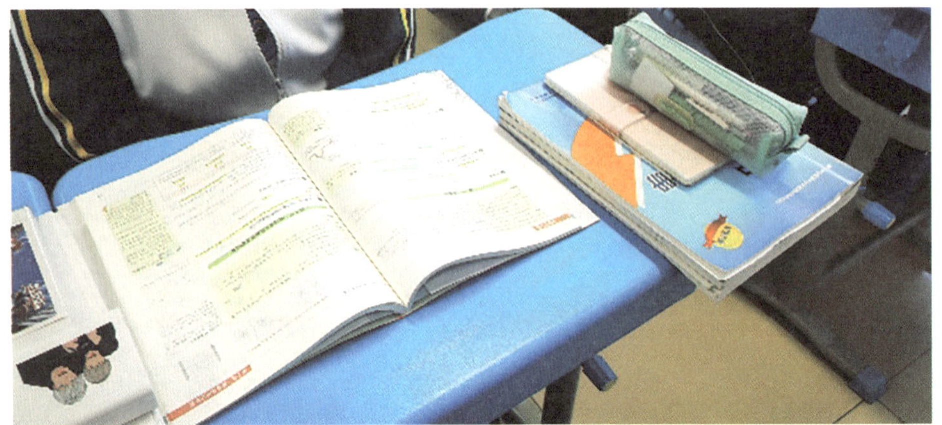

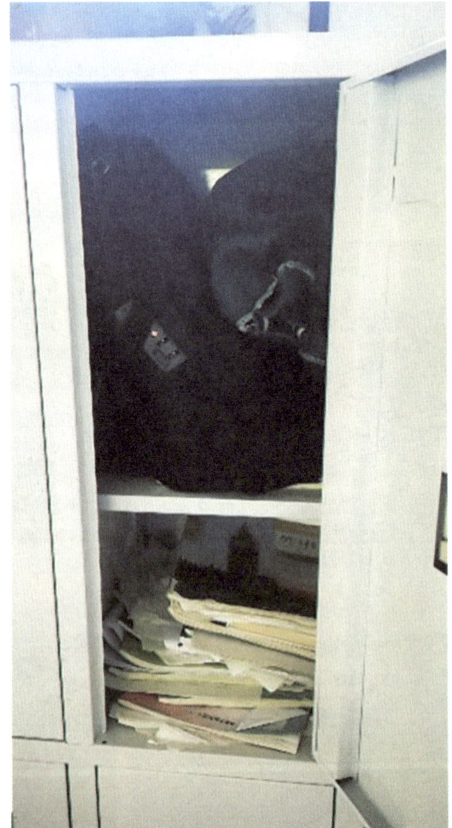

思政教育点

思政教育点 1：拍摄学生的书桌和书橱，既有摆放整齐的，也有将物品摆成一堆的，通过图片展示，强烈的视觉冲击更能激发学生的兴趣。此处无需多言，学生就能自觉的认领图片，一方面，强烈的对比能使学生认识到整齐的书桌所带来的舒服的感觉；另一方面，可以激发学生进行自我管理的欲望，为了面子也要整理好自己的物品。

思政教育点 2：高中阶段的学生正处在心理极其敏感的时期，存在攀比心理，好面子，他们容易受到外界的影响，周围人的言语不仅会影响他们的情绪，还会影响他们的行为。所以不记名的展现书桌或书橱摆放的图片，无形中就对他们施加了一定的压力：为了面子，为了不被周围人说笑，我也一定要整理好自己的物品。这就激发了他们整改的欲望。

思政教育点 3：身边的素材往往就是最好的素材。我们对熟悉的东西存在普遍的好感，这是不争的事实。俗话说："老乡见老乡，两眼泪汪汪。"我们都有这种感觉，当读一张报纸时，如果是其他学校的一则新闻，我们可能一闪而过，而如果是自己学校的同样的一则新闻，我们会投入更多的时间和精力，印象会格外的深。其实无论是熟悉的东西还是陌生的东西，对于大脑而言，它们都是外界刺激，都要经历一番信息处理的过程。大脑在处理输入信息时，会先搜寻大脑里已保存的图式印象。熟悉的东西已经在大脑中形成过印象，所以大脑会很快将它提取出来。所以说，熟悉的东西会重新唤起我们所形成的印象，立马产生强烈的共鸣。

素材四：高三·9班召开主题班会共制班级公约[1]

1. 典型素材概述

9月6日下午第四节课，高三· 9班教室里传来阵阵掌声，这是9班在召开制定新学期班级公约的主题班会。本次班级公约的制订，9班决定采用一个新的形式，班主任杜晓黎老师预先给同学布置了任务，她让同学们回顾已走过的高中两年，然后每人总结一个最能代表班级精神的词，共同写入班级公约。王这同学在黑板上写下"自律"二字，她认为9班一贯的好传统就是同学们都很自律。这体现在大家"入室即静，落座即学"的习惯上，体现在出操集会快、静、齐的行动上，体现在自习课有序高效的学习中，还体现在卫生环境的保持上。大家一致认同自律的精神一定要保持下去。

2. 思政教育点

思政教育点1：高中生正处在叛逆期，他们仿佛弹簧一般，压得越紧，反弹的力量就越大。所以，如果把现成的教师制定好的制度强行压到学生身上，他们就会格外的反感。虽然也能起到约束行为的作用，但是这个过程是痛苦的，也不利于良好师生关系的建立。甚至有些调皮的同学会故意与你作对而违反规定。所以杜老师不是自己制定班级公约，而是让学生参与进来，

---

[1] 《高三·9 班召开主题班会共制班级公约》，济南三中官网（http://jnsz.jinan.cn/art/2021/9/10/art_291_273230.html）。

自己制定，自己遵守，这样就没有违反的理由了。

思政教育点 2：学生是有思想的个体，他们有自己的一些想法，我们必须尊重他们，允许他们发表自己的观点。作为教师，我们不是一味的灌输，不是一味地压制学生的个性，而是要起到一个引导的作用，激发学生的潜能，发展学生的个性，纠正他们不正确的想法，鼓励引导正向发展。学生是班集体的组成者，是集体中的一分子，他们有权参与制度的制定，从而在内部达成协议，进行有效的自我管理。

思政教育点 3：本新闻记录的是学生身边的班级，他们能见证新闻的真实性，看到此班级在平时的各种突出的表现。从身边的模范班级体会好的班级环境所带来的身心的愉悦，以及对个人学习的促进等。从而激发起内心的渴望，渴望改变现有的混乱的环境，打造良好的学习环境。

素材五：加加林脱鞋的故事

1. 典型素材概述

为什么尤里·加加林能成为第一个进入太空的人？在未确定人选的前一个星期，飞船设计师罗廖夫感到苦恼，这么多候选人，该选哪一个去执行飞入太空这一伟大的任务？通过观察，他发现，只有加加林一个人在进入飞船时脱下了鞋子，只穿袜子入座舱。这一细节获得了罗廖夫的好感，于是，他决定让加加林执行飞向太空的使命。试想一下，如果加加林不注重细节，那么他可能也得不到“太空第一人”的荣誉了。[1]

2. 思政教育点

思政教育点 1：正如古印度谚语所说：“播种行为，收获习惯；播种习惯，收获性格；播种性格，收获命运。”6S 作为一种管理模式，用来规范学生的行为，从课堂上看似非常简单，就是将整理（seiri）、整顿（seiton）、清扫（seiso）、清洁（seiketsu）、素养（shitsuke）、安全（safety）这几个环节应用在自我物品的整理摆放上，但是这种行为不仅仅是在这节课上

[1]　樊泽中：《细节决定成败》，《创新作文（初中版）》。

完成，而是贯穿到日常的学习、生活中，将这种行为规范坚持执行下去，从而形成习惯，即不需要制度的约束就能自动执行，形成内在的素养。就如加加林，不需要制度的约束，内在的素养促使他脱掉鞋子。所以习惯并不仅仅是日常惯例那么简单，它的影响十分深远。如果不加控制，习惯将影响我们生活的所有方面，甚至影响你的一生。

思政教育点 2：细节决定成败。细节往往因其“小”，而容易被人忽视，掉以轻心；因其“细”，也尝尝使人感到烦琐，不屑一顾。但是在能力相当的情况下，细节决定了事情的走向。在几十名宇航员能力相当的情况下，就是脱鞋这一个细节，使得加加林在设计师的心目中顿时形象高大起来，使他成了人类第 1 个飞上太空的宇航员，记录在了人类的光辉历史上。

《彩绘加加林》 作者：周月晗

四、大咖点睛

6S 理论不仅在现代企业管理中具有广泛的应用价值，在现代教育管理中也具有十分重要的价值。在学生的日常行为教育和班级管理中，运用 6S 理论作为指导，对于规范学生的行为，培养学生良好的生活和学习习惯，提高学生的自我管理能力，进而提升学生的核心素养，都具有重要的现实意义。李慧娟老师等十分重视 6S 理论的研究与实践应用，确立了专门的研究课题。在本课题的研究过程中，不断更新内容，注重创新方法，探索规律，特别是善于通过观察、实验与问卷调查相结合的方法，用数据说话，更加突出了本课题的研究价值和意义所在。本研究中，所选用的素材典型，教学设计科学、规范，思路和方法先进，案例具有代表性；分析论证具体、透彻，具有针对性；结论具有重要的启发性。在 6S 理论的应用过程中，借助游戏，站在学生的角度，注重让学生谈问题，谈想法，谈体会，不仅体现了以学生为主体的教学理念，而且彰显了 6S 的当代教育价值与实践意义，取得了好的应用效果，值得进一步研究和推广。

——山东师范大学教授、博士生导师　傅海伦

教案范例

展现团干风采——6S 精益管理

学习目标

1. 了解 6S 的起源与内涵。

2. 通过数字游戏深切体会 6S 精益管理的作用。

3. 经历用 6S 管理理论指导个人物品管理的过程，形成良好的行为习惯，提高自我管理能力，增强工作魅力，展现团干部的风采。

教学重难点

重点：6S 精益管理的理论内涵、意义、作用。

难点：6 个 S 之间的逻辑关系以及如何将 6S 理论融入自身的学习和工作中。

教法设计

研讨法、多媒体教学法、讲做结合。

教学过程

一、导入

教师：同学们好，大家作为团干部，是优秀的代表，是佼佼者，与其他同学相比，身上承担着不一样的责任。如何把更好的自己展现出来，体现我们团干部的风采是我们的共同目标。你是否能处理好工作与学习的关系呢？你是否遇到过把工作上的材料与个人学习物品摆放一起在关键时刻找不到的情况呢？

学生分享。

为了营造良好的学习工作环境，提高工作效率，如何让你的物品摆放更整洁更条理呢？下面我们学习一种新理论——6S 精益管理。

二、概念了解

过渡：那么什么是 6S 管理呢？下面咱们来详细了解一下。

1. 6S 起源

6S 最初起源于日本，是指在生产现场中对人员、机器、材料、方法等生产要素进行有效的管理，这是日本企业一种独特的管理办法。整理（Seiri）、整顿（Seiton）、清扫（Seiso）、清洁（Seiketsu）、修身（Shitsuke）、安全（Safety），因为这 6 个日语单词的罗马拼音都是以字母“S”开头，所以被简称为“6S”。这种管理方法后来被广泛地应用于各个领域。

呈现海尔集团素材。

教师：海尔，一个家喻户晓的名字，创立于 1984 年，是一家全球领先的美好生活解决方案服务商。之所以会取得如此大的成就，离不开企业文化的支撑，更离不开每个海尔人的坚持。我们常说没有一个人能随随便便成功，更何况是一个企业，一个优秀的企业。6S 的实行为企业注入了力量，不仅仅在中国推广，在不同文化背景的海外工厂也得到了施行，可见 6S 的强大。理论虽简单，环节很明确，但贵在坚持。只有将这几个环节贯穿在日常生活中，并不断重复，坚持下去，才会渗入到血液中，内化为自身的一种素养。我们要向优秀看齐，将 6S 应用于我们的自身管理中，长期坚持下去，成为一种优秀的象征。

2. 6S 含义

过渡：下面看一下什么是 6S。

整理：区分必需品和非必需品，现场不放置非必需品。

整顿：将寻找必需品的时间减少为零。

清扫：将岗位保持在无垃圾、无灰尘、干净整洁的状态。

清洁：将整理、整顿、清扫进行到底，并且制度化。

素养：对于规定的事，大家都要遵守执行。

安全：保持安全的工作环境。

简单来说就是：

整理：要与不要，一留一弃。整顿：科学布局，取用快捷。

清扫：清除垃圾，美化环境。清洁：清洁环境，贯彻到底。

修养：形成制度，养成习惯。安全：安全生产，消除隐患。

（板书 6 个 S）

3. 6S 间的关系

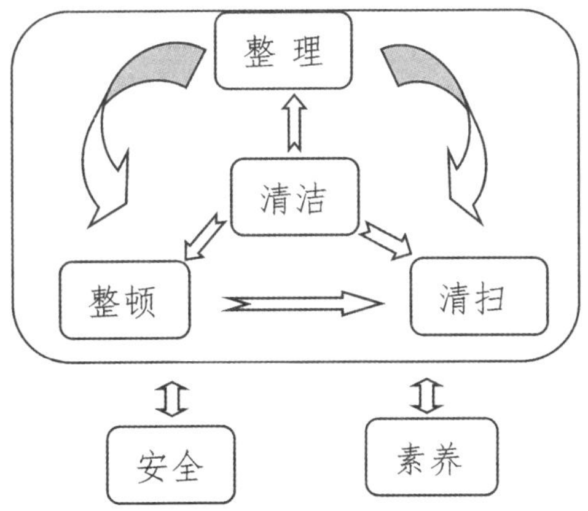

6 个 S 之间是紧密联系的。其中清洁是为了维护整理、整顿、清扫这 3 个 S 的成果，制定的制度对这 3 个 S 起到了一定的约束作用，同时 3 个 S 围绕着清洁展开，形成了一个行为系统。而这个行为系统促进了安全环境的形成，同时安全也是这个行为系统有效运行的保证。行为系统的长期有效执行最终内化为人的素养，形成人的品格，这也是我们的最终目的，从而推动管理水平的提高，营造安全的生活环境，即“人造环境，环境造人”。

三、探究应用

（一）游戏环节：数字游戏

任务一：下表代表我们的工作台（上面的每个符号代表我们的工作），在 30 秒内，从 1 数到 30，并在图上划掉，你可以数出几个？数出几个得多少分。

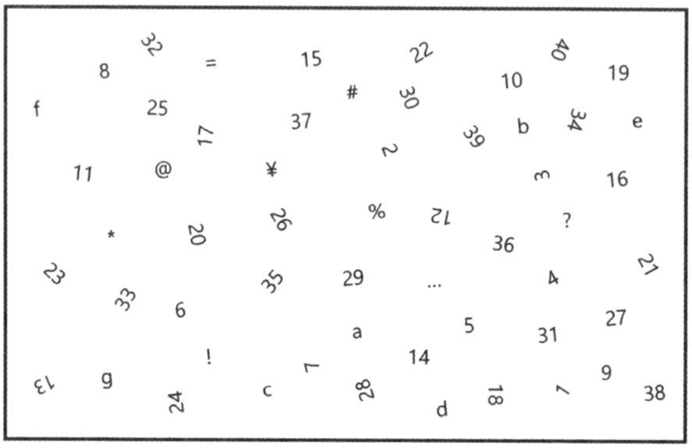

任务二：下面我们利用 6S 理论来改进一下，再看看你的成绩。

1. 整理：把不必要的符号丢掉，现在看看你在 30 秒内可以数几个数字，得多少分？

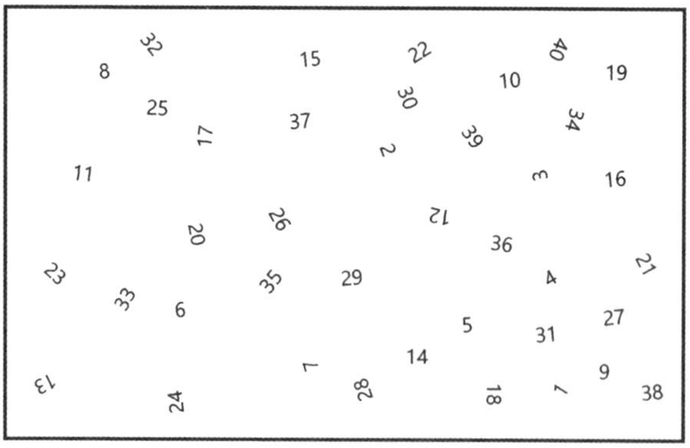

2. 整顿：将数字排列好，并用同样大小再排好序，看你在 30 秒内可以数几个数字，得多少分？

1	2	3	4	5	6	7	8
9	10	11	12	13	14	15	16
17	18	19	20	21	22	23	24
25	26	27	28	29	30	31	32
33	34	35	36	37	38	39	40

3. 这是经过 6S 改善后的工作台，你能发现有哪些数据不见了？这样是不是很容易进行维持？

1	2	3	4	5	6	7	8
9	10	11	12	13		15	16
17	18	19	20	21	22	23	24
25	26		28	29	30	31	32
33	34	35	36	37	38	39	40

4. 如果没有实施 6S，你能找到这里少了哪些数字吗？

32 = 15 22 40
8 10 19
f 25 # 30
37 b 34 e
17 2 39
11 @ ¥ 3 16
% 12 ?
* 20 26 36
21
23 35 29 … 4
33 6
a 5 31
! 9
13 g 24 c 1 28 d 18 7 38

教师：通过这个游戏，你会发现你的成绩在不断地提高，6S 的使用极大地缩短了工作时间，提高了工作效率。整洁条理的工作台有利于问题的发现与整改，这为安全工作环境的创建奠定了基础，实现了良性循环。

（二）生活应用

过渡：我们通过数字游戏见证了 6S 给我们带来的效率，在生活中也要不断渗透这种理论。

1. 1S——整理

探究活动一：

咱们一起来看一下 6S 中的 1S：将必需物品与非必需品区分开，在岗位上只放置必需物品。实施的关键是什么呢？什么是必需品？什么是非必需品呢？

学生各抒己见。

教师：所谓非必需品，并不是专指废品，而是指在近期之内不需要的物品，这些物品需要拿出学习现场，放到其他专门的存放区域。如何做出选择呢？这些都是我要用的书呀，好难选择呀。接下来教你一招——抽屉原理：指在整理抽屉时，先把抽屉倒空，然后再从倒出来的所有东西中寻找有用的东西往抽屉里面拿。应用抽屉理论处理非必需品的过程实际上不是寻找非必需品的过程，而是列出必需品的过程：按照我们接下来的学习生活，列出需要的物品清单，其余的清理出去。

我们可以以一天为一个周期，想一想咱们今天的课程和要完成的工作，列一个清单。（学生操作）

教师：好，那与此相关的资料就是我的必需品，其余都是非必需品，对不起，暂时远离我的课桌！当然，这并不意味着扔垃圾桶了，而是放到你的橱子里。

同样，对于整个教室的环境而言，要达到室内无不用之物。坚决做好这一步，是树立好作风的开始。我们提出口号：环境和安全始于整理！

2. 2S——整顿

过渡：整理完后留下的必需品怎么处理呢？还是有好多啊，接着进入

2S——整顿：将需要的物品合理放置，加以标识，以便使用时能随手拿到。

探究活动二：

下面请物品整洁条理的同学来介绍一下如何整理的。（学生回答）

那如何来整理你的众多单页纸质材料呢？（短视频播放）

教师：所以对于个人物品，我们可以按学习和工作分为两大类，在每一类里再进行小分类。比如学习材料可以按科目不同进行分类，团支部的材料按照活动的不同进行分类，可以借助试卷夹或者是普通的夹子。

教师：你觉得整顿的最高境界是什么？（寻找时间为零）作为一名团干部，我们不是一个人在工作，需要与其他人一起合作共事，如何让大家能快速便捷地找到团委的相关材料呢？

学生各抒己见。

教师：要使不同的人都能在工作区快速便捷地找到需要的材料，我们需要明确三要素：确定放置场所、规定摆放方法、进行标识；明确三定：定点、定量、定品。这样大家就按规定从相应的场所直接找到所需要的东西，提高工作效率。

3. 3S——清扫

过渡：那这种整洁条理的状态你能保持多久呢？如何来维持前两个S的成果呢？就需要3S——清扫：将岗位保持在无垃圾、无灰尘、干净整洁的状态。

纪检委员说一下在平时开展班级卫生工作时存在哪些问题？（学生回答）

4. 4S——清洁

过渡：所以我们需要制定相应的制度来维持这种美观的状态，解决存在的问题。也就是4S——清洁：对于规定了的事情，大家都按要求去执行。

探究活动三：

思考：作为一名团干部，如果你没有遵循6S，该如何惩罚呢？

学生畅所欲言。

下面大家将你的惩罚措施写到便利贴上，贴在咱们的文化墙上，记住你写下的承诺哦！

5. 5S——素养

在制度的约束下，长期坚持下去，就会养成一种习惯，即不需要制度的约束，大家也能自觉的执行，制度已经内化成了内在的一种素养，即5S——素养。前4S活动的主要对象是环境和物品，通过改变环境间接地培养人的素质，而素养却是以人为对象，直接地提升人的素质。

6. 6S——安全

人的素养提升了，又会反作用于环境，将环境整理得安全、整洁、美观，从而营造了良好的氛围，愉悦身心，促进人的成长，形成良性循环。咱们学校高三·9班的优秀是大家有目共睹的，出操集会快、静、齐，自习课有序高效，卫生环境干净整洁……因此优良的环境提升了每个人的素质，他们的成绩也遥遥领先。

理论学习是为了更好地指导实践，下面大家利用刚刚学习的6S精益管理理论来整理一下个人的书桌和教室物品。

（学生自主活动，整理个人物品）

四、学生评价

（五分钟后）下面大家谈谈本节课的感受与收获，你更喜欢现在的环境还是之前的环境？6S给你带来了怎样的变化？

（学生畅所欲言，感受6S管理带来的不一样的体验）

五、课堂升华

6S管理不仅仅适用于班级物品的管理，还适用于宿舍物品管理、家里物品管理，甚至是个人思想的管理等等。

如果你坚持将6S应用下去，那21天后你便收获一种习惯，并伴随你的一生。

大家知道“太空第一人”吧？（呈现加加林的素材）

习惯决定着一个人的未来，一个人养成一种好习惯，一辈子有用不完的利息；一个人养成一种坏习惯，一辈子有还不完的利息。

教师寄语：

播下一种思想收获一种行为，

播下一种行为收获一种习惯，

播下一种习惯收获一种性格，

播下一种性格收获一种命运。

我们要始终牢记，我是一名团干部，身上散发着不一样的优秀魅力。所以不仅仅要加强自我管理能力，形成一种素养，展现出我们团干部的风采，更要充分发挥自己的先锋模范作用，去带动周围同学运用6S进行管理。让我们一起创造一个优秀的集体，创造属于我们的文化吧！

第五节 奋斗的青春最美丽

一、主题分析

广大青年要培养奋斗精神，做到理想坚定，信念执着，不怕困难，勇于开拓，顽强拼搏，永不气馁。幸福都是奋斗出来的，奋斗本身就是一种幸福。每个青年都应该珍惜这个伟大时代，做新时代的奋斗者。“恰同学少年，风华正茂，书生意气，挥斥方遒”，青春只有在奋斗中才能展现美丽。本文选取不同素材，从不同方面来阐述奋斗的青春最美丽，意在激励青少年要珍惜拥有、把握当下，不虚度光阴，不浪费青春，培养艰苦奋斗、勇于奉献、努力拼搏、积极向上的精神。

二、核心素养

理想信念、责任担当

三、典型素材

素材一：网络走红的中科院博士论文《致谢》[1]

1. 典型素材概述

我走了很远的路，吃了很多的苦，才将这份博士学位论文送到你的面前。二十二载求学路，一路风雨泥泞，许多不容易。如梦一场，仿佛昨天一家人才团聚过。从家出发坐大巴需要两个半小时才能到县城，一直盼着走出大山。从矩光乡小学、大寅镇中学、仪陇县中学、绵阳市南山中学，到重庆的西南大学，再到中科院自动化所，我也记不清有多少次因为现实的压力

[1] 《致谢》，新华网 (http://www.xinhuanet.com/talking/2021-04/19/c_1211117049.htm)。

而觉得自己快扛不下去了。这一路，信念很简单，把书念下去，然后走出去，不枉活一世。世事难料，未来注定还会面对更为复杂的局面。但因为有了这些点点滴滴，我已经有勇气和耐心面对任何困难和挑战。理想不伟大，只愿年过半百，归来仍是少年，希望还有机会重新认识这个世界，不辜负这一生吃过的苦。最后如果还能做出点让别人生活更美好的事，那这辈子就赚了。

2. 思政教育点

思政教育点 1：通过阅读这封在网络走红的中科院博士论文《致谢》，使同学们体会到在我们的社会中，并不是每个人都能享受优越和谐的家庭和教育环境，总有一些人，家境并不怎么好，甚至如《致谢》作者，家境十分困苦艰辛，但他们不屈服于命运，意志坚强，怀揣着对未来梦想的追求，因此会用比他人更多的付出去奋斗、去拼搏，让同学们真正体会到宝剑锋从磨砺出。

思政教育点 2：“最后如果还能做出点让别人生活更美好的事，那这辈子就赚了。”作者历尽千辛万苦，经历多重风雨乃见到彩虹，然而，他想到的不是自己独乐，是同乐，是奉献，用自己与命运抗争后的硕果回报社会。这种勇于奋斗、甘于奉献的精神值得我们每个人去学习。

思政教育点 3：通过阅读《致谢》信，同学们发表自己对黄国平经历的看法，从而让学生体会到奋斗的意义，有奋斗才不辜负青春。

素材二：习近平总书记关于青年奋斗的金句

1. 典型素材概述

广大青年既是追梦者，也是圆梦人。追梦需要激情和理想，圆梦需要奋斗和奉献。广大青年应该在奋斗中释放青春激情、追逐青春理想，以青春之我、奋斗之我，为民族复兴铺路架桥，为祖国建设添砖加瓦。

——2018 年 5 月 2 日，习近平《在北京大学师生座谈会上的讲话》

广大青年一定要矢志艰苦奋斗。“宝剑锋从磨砺出，梅花香自苦寒来。”人类的美好理想，都不可能唾手可得，都离不开筚路蓝缕、手胼足胝的艰苦奋斗。我们的国家，我们的民族，从积贫积弱一步一步走到今天的发展繁荣，靠的就是一代又一代人的顽强拼搏，靠的就是中华民族自强不息的奋斗精神。当前，我们既面临着重要发展机遇，也面临着前所未有的困难和挑战。梦在前方，路在脚下。自胜者强，自强者胜。实现我们的发展目标，需要广大青年锲而不舍、驰而不息的奋斗。[1]

——2013 年 5 月 4 日，习近平《在同各界优秀青年代表座谈时的讲话》

2. 思政教育点

习近平总书记为我们指明了奋斗的道路，他在多次会议上指明了奋斗的意义，同学们通过朗读学习习近平总书记关于奋斗的重要论述，围绕社会主义初级阶段的基本国情，了解艰苦奋斗、持续奋斗、永久奋斗的重要意义，虽然人生路上布满坎坷，但我们依然要坚信，风雨之后便是彩虹，今天的奋斗便是明天的光明，使同学们更加深刻的感悟到奋斗的力量！

素材三：青年时代的习近平的奋斗故事

1. 典型素材概述

1969 年 1 月，不满 16 岁的习近平来到陕北梁家河村插队。在梁家河的 7 年岁月里，他“看到了人民群众的根本，真正理解了老百姓”，也树立了为老百姓办实事、为人民奉献自己的理想理念。

1974 年 1 月，习近平当选为大队党支部书记。他一直琢磨着如何能改变梁家河面貌，改善村民们的生活质量。一天，习近平在《人民日报》看到四川大办沼气的报道。他赶到四川学习考察，回来后开始着手试验办沼气。然而，难题一个接着一个，远比想象的多。

秉持着一定要把沼气办成的信念，习近平一个一个地解决难题。经过反复测量，试验池最后选在了知青居住点旁边，这里的土壤密度相对要大一些。没有石头，习近平带人在烂泥滩里铲去一米多厚的土层，挖出了石头。他还带着几个青年去村外挖沙子，一袋一袋往回背，背上磨破了皮，没人喊一声累。

---

[1] 2013 年 5 月 4 日，习近平《在同各界优秀青年代表座谈时的讲话》，新华网（http://www.xinhuanet.com/politics/2013-05/04/c_115639203.htm）。

在习近平的执着努力下，梁家河的沼气池终于建成了。这也成了陕西第一口沼气池。多年后，习近平回忆这段经历时说："第一口池子是颇费功夫的，一直看到这个沼气池两边的水位在涨，但就是不见气出。最后一捅开，溅得我满脸是粪，但是气就呼呼地往外冒。我们马上接起管子后，沼气灶上冒出一尺高的火焰。"[1]

2. 思政教育点

思政教育点1：习近平青年时代陕北延川县梁家河村插队期间的成长故事，告诫同学们一定要有永久奋斗精神，这种精神的持续需要有坚定理想信念，用信念指引自己工作，把自己的小我融入祖国、人民的大我中，把握当下，立足现在，从实际出发，用现实工作支撑远大理想，从而为实现中华民族伟大复兴的中国梦贡献自己的青春和力量。

思政教育点2：实现自己的远大理想，还要有扎实的学识做后盾。这就要求同学们如饥似渴、孜孜不倦的学习，掌握科学知识，练就专业本领。同时，"纸上得来终觉浅，绝知此事要躬行"，将知识应用到实践中，不断探索、求新知，悟真理，用学习奠定人生的牢固根基。

思政教育点3：通过视频播放时政微视频《初心》之梁家河篇，向学生讲述习近平总书记青年时代心系人民、不怕苦、不怕累为人民奋斗的感人故事，使学生更加深刻地体会到习近平总书记的奋斗历程和家国情怀，让同学们了解到一个人的成功最关键的因素是个人的努力奋斗。正值青春的同学们，风华正茂，朝气蓬勃，艰苦奋斗是永葆激情的舞台，愿青春逐梦，不负韶华。

素材四：视频《青春的送行》

1. 典型素材概述

青春是什么样子？是被艰难打磨后的成长，是被现实压不垮的肩膀，是用真诚温暖希望，是用简单成就梦想，是用坚韧治愈伤痕，是让自己超

[1]　《青年时代的习近平的奋斗故事》，央视网（https://news.cctv.com/2020/05/04/ARTI4grlE1emMiQRTPcykAOj200504.shtml）。

越自己，是放手一搏的瞬间，是总要面对的坚强。[1]

2. 思政教育点

思政教育点 1：通过视频，让学生感悟到青春因奋斗而长存，人生因奋斗而美丽。面对国家危难，多少人士不畏艰难困苦，挺身而出，扛起重任，默默坚守，不管是 70 后，还是 80 后、90 后，奋斗路上他们依然是少年。

思政教育点 2：观看视频后，让学生学习当代青年在不同行业、不同岗位学习、劳动、创造、奋斗的励志故事，组织学生谈谈内心的感悟和启发，引导学生在平时的学习和生活中向榜样学习，做好表率，当好榜样，培养学生艰苦奋斗、努力向上的优秀品质，培养学生勇担重任、心系他人、乐于奉献的优秀品质。

素材五：视频《最美的青春》

1. 典型素材概述

这是一个特殊年代的故事。这是一段人类改造自然利用自然的传奇。这是一部歌颂中国北部高原荒漠塞罕坝上老一代造林人奉献青春和生命的英雄史诗。20 世纪 60 年代初，为减少京津冀地区的风沙危害，国家指定由林业部和河北省在承德境内高原荒漠塞罕坝上建立机械林场，抵御浑善达克和科尔沁沙地南侵。以主人公冯程、覃雪梅等为代表的第一代造林人——来自全国 18 个省市的林业大中专毕业生与林业干部职工为骨干的 369 人开荒队伍，带领当地干部群众拉开了与自然抗争的序幕。岂料，因造林立地条件恶劣机械造林失败，转为人工造林。他们在平均海拔 1500 米、最低气温超过零下 43 度的环境下，在长达半个世纪的时光里，战严寒、斗酷暑、抛青春、洒热血，营造起“世界上最大的人工林海”，筑牢京津冀绿色生态屏障，拱卫京津冀蓝天，在荒凉的塞罕坝上，冯程和他的伙伴们同进退，共患难，

[1] 《青春的送行》，人民日报微博视频（https://weibo.com/tv/show/1034:4500753105223684?from=old_pc_videoshow）。

也收获了友谊和爱情，谱写了壮丽的人生诗篇。[1]

2. 思政教育点

思政教育点 1：大部分人毕业后会去条件优越的地方发展，但是仍有一部分人心系祖国边远地区，志向远大，去支援边疆，战严寒、斗酷暑、抛青春、洒热血，为捍卫祖国蓝天努力奋斗。希望同学们能够学习这种精神，祖国何时何地需要我，我积极响应随时到达。

思政教育点 2：他们能营造“世界上最大的人工林海”，除了具有不怕苦不怕累的坚强意志，还需要有专业知识，所以激励同学们努力学习，夯实文化知识，时刻为祖国的不时之需做好准备。

思政教育点 3：土地荒漠化日益严重，这是人类文明的倒退，昌盛一时的楼兰古国灰飞烟灭，离北京仅 90 公里的沙漠虎视眈眈，而此故事以塞罕坝造林人的真实事迹为原型，展现一批大学生积极响应祖国号召，不畏艰难险阻、不畏严寒酷暑来植树造林的传奇，让同学们深深感受到前辈留下来的绿水青山不容易，体会到保护环境的重要性，积极倡导绿色环保的理念。

四、大咖点睛

最美青春是奋斗，奋斗者永远年轻。艳茹同志摘选的这五则素材，主题明确，感情真挚，选取丰富、恰当，全面反映了中国青年对祖国和人民的赤子之心，体现了广大青年积极投身党领导的革命、建设、改革伟大事业，为人民战斗、为祖国献身、为幸福生活奋斗的精神面貌。站在“两个一百年”奋斗目标历史交汇点上，广大青年应同人民一道拼搏、同祖国一道前进，服务人民、奉献祖国。无论是国家的大发展，还是个人的小目标，都离不开青年人艰苦奋斗。在每一个普通的日子，在每一个平凡的岗位，将奋斗精神融入年轻的血液。习近平总书记指出，青春由磨砺而出彩，人生因奋

[1] 央视频道电视剧《最美的青春》简介。

斗而升华。历史的接力棒交到了青年手中，辉煌的未来需要广大青年来创造。让我们凝聚起强大的蓬勃力量，在伟大梦想的照耀下迈向新的征程！

——西北民族大学管理学院党员教师　薛晨浩

教案范例

奋斗的青春最美丽

教学目标

1. 学习习近平总书记关于奋斗的重要论述，围绕社会主义初级阶段的基本国情，了解艰苦奋斗、持续奋斗、永久奋斗的重要意义。

2. 学习习近平青年时代陕北延川县梁家河村插队期间的成长故事，感悟青年习近平的坚定信念、学习韧劲和奋斗精神。

3. 学习当代青年在不同行业、不同岗位学习、劳动、创造、奋斗的励志故事，培养学生艰苦奋斗、努力向上的品质。

教学重难点

学生深刻理解艰苦奋斗、持续奋斗、永久奋斗的意义，学会正确面对挫折和困难。

教法设计

多媒体教学法、研讨法

教学过程

一、导入

歌曲导入：《奋斗的你了不起》

教师：这首歌唱出了新时代奋斗者意气风发的精神面貌和勇敢无畏奋力追梦的美好画面！人民的歌者乌兰图雅正是通过这首歌为每一位平凡

而伟大的奋斗者高歌，为中国千千万万默默无闻、奋勇拼搏的普通人而点赞——每个“奋斗的你都了不起”！而正值青春的你们，奋斗尤为重要。今天，让我们共同学习《奋斗的青春最美丽》。

二、回首寒门学子坎坷路，诠释坚定信念

过渡：近日，中科院一篇博士论文的《致谢》在网络走红，作者黄国平在文中回顾自己如何一路走出小山坳和命运抗争的故事，全文无一字眼感谢却打动了大批网友，人们收获了满满的感动和无穷的力量。这篇《致谢》不仅是一位寒门学子的情感表达，也应该成为许多青少年应该经历的精神成长。现在让我们一起走进黄国平，走进这封信，去感受不一样的人生。

致　谢

我走了很远的路，吃了很多的苦，才将这份博士学位论文送到你的面前。二十二载求学路，一路风雨泥泞，许多不容易。如梦一场，仿佛昨天一家人才团聚过。

出生在一个小山坳里，母亲在我十二岁时离家。父亲在家的日子不多，即便在我病得不能自己去医院的时候，也仅是留下勉强够治病的钱后又走了。我十七岁时，他因交通事故离世后，我哭得稀里糊涂，因为再得重病时没有谁来管我了。同年，和我住在一起的婆婆病故，真的无能为力。她照顾我十七年，下葬时却仅是一副薄薄的棺材。另一个家庭成员是老狗小花，为父亲和婆婆守过坟，后因我进城上高中而命不知何时何处所终。如兄长般的计算机启蒙老师邱浩没能看到我的大学录取通知书，对我照顾有加的师母也在不惑之前匆匆离开人世。每次回去看他们，这一座座坟茔都提示着生命的每一分钟都弥足珍贵。

人情冷暖，生离死别，固然让人痛苦与无奈，而贫穷则可能让人失去希望。家徒四壁，在煤油灯下写作业或者读书都是晚上最开心的事。如果下雨，保留节目就是用竹笋壳塞瓦缝防漏雨。高中之前的主要经济来源是夜里抓黄鳝、周末钓鱼、养小猪崽和出租水牛，那些年里，方圆十公里的水田和小河都被我用脚测量过无数次。被狗和蛇追，半夜落水，因蓄电瓶进水而摸黑逃回家中；学费没交，黄鳝却被父亲偷卖了，然后买了肉和酒，都是难以避免的事。

人后的苦尚且还能克服，人前的尊严却无比脆弱。上课的时候，因拖欠学费而经常被老师叫出教室约谈。雨天湿漉着上课，屁股后面说不定还是泥。夏天光着脚走在滚烫的路上。冬天穿着破旧衣服打着寒战穿过那条长长的过道领作业本。这些都可能成为压垮骆驼的最后一根稻草。如果不是考试后常能从主席台领奖金，顺便能贴一墙奖状满足最后的虚荣心，我可能早已放弃。

身处命运的漩涡，耗尽心力去争取那些可能本就是稀松平常的东西，每次转折都显得那么的身不由己。幸运的是，命运到底还有一丝怜惜。进入高中后，学校免了全部学杂费，胡叔叔一家帮助解决了生活费。进入大学后，计算机终于成了我一生的事业与希望，胃溃疡和胃出血也终与我作别。

从家出发坐大巴需要两个半小时才能到县城，一直盼着走出大山。从矩光乡小学、大寅镇中学、仪陇县中学、绵阳市南山中学，到重庆的西南大学，再到中科院自动化所，我也记不清有多少次因为现实的压力而觉得自己快扛不下去了。这一路，信念很简单，把书念下去，然后走出去，不枉活一世。世事难料，未来注定还会面对更为复杂的局面。但因为有了这些点点滴滴，我已经有勇气和耐心面对任何困难和挑战。理想不伟大，只愿年过半百，归来仍是少年，希望还有机会重新认识这个世界，不辜负这一生吃过的苦。最后如果还能做出点让别人生活更美好的事，那这辈子就赚了。

过渡：相信大家一定都被这封朴实无华的信所感染，各个新闻平台，很多网友纷纷进行了报道和转载，那么，这封朴实无华的《致谢》信为什么会产生巨大的反响？对此，你有什么看法？

学生各抒己见。

教师：刚刚同学们从不同角度分享了自己的想法，很好。在我们的社会中，有这样一群人，他们的家境并不怎么好，甚至如《致谢》作者，家境十分困苦艰辛，但他们都怀揣着对未来梦想的追求，会用比他人更多的付出去奋斗，去拼搏。一个志存高远的人，必将执着地去追求自己一生的梦想。既然选择了远方，那他一定会风雨兼程地走下去。《致谢》中，黄国平写道，理想并不伟大，只愿年过半百，归来仍是少年，希望还有机会重新认识这个世界，不辜负这一生吃过的苦。最后我还能做点让别人生活更美好的事，这辈子就赚了。每个人的生命只有一次，奋斗本身就是一种幸福。

三、追寻伟人足迹，感悟奋斗精神

过渡：习近平总书记也为我们指明了奋斗的道路，他在多次会议上指明了奋斗的意义，接下来大家一起欣赏习近平总书记对于我们青年一代如何去奋斗的寄语，从这些寄语中你感悟到了什么？

探究活动一：习近平系列讲话

广大青年要培养奋斗精神，做到理想坚定，信念执着，不怕困难，勇于开拓，顽强拼搏，永不气馁。幸福都是奋斗出来的，奋斗本身就是一种幸福。为实现中华民族伟大复兴的中国梦而奋斗，是我们人生难得的际遇。每个青年都应该珍惜这个伟大时代，做新时代的奋斗者。

——2018 年 5 月 2 日，习近平《在北京大学师生座谈会上的讲话》

广大青年既是追梦者，也是圆梦人。追梦需要激情和理想，圆梦需要奋斗和奉献。广大青年应该在奋斗中释放青春激情、追逐青春理想，以青春之我、奋斗之我，为民族复兴铺路架桥，为祖国建设添砖加瓦。

——2018 年 5 月 2 日，习近平《在北京大学师生座谈会上的讲话》

广大青年一定要矢志艰苦奋斗。“宝剑锋从磨砺出，梅花香自苦寒来。”人类的美好理想，都不可能唾手可得，都离不开筚路蓝缕、手胼足胝的艰苦奋斗。我们的国家，我们的民族，从积贫积弱一步一步走到今天的发展繁荣，靠的就是一代又一代人的顽强拼搏，靠的就是中华民族自强不息的奋斗精神。当前，我们既面临着重要发展机遇，也面临着前所未有的困难和挑战。梦在前方，路在脚下。自胜者强，自强者胜。实现我们的发展目标，需要广大青年锲而不舍、驰而不息的奋斗。

——2013 年 5 月 4 日，习近平《在同各界优秀青年代表座谈时的讲话》

学生感悟理解，各抒己见。

教师：同学们的感悟颇深，老师倍感欣慰。前途是光明的，道路是曲折的，正值青春年少时，怎因困难而退缩，我们要把握当下，砥砺前行。

探究活动二：青年习近平的奋斗故事

过渡：习近平总书记不仅激励我们青年一代要有奋斗精神，从青春时代起，习近平总书记就秉持着“坚定理想信念，站稳人民立场，练就过硬本领，投身强国伟业”的精神，胸怀忧国忧民之心，担负起民族振兴的时代责任。现在，让我们一起阅读材料，观看视频，一起重温习近平的青春故事，感悟榜样的力量。

1969 年 1 月，不满 16 岁的习近平来到陕北梁家河村插队。在梁家河的 7 年岁月里，他“看到了人民群众的根本，真正理解了老百姓”，也树立了为老百姓办实事、为人民奉献自己的理想理念。

1974 年 1 月，习近平当选为大队党支部书记。他一直琢磨着如何能改变梁家河面貌，改善村民们的生活质量。一天，习近平在《人民日报》看到四川大办沼气的报道。他赶到四川学习考察，回来后开始着手试验办沼气。然而，难题一个接着一个，远比想象的多。

秉持着一定要把沼气办成的信念，习近平一个一个地解决难题。经过反复测量，试验池最后选在了知青居住点旁边，这里的土壤密度相对要大一些。没有石头，习近平带人在烂泥滩里铲去一米多厚的土层，挖出了石头。他还带着几个青年去村外挖沙子，一袋一袋往回背，背上磨破了皮，没人喊一声累。

在习近平的执着努力下，梁家河的沼气池终于建成了。这也成了陕西第一口沼气池。多年后，习近平回忆这段经历时说：“第一口池子是颇费功夫的，一直看到这个沼气池两边的水位在涨，但就是不见气出。最后一捅开，溅得我满脸是粪，但是气就呼呼地往外冒。我们马上接起管子后，沼气灶上冒出一尺高的火焰。”

播放时政微视频《初心》之梁家河篇。

教师：看完材料和视频后，同学们有什么触动和启发呢？

学生思考，各抒己见。

教师：刚刚大家共享了自己的感悟。我希望同学们也能够坚定理想信念，经得住艰难险阻的考验，心怀梦想，勇往直前，在实践中体会青春因奋斗而光彩。

四、挥洒青春热血，实现远大梦想

过渡：其实现实中，有太多的关于奋斗的感人故事，接下来同学们分小组讨论，选出代表讲述当代青年的奋斗故事。

探究活动一：分享当代青年的奋斗故事

学生讨论后，各抒己见。

教师：听了大家分享的故事，很受感动。这里老师也想分享一个青年奋斗的励志故事。他们是90后，00后的一员，他们是朝气蓬勃的一代，却也被贴满娇生惯养的标签，突如其来的新冠肺炎疫情，或许这群青年有这样那样的缺点，但他们绝不娇气，反而很勇敢。不信你看，他们早已跟上前辈的步伐，扛起大旗，勇往直前！

播放视频《青春的送行》。

探究活动二：观看《最美的青春》

过渡：奋斗路上，难免坎坷，我们不仅需要有顽强的意志，还要有深厚的文化知识，更要有团结一致的精神，只有这样，我们才能实现自己的理想信念，为祖国增光添彩。电视剧《最美的青春》相信有同学看过，让我们一起来回顾下精彩的片段，从中你能否真正理解大学生们放弃东部良好的发展机会而去环境极其恶劣的塞罕坝种树？

播放《最美的青春》。

学生分组讨论，各抒己见。

教师：他们的选择只因心中的那种执着，那种信念，那个早已在心中扎根的中国梦。同学们，我们一起看了这么多视频、材料，有伟人的谆谆教导，有平凡人的不平凡的伟绩，那我们该如何奋斗去为实现中国梦贡献自己的力量呢？

学生各抒己见。

教师：大家的发言很精彩。习近平总书记曾寄语新时代青年：青春由磨砺而出彩，人生因奋斗而升华。青春是用来奋斗的，无奋斗不青春，奋斗是青春最亮丽的底色，希望同学们在今后的学习生活中，怀揣着对未来梦想的追求，会用比他人更多的付出去奋斗，去拼搏。一个志存高远的人，必将执着地去追求自己一生的梦想。既然选择了远方，便风雨兼程地走下去。最后祝愿大家在艰苦奋斗中净化灵魂、磨砺意志、坚定信念，在不断努力奋斗中实现自己的梦想，为中华民族伟大复兴的中国梦做出自己的贡献！